人力资源新手

成长手记

涂熙 著

清华大学出版社

北京

图书在版编目(CIP)数据

人力资源新手成长手记/涂熙　著．—北京：清华大学出版社，2014（2016.7 重印）
ISBN 978-7-302-33841-3

Ⅰ．①人…　Ⅱ．①涂…　Ⅲ．①人力资源管理—通俗读物　Ⅳ．①F241-49

中国版本图书馆 CIP 数据核字(2013)第 215810 号

责任编辑：张　颖　高晓晴
封面设计：潘国文
版式设计：牛静敏
责任校对：曹　阳
责任印制：李红英

出版发行：清华大学出版社
　　　　网　　　址：http://www.tup.com.cn, http://www.wqbook.com
　　　　地　　　址：北京清华大学学研大厦 A 座　　　邮　　编：100084
　　　　社　总　机：010-62770175　　　　　　　　　邮　　购：010-62786544
　　　　投稿与读者服务：010-62776969，c-service@tup.tsinghua.edu.cn
　　　　质　量　反　馈：010-62772015，zhiliang@tup.tsinghua.edu.cn
印　装　者：三河市金元印装有限公司
经　　销：全国新华书店
开　　本：180mm×250mm　　　印　　张：17.75　　　字　　数：357 千字
版　　次：2014 年 2 月第 1 版　　　印　　次：2016 年 7 月第 10 次印刷
定　　价：35.00 元

产品编号：054398-01

前　言

　　我经常发现不少人拿着人力资源的各类证书，却在实际的人力资源工作中不知道如何进行具体操作，也经常听到刚从事人力资源这行的人感叹：如果有一本书可以具体讲述人力资源工作如何开展并给一些启发该多好啊！而本书就是在这样的背景下产生的。

　　本书中的主人公乐乐和大多数初入职场的人一样，在师傅的指导下经历了从一张白纸到梦想起航的过程，对人力资源工作也开始有了自己的观点和想法。

　　本书与传统意义上只讲述人力资源理论知识的书籍不同，并没有把人力资源的各大模块一块一块地摆出来。而是按照主人公的成长路径通过故事的形式讲述给大家。

　　本书从内容上分为启蒙篇、基础篇、提高篇、展望篇四个部分。主人公从懵懵懂懂的人资新手到了解人力资源是什么、要做什么，到一步一步掌握工作中应知应会的内容，再到可以独立操作人力资源的日常工作并对职场有更深层次的认识和想法。

　　书中不少故事都是我本人在职场上听到的、亲身经历过的，我也将自己曾经遇到过的问题、学习的经历、曾经的迷茫通过主人公的故事一一道来。希望可以为从事人力资源工作的新人提供一些参考和借鉴。

　　在本书的写作过程中得到了清华大学出版社编辑以及好朋友张鑫和家人的大力支持，在此表示诚挚的谢意。

涂熙

2014 年 1 月

目　录

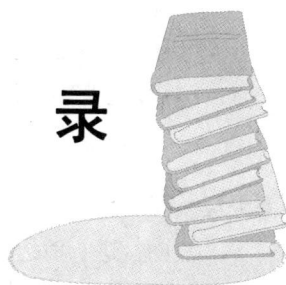

启　蒙　篇

基　础　篇

提 高 篇

展　望　篇

启蒙篇

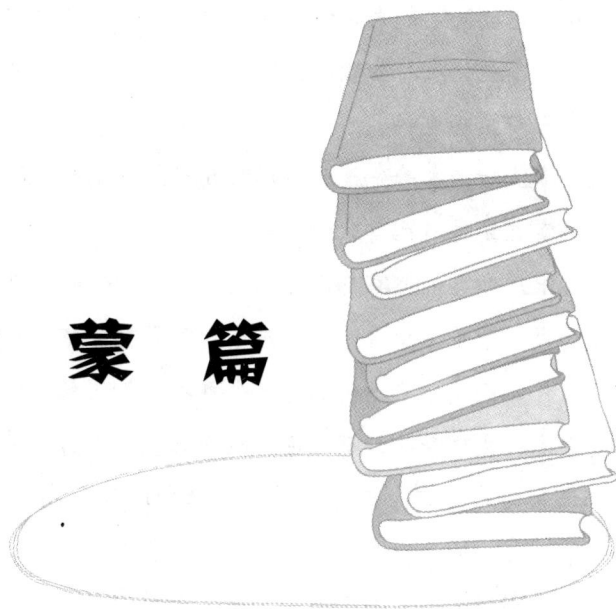

李乐，小名乐乐。人如其名，是一个性格开朗、偶尔有点小冲动、有点粗线条，但很有行动力的阳光女孩。

乐乐有个特点，一旦认准了做某件事，就算一时还没想清楚或者说还没有十足的把握，也要先干起来再说，在过程中也会竭尽全力把事情做好。因为这样的性格和态度，乐乐虽然有时会磕碰摔跤，但总能获得别人的认可和帮助，从小到大，一直到读完大学都挺顺利的。

毕业后，本着先就业再择业的思想，乐乐找了份数据统计工作。做了一年多，她觉得实在不是自己喜欢的。

乐乐寻思着大家都说男怕入错行，女怕嫁错郎，其实女也怕入错行，这可是一辈子的事。乐乐不想再像高考报专业时那样瞎蒙，也不想继续从事数据统计这个没兴趣的工作，而是想要慎重选择一个可以长期发展的好职业，最好这个职业入门的门槛不要太高、文理兼收、有一定的技术含量、工作不要太轻松无所事事。乐乐思来想去，好像人力资源这个工作最适合，社会认可度高，收入与经验成正比，适合女生长期发展。

但问题也随之而来了，乐乐在大学学的不是人力资源管理专业。在这个关键时刻她的性格特点就凸显出来了，不管三七二十一，确定方向后她就报名参加了学习班。乐乐暗地和自己做了个约定，如果一次性通过考试，这辈子就从事这个职业了。没想到就真的一次性顺利通过了人力资源职业资格考试。但有资格证书和具有实战经验中间还是有不小的距离，经过了无数次的投简历、电话面试、初试、复试，真是过五关斩六将，终于，功夫不负有心人，乐乐成功地找到了一份人力资源助理的工作。更幸运的是，乐乐遇到了一位贵人，她就是公司人力资源主管Kitty，与乐乐在学习班有过一面之缘的兼职咨询顾问。她们的故事就从这里开始了……

第一章　初窥门径

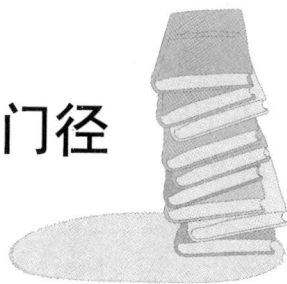

人资要有人资范儿

明天将是乐乐第一天上班，她暗自给自己打气，一定要努力做好。晚上早早躺在床上，可怎么也睡不着。想着明天会遇到些什么事呢？会遇到些什么人呢？乐乐既兴奋又紧张。

一夜没睡好，早上起床还晚了。乐乐吓坏了，抓起一件无袖衬衫、牛仔裤穿上就跑出了门。还好没迟到，8:59 乐乐满头大汗地跑到公司门口。哇！很多气质好、穿正装的男生进出公司。只听见"嗨，您是今天来报到的人力资源部的同事李乐吧？欢迎您的加入。"前台女生见到乐乐，专业地打着招呼，随手递了张纸巾。"给您擦擦汗。"女孩继续说。"是我，很高兴认识您。"乐乐回答。心里有点不好意思，觉得自己似乎和大家有点格格不入，浑身不自在。不知道哪里出了问题。

乐乐有些尴尬地坐在那里，看看其他人又看看自己，发现自己的着装有些异常。前台女生很善解人意，笑着对乐乐说："我们规定周一到周四都要穿正装，明天您要记得呀！您稍微休息一下，我带您到主管 Kitty 那里。""好的，我会注意的。很感谢您。"乐乐开心地回答，心想很快就可以见到 Kitty 老师了。乐乐想起了面试的场景，那天 Kitty 是面试官，她短发、满脸微笑、气质很好，打扮简单而得体。她说话很温柔，面试的整个过程很专业，让人很崇拜。乐乐想："做人力资源的人就应该是这个样子的吧！"还在想着，前台女生说："我们去见主管 Kitty 吧。"

见到了 Kitty，乐乐很是兴奋，但很快她发现 Kitty 对自己似乎不太满意。乐乐有一个特点，就是敢于说出自己的想法。她对 Kitty 说："Kitty 老师，您对我今天的穿着很不满意是吧？做人力资源工作首先要有个人力资源工作者的样子。我今天的穿着很不得体，我做得不对。您直接批评我吧！我明天就改。刚才在前台我就已经知道了。对不起。"

Kitty 想了想说："你的态度挺诚恳。今天是你第一天上班，也是从事人力资源工作的第一天，我想这是很重要的一个开始。做这个工作，专业的职业形象非常重要，我希望从第一天开始，你就应该严格按照规范来要求自己。我也喜欢有话直说，希望你别介意。"

乐乐赶紧说："Kitty 老师，您批评我吧，我确实做错了。"

"今天你的着装确实让人感觉你学生味十足，估计别人看到也不会觉得你是从事人力资源工作的。你的想法没错，既然是从事专业的工作，那么首先就要有个专业人士的样子。内功需要慢慢修炼学习，外表是很容易就能做到的，而且也可以为你锦上添花。所以可先在外表上打造出一个人资范儿来。"

乐乐点点头。

Kitty 继续说："其实人力资源工作者最正式的着装就是职业套装。例如套裙、套服，可以准备一两套。另外还可以买一些浅色的衬衣、西裙、西裤或连衣裙进行搭配。色彩方面纯色比较得体。例如浅灰色、白色、绿色、黑色、粉色都很不错。黑白色是永恒的经典色。"只见 Kitty 老师顺手拿起一本时装杂志问："乐乐，你看看哪一个人的着装不合适？(见图 1-1)"

图 1-1　着装范例 1

乐乐看了一下说："左边这个长发女生。她上衣无袖，虽然感觉是连衣西裙，但应该穿一个小外套就好了。"

Kitty 说："没错，确实是这样。如果在某些场合，或许这样穿是可以的。但作为人力资源工作者在工作场合，这样是不合适的。另外，她的头发应该扎起来或盘起来，否则职业形象也不够专业。那你看看下面这幅图，来找找碴儿。(见图 1-2)"

图 1-2　着装范例 2

乐乐一眼看到图中女士的上衣没有领子，感觉也非常不正式。"Kitty 老师，这位女士的上衣没有领，也不正式。男士们都很规范。"

"下面这幅图呢？你感觉如何？(见图 1-3)"Kitty 又继续问。

图 1-3　着装范例 3

"我觉得这几个人的职业形象非常棒，非常专业。除了着装外，他们的笑容、眼神都让人觉得舒服。Kitty 老师，您也让我觉得很舒服，很喜欢您。"乐乐嘴还挺甜。

Kitty 老师继续说："你这机灵鬼。着装是专业形象的第一步，你的动作、眼神、说话都需要进一步专业的训练。努力学哟！期待你明天的专业范儿喔！"

为了让自己能快速有个专业的样子，晚上乐乐就按照老师所讲的标准买了两件质感舒适的衬衣和两套西裙。在镜子前一试，还真是大变样，精神、职业！乐乐兴奋不已。穿着这身职业装回家，爸妈都快认不出了。"我们的闺女大变样了。"爸妈开心地说。

人力资源做什么

第二天，乐乐穿着职业装到公司，大家眼前一亮，她也信心十足。人靠衣装的工夫已经做好了，得开始练"内功"了。不到 8:30，乐乐就做好了上班前的准备工作。今天会学些什么呢？

"乐乐，我想问问，之前你所了解的人力资源的工作包括哪些？"Kitty 老师发问了。

"我了解到人力资源工作需要做招聘工作，还有就是人招进来需要进行培训，还有一些人事手续需要办理，例如入职、离职等。其他的就没怎么听过。"乐乐老老实实地回答了一番。

Kitty 说："你说的内容确实是包括在人力资源工作中。很多人觉得人力资源工作入门的门槛并不高，什么专业的人都可以做。目前确实也如此，但为什么大家这么喜欢做这个职业呢？其实是因为除了这个职业入门容易以外，它也有一定的专业性和技术性，如果深入做下去也非常有意思。就像你并不是管理专业出身，也选择做这行是不是也是这个原因？"

"我是听说这个工作可以了解的东西很多，接触到的人也多，可以学到很多知识。而且也有一定的技术含量，适合长期发展。"乐乐越说越兴奋。

"目前这个行业的从业人员还真是不少，非管理专业的从业人员也占了一大部分。虽然在实践中可以学到很多知识，但与人力资源相关的理论还是得边实践边学习，有理论做基础实践起来会更加有依据。虽然你有人力资源资格证书，但还有很多知识需要不断学习。""活到老！学到老！"乐乐插了句话。"你还小，所以要更努力喔。

公司今年处在大规模的扩张发展阶段，今后工作任务也会比较重。你需要学习的东西也非常多。所以从今天起我会带着你一起，从人力资源的基本功开始，了解如何确认招聘需求、招聘信息的发布、招聘渠道怎样运用、人员入职需要什么手续、培训些什么、如何与员工沟通、处理员工关系、绩效面谈怎么做。让你学会实际操作的方法。例如，怎么招人、怎样育人、怎样做好员工关系等，使你真正理解人才在组织中流动的过程及我们可以做的工作。作为人力资源工作者，我们是公司和员工之间的桥梁，我们扮演了很多角色，但我们也有自己的立场和原则。这些都需要在今后的工作中慢慢体会。我现在对你有两点要求，不懂，要主动问；懂了，要认真执行。希望你能记住。"

Kitty 讲了不少，乐乐听得入神了，心想人力资源工作还真不像之前自己想得那么简单，有这么多的东西需要学，但真是好机会，我一定要努力。人力资源工作包括了人力资源规划、招聘配置、培训与发展、绩效管理、员工关系、薪酬福利、企业文化建设，还有很多人力资源制度流程及人事档案的管理。就像 Kitty 老师所说的，对于刚刚从事人力资源工作的人员，可以先从各模块的实际操作方法入手，通过不断实践再和理论相结合，逐步深入了解人力资源工作的内容。

第二章　方法、方法还是方法

师傅领进门，修行在个人

"Kitty 老师，我觉得自己欠缺的东西太多了。像我这样半路出家的人力资源人员怎样才能快速成长呢？可不可以教教我，我好努力。"乐乐充满期待地看着 Kitty。

"好的。首先了解理论，打好基础。你可以把之前考证书时用的教材再好好学习学习，一个模块一个模块地全面了解基础知识。最主要的目的是将人力资源每个模块最重要的部分进行初步的了解。例如每一个模块有哪些最基础的概念、知识，模块之间的联系是什么，看看其他模块和招聘有什么关联的知识需要掌握。"Kitty 娓娓道来。

"嗯，明白。"乐乐回答。

Kitty 接着讲："如果不管理论，只顾实践操作，这样做的结果就会像我遇到过的一些同行，虽然实践经验不少，但涉及需要理论做支持的时候就一脸茫然，或者当同行提到专业术语的时候都不知道。学习基础理论知识并不是为了卖弄自己多么有学识，理论知识和实际操作是相辅相成的。最好的方式是学习了基础理论知识，然后在实践中去摸索尝试，探索到操作过程中实际运用的关键点后总结成为自己的心得体会再去和理论对照。例如之前你学过的一些方法、模型，如果你可以将学到的模型或思路作为基础，然后在工作中进行结合使用，这样工作效率会得到提高。"

乐乐突然冒出一句："您说的这些我明白。可是为什么要学那么多模块的知识呢？我觉得自己对招聘比较感兴趣，以后我想专职做招聘，其他模块学了也没什么用吧？"

Kitty 赞许了乐乐。"你这个问题提的不错。确实，有的人可能会觉得反正我做招聘，其他模块了不了解也没关系。其实不然，人力资源的各大模块都是相互联系的。例如和候选人到了谈是否录用的阶段，如果你负责招聘，却对薪酬福利模块一点都不了解，你就只能生硬得像背书一样地说出薪酬数字，而不知道怎样用具体的方法去描述公司在这方面的激励机制来更好地吸引候选人。但如果你有了一定的理论基础，了解到公司薪酬福利的策略是运用哪一个理论做基础，你和候选人说起来会有理有据，对方也会觉得你非常专业而更加愿意加入公司。"

乐乐突然明白了一点，若有所思地说："Kitty 老师，这是不是就是知其然，也要知其所以然呢？其实学习理论挺枯燥的，就像之前考证时，要不是有老师讲，真不知道怎么熬过来。"乐乐吐了吐舌头笑着说。

"学理论相对来说确实会枯燥一点。但现在网上学习的资源很丰富。也有不少网络教育的视频大餐，所以可以看视频，学思路。在看书的同时，可以选择性地看一些专业老师讲课的视频。咱们成年人更喜欢以多样的方式进行学习加深记忆。同时讲课视频会比较精炼并且很多是前辈实战经验的总结。通过这种方式学习，不仅可以系统学习人力资源的知识，同时可以学习前辈考虑问题的思路，对自己来说也是一种启发。记得我以前最喜欢看的就是张晓彤老师讲过的'选用育留'的课程。"Kitty 老师讲到这里露出了一丝幸福的笑容。

"网上确实资源很多，看来我要好好计划安排一下，一步一步进行学习。"乐乐认真地写下了"选用育留"四个字，心里暗自计划了一下。

"当然，如果可以好好计划，把这些资源都利用上了，接下来就要多实践了。也就是要多看实例，多模拟了。在配合学习每一模块基础知识的同时，可以计划性地通过人力资源的专业网站、专业杂志学习各模块的实例。人力资源的专业网站很多，如中国人力资源网等，或者关于人力资源的沙龙网站都有很全面的实践操作实例和讲解。"Kitty 语重心长地说。

"对啊。之前我就在中国人力资源网上注册过，上面的内容很丰富。看得我眼睛都花了。"乐乐很兴奋。

"确实，有时候会感觉到网站上的东西太多了，都不知道怎么看了。告诉你一个方法，可以根据标题或者文章的关键词来判断整篇文章的内容是否有必要继续读下去，在广泛阅读后最好做一个归类，同时在看每一篇文章后坚持做一个短小的笔记，将文章中对自己最有帮助的内容记录下来并且定期做一次总结。还要将学到的东西进行试验。"Kitty 果然经验丰富。

"试验？好有意思的词语。"这个词引起了乐乐的关注。

"对呀，因为很多时候未必可以遇到实例，但你可以假想，如果遇到这种情况自己可以怎样处理。反复思考并经过不断积累，总会有一个量变到质变的过程。其实不管做什么，找准方法、坚持努力做下去，一定可以成功。现在你做了人力资源工作，但这条路还很长，路漫漫其修远兮，后面的修行就需要靠自己了，加油！"Kitty 老师的目光坚定而有神地看着乐乐。

"师傅领进门，修行在个人。说得确实没错。"乐乐在心里感慨了一番。

让你的时间增值

新的一天开始了，一上班，乐乐就听到电话声不断。只见 Kitty 老师一直忙个不停。但乐乐又不知道可以帮上什么忙，这做人力资源工作，每天要和不少人沟通、打交道，每天需要处理的事情也挺多的。如果自己做这么多事，肯定会手忙脚乱的。怎样可以像 Kitty 老师那样忙而不乱呢？

"今天挺忙的。你先好好看一下昨天讲的那些内容。等一下我们再说说工作方法的相关内容。"Kitty 在工作空隙嘱咐乐乐。

"好的，您先忙吧。"乐乐不敢打扰 Kitty。

过了一会儿，办公室里的电话铃声终于少了一些。Kitty 走过来说："做人力资源工作日常需要处理的事情比较多，也比较杂。所以如何安排好时间、如何做到抓住事情的关键是非常重要的。比如说，我们有招聘、培训、员工关系的处理、人事手续、人事报表及很多工作要做。有时候还会有不少领导安排下来的临时工作需要完成。这么多的工作，可能要在同一个时段完成，你该怎么办呢？听过时间管理这个词吗？"

"听过，说的是需要分清事情的轻重缓急。"乐乐急忙回答。

"没错。工作内容不管多多、多急。你自己不能乱。在做事之前需要分清轻重缓急，把主要的精力集中在紧急重要的事情上，并全力把事情做好。当然在做的过程中，需要积极跟进、反馈进度，如果有需要一定记得寻求帮助。我举个例子吧，例如，你正在进行电话邀约候选人的过程中，有员工过来找你开收入证明，同时领导发了一封邮件催促你需要在两分钟内提供一个数据给他。这个时候你会怎么办？"Kitty 想测试一下乐乐。

"我肯定会快速打完正在进行邀约的这个电话，然后赶紧提供领导需要的数据。"乐乐脱口而出。"那员工就晾在一边？"Kitty 毫不客气地问。"让员工等一会儿，应该没关系吧？"乐乐笑笑说。

"这个嘛，偶尔一两次或许没什么，如果总是把员工的事放在后面，在年底满意度测评时员工意见肯定会比较大。最好是这样，在打电话的过程中先示意员工坐下来等一会儿，在纸上问员工有什么事需要帮忙。结束这个电话后，如果员工的事情很快可以解决，可以在第一时间解决；如果需要花费较多时间，可以告诉员工，办好后再通知他。那领导的数据，在处理员工事情的间隙中可以顺便做好。所以日常有空要多记一些数据。例如总人数、各岗位的人员人数、男女比例、各年龄人员的占比等，这些都是基础数据。做好了这些，你会发现自己的时间会增值呢！"Kitty 非常耐心地讲解。

把握人力资源的角色

"Kitty 老师，我看到关于我们这个岗位的培训资料中提到了人力资源的角色问题。我们是什么样的角色呢？记得以前考证那会儿学了一点，说人力资源工作者起到一个桥梁的作用，需要把公司的制度、政策传达给员工，又需要把员工的想法、意见反馈给公司。"乐乐有些疑惑。

Kitty 老师看着乐乐笑着回答："确实有这样一个角色，起到一个上传下达的作用。但并不是简单的传声筒，需要把政策、制度、公司的文化以员工容易接受的形式进行传达，让员工真正理解其中的想法和思路。此外，还有一个重要的角色——专家，在人力资源工作中，我们要做到最专业。例如在招聘的过程中，我们推荐的人员、我们给的评估意见、我们给用人部门的建议确实有专业的指导意义等。如果做到更深一层，我们可以做顾问的角色，以第三方的思路和想法去观察公司人力资源的状况，解决人力资源的问题。"Kitty 老师总结得真到位。

"原来我们的角色挺丰富。"乐乐对这份工作越来越有兴趣了。

"是的，要做好不简单呢。想担当人力资源的这些角色，需要扎实的基础知识、日常的总结积累，还要把握好职场的火候。拿捏好做事的尺度。你在实践的过程中就会越来越有体会了。"Kitty 拍了拍乐乐的肩膀，给乐乐打气。

基　础　篇

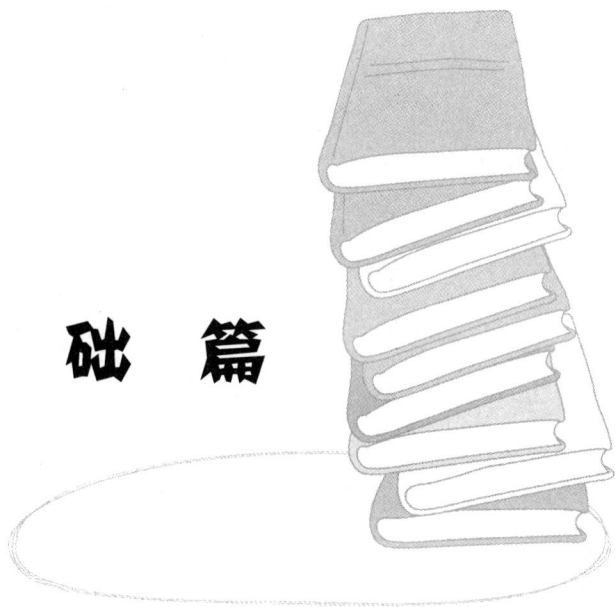

第三章　招聘面面观

欲练招聘神功，先读岗位说明

今天 Kitty 要外出开个会,临走之前布置了一个任务是让乐乐仔细了解一下公司目前需要招聘的所有岗位人员，包括营销、技术、培训、行政、数据分析人员。Kitty 交代说："乐乐，这些岗位公司都有相应的岗位说明书。可要仔细阅读一下喔。"乐乐满口答应说没问题，心里开始琢磨，这岗位说明书就是文字性的关于岗位的说明吗？有啥用呢？和招聘有多少关系呢？

乐乐上网查询了一下，原来岗位说明书是说明企业期望员工做些什么、员工应该做些什么、应该怎么做和在什么样的情况下履行职责的说明。岗位工作说明书是根据公司的具体情况制订的，而且在编制时，要注重文字简单明了，并使用浅显易懂的文字进行描述；内容要越具体越好，避免形式化、书面化。看来这个岗位说明书很重要。可以看到岗位对员工的具体要求，如果用在招聘中就可以以岗位说明书中的要求对人员进行选择了。

正好接下来公司要招聘一大批电话销售人员，乐乐想，先赶紧阅读一下电话营销人员的岗位说明书吧。打开岗位说明书，发现还真是有不少内容，有版本号、岗位名称、岗位级别、在组织架构中的位置、岗位设置的目的、关键职责、任职资格等，好像相关的内容挺多的。为什么要有版本号呢？岗位级别是要说明什么呢？由此产生了许多疑问。

在困惑之时，Kitty 回来了。"怎么样，乐乐。岗位说明书看得如何了？"

乐乐疑惑不解地说："好多问题我都不明白呢。Kitty 老师给我讲讲吧！例如版本号、岗位级别，还有就是岗位说明必须包括哪些，是怎么写出来的呢？"

Kitty 喝了口水，娓娓道来："小脑袋瓜还动了不少脑筋。为什么要有版本号，是因为在实际工作中，随着公司规模的不断扩大或者岗位的变更、职责发生了变化，所以岗位说明书在制订之后，要在一定的时间内，有必要给予一定程度的修正和补充，以便与公司的实际发展状况保持同步。所以一般每隔一年，有时候半年就会进行一次修订，有个版本号会比较方便进行区别。记得我刚来这家公司的时候，招聘了一名技术类岗位人员，也是将岗位说明书作为依据的。但招聘过程中才发现实际岗位要求和岗位说明书上差别很大。后来才了解到岗位说明书已经一年多没有更新过了。所以在招聘的时候要注意岗位说明书是否是最新的，如果没有更新，要和所招聘职位的负责人联系，让部门人员协助更新岗位说明书。

同时，了解招聘职位目前的要求和变化。岗位级别其实是和薪酬相关的，例如，公司所有部门人员的薪酬都有级别区分，你看到岗位级别就可以了解到这个岗位的薪酬级别大概在薪酬体系中处于哪一级，在招聘的时候就有了一定的把握。我们日常看岗位说明书重点需要关注岗位的任职资格，例如学历、工作经验，还需要关注关键岗位的职责，如我们公司对人力资源助理的要求是本科以上，有一年左右的工作经验。其他公司的要求未必是这样。"Kitty 有意停顿了一下。

"喔，是这样啊！"乐乐点点头。

Kitty 边翻着岗位说明书边详细说着："另外需要对岗位的职责要求细致了解，如我们公司的人力资源助理的工作职责中，招聘工作占主要部分，还需要一定的培训技巧，例如对员工进行日常制度宣导、日常人事手续的办理等，随着工作的深入，会有员工关系的处理、绩效面谈、薪酬沟通等相关的内容。每个公司对岗位的职责要求都不同，所以需要的人也不一样。所以让你先好好学习一下岗位说明书，就是想让你通过对岗位说明书的学习快速了解公司各岗位的职位要求。接下来我们会做很多职位的招聘，岗位说明书是一个很好的依据，另外，还需要关注岗位设置的目的，了解为什么要设置这个岗位。乐乐，你先好好学习一下，不明白的地方欢迎提问。不用客气。"

乐乐点了点头，心想原来岗位说明书的作用真不小，我要先好好把岗位说明书学习一下。乐乐回味着，在岗位说明书中，首先需要重点关注岗位设置的目的、关键职责、任职要求。岗位设置目的是很重要的，需要用简练而准确的语言来描述本岗位在单位及部门中存在的目的和作用。如果连岗位设置的目的都不清楚，这个岗位是否有必要存在就需要考虑了。可以从该岗位实现了公司及部门的哪些目的和作用来了解，同时对岗位的关键职责也需要有深入的了解，知道该岗位主要是做什么的，这样招聘的时候才能得心应手。

事前先沟通，不做无用功

乐乐还在学习着岗位说明书，需要招聘的岗位说明在心里有个基本的了解。乐乐还把各个岗位的关键职责和任职要求抄了下来。Kitty 在旁边说："乐乐，我们每年都有招聘计划及相应的预算。招聘的进度也基本上是按照计划进行的。当然也会有特殊的情况出现。有时候新业务拓展，突然需要增加人员也不是没有可能的，但还是需要……"

Kitty 话还没说完，业务部门的梁经理就风风火火地冲进办公室。听同事们说梁经理是个女强人，在公司是元老级的人物，经常说一不二。由于她的团队业绩一直非常出色，所以领导相当器重她。

只听梁经理急匆匆地说："接到其他业务处的需求报告，我们经过初步估算大概需要在本月底招聘到位 50 名人员进行电话外呼服务操作工作。这个岗位以前没有，赶紧新设一下。事情非常紧急。而且根据初步了解，目前我们本身人力就不足，知道这个任务太急，你们也不容易。但不管怎样至少需要新招聘到 30 多个人以应对目前紧急的状况。Kitty，需要靠你们的大力帮助了，感谢感谢。要不这个任务可就无法完成啦，到时候我们都不好办。况且这个任务也是大领导指定下来必须要在月底前完成的，所以辛苦啦。"

"梁经理，不用这么客气。我们肯定会想办法尽全力。"Kitty 面带微笑应答着。

"想想其实也不难啊，招些在校大学生再培训一下，也能很快上手应付这个工作的。"梁经理边说边拍拍 Kitty 的肩膀，又看了看乐乐就离开了。

Kitty 看了看乐乐，笑着问："乐乐，你怎么看？有啥想法？"

乐乐慌忙回答说："看梁经理那么着急，我看这个事儿挺紧急的。我们应该赶紧招人吧？"

Kitty 笑着说："确实，很多人的第一反应可能会是赶紧联系招聘网站或开辟招聘渠道进行招聘前期的准备。也有可能会说这任务怎么可能完成啊，做多少算多少吧。但是你是否考虑过，这个业务测算出的需求是否合理呢？是否真需要这么多人呢？"

乐乐很尴尬地笑了一下，心想：是喔，怎么只想着急，没想过需求的合理性呢？不是才学过岗位说明书嘛，每个岗位都有它设置的目的。这个岗位为什么要新设置呢？

Kitty 继续说："乐乐，用人部门总是会很急。有时候可能还没有想清楚就把需求丢给了我们。但我们需要做的是了解清楚后再去行动。否则就是白忙活一场。我们一起去找梁经理，再仔细了解一下情况吧。"

乐乐和 Kitty 一起找到梁经理，仔细询问了解预计需要招聘的这批人员的工作内容、难易程度、预计培训周期等，同时又和业务部门正在进行测试的人员进行了沟通，了解到在测试过程中发现业务并没有想象的那么复杂，工作内容和目前有些同事正在从事的业务类型有很多类似之处，而且工作量也没有之前预估的那么大。在了解了详细情况后，Kitty 带着乐乐一起又找梁经理进行了沟通。Kitty 说："梁经理，我们大致了解了一下这个紧急业务的情况和目前人员配置情况，考虑后认为这批需要招聘的人员可否在现有人员中消化呢？"

梁经理一听就立刻跳起来说："这怎么行呢，目前的工作人员自身的工作都做不完，怎么可能再接这个任务呢？"

Kitty 听梁经理说完后不紧不慢地回答说："梁经理，别急别急，先喝点水。我们慢慢说。我们仔细了解了一下，这个紧急项目和目前有一个业务组的人员做的内容很相似，而且这个业务组人员配置挺充足的，目前超编 10%左右。近段时间也没有新的项目，资深人员占比达到 20%以上。另外，前天我也听一些同事说如果让他们参与做这个项目还可以拿到奖金，是挺好的一件事。我们不如把招聘投入的这些成本投到现有人员的身上。从规避风险的角度来说也是件好事。您觉得呢？"

梁经理笑笑说："这可不好说。反正我不管那么多，不要影响我完成业务就好。那先按你说的试一下，如果不行还是得招喔。我们这边再安排一下人手，你看怎样？你们了解得还真够细致的。"梁经理酸溜溜地说了一句。

"还是多亏了您，还有业务部门的同事帮忙。那我们去忙了，有不明白的地方我还会来麻烦您喔，谢谢您。"Kitty 笑呵呵地离开了梁经理的办公室。

事情的结果是后来真没招这批人，乐乐特佩服 Kitty 的沉着冷静及处事方法。和业务部门打交道确实需要有一套方法。乐乐觉得，通过这样的事例可以说明招聘不是想招就要招的。当接到业务部门招聘需求的时候，清楚明确岗位设置的目的和意义后再去确认是否需要进行招聘。人力资源部需要和业务部门的负责人进行沟通，还需要对业务部门现有的人力进行分析和评估，确认是否真的需要招聘。

如果遇到业务部门反馈说目前工作量饱和，已经无法接受新的任务时，可以通过工作量分析、适当加班等多种方式进行调配。和业务部门人员沟通的时候要站在对方的立场上清楚说明自己的想法和策略。业务部门也会去考虑你的提议并进行进一步的处理，最终实现双赢。

第四章　招聘渠道三板斧

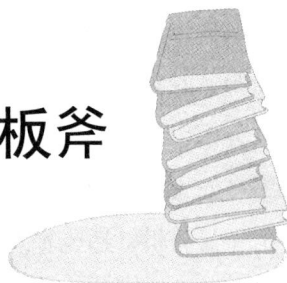

三板斧之神通广大的网络招聘

乐乐已了解到招聘不是想招就能招的，也知道其实每年公司对人力编制都是有计划和安排的。只见 Kitty 打开计算机，又打开了今年的招聘计划表。乐乐哇了一声说："今年要招好多人啊。有营销人员、技术、培训、行政、数据，加起来差不多要 200 多人了。Kitty 老师，今年我们要招这么多人啊，压力好大。"

Kitty 看着乐乐笑着说："今年我们公司业务发展快，所以人员大规模扩张，需要招聘不少新生力量。这样你就可以大施拳脚了。"

乐乐回答说："可是我现在还啥都不懂呢，也帮不上什么忙。"

Kitty 拍拍乐乐的肩膀说："只要努力学，很快就可以上手的。"

"嗯，我一定会努力的。但是要招这么多人，我们怎么找到他们呢？校园招聘这个渠道肯定可以，网络招聘应该也很流行。其他的我也记不太清楚了。"乐乐思考了半天也没想出还有什么办法。

Kitty 说："你说得对。目前招聘的主要渠道确实包括校园和网络。如果从大的分类来说分为内部招聘和外部招聘。内部招聘就是当有职位空缺的时候公司内部会发布招聘广告，内部同事了解到招聘信息后会投递简历，经过面试后选拔合适的人员。外部招聘就是通过外部的手段，例如网络、招聘会等方式。我们一步步来，一个个介绍。在这个阶段我主要介绍网络招聘、现场招聘、校园招聘三种渠道，关于内部招聘的方式随着你工作的深入会逐步接触到。我们公司一般以网络招聘的方式为主，网络招聘还是挺神通广大的。"

乐乐很早以前就一直很好奇网络招聘是怎样操作的，赶紧说："Kitty 老师，快点教教我吧。"

Kitty 继续说："目前用得比较多的招聘网站是'前程无忧'和'智联招聘'两个主流招聘网站，即 www.51job.com 和 www.zhaopin.com。很多求职者，不少是已经毕业的学生和社会人士特别喜欢在这两个网站上找工作。当然还有应届生网、地方性的人才网站等。两个主流的招聘网站我们现在都在用，咱们先来看看网站的界面。"

"哇，好多公司在网站上招人啊，我觉得眼睛不够用了。"乐乐非常兴奋地说。

"是啊，现在很多企业都会通过这个方式进行招聘，特别是对于基层和中层的人才，网络招聘的效果都是不错的。"Kitty 继续说。

"那我们怎么让求职者知道我们的招聘信息呢？是不是也要像这些企业一样用按钮和条幅的广告呢？"乐乐又问。

"首先我们和招聘网站签订正式合同后，对方会给我们设置用户名、密码。用用户名、密码登录到网站之后，会看到有很多个项目。例如职位管理中'发布新职位'就是可以进行新职位发布的地方，还可以设置职位模板。同时还可以查询到目前发布了多少个职位，每个职位可以收到的简历数量等。

我们就先以'智联招聘'网站为例吧，一步一步地操作。首先在浏览器中输入'www.zhaopin.com'，进入首页(见图 4-1)，你可以看到'个人登录'/'企业登录'选项卡。

图 4-1　招聘网站首页

单击'企业登录'选项卡，进入'企业用户'界面(见图 4-2)。

图 4-2　企业登录界面

依次输入'用户名'、'密码'后打开界面(见图 4-3)。

图 4-3　输入后打开界面

　　在此界面中，你首先可以在'控制面板'选项中进行用户信息的修改，改一个方便记忆的密码。另外，还可以进行公司相关信息的修改。其次，可以在'职位管理'选项里发布新岗位，在'简历管理'选项里进行简历的收取，并在简历库里进行简历的搜索和下载。你看看下面这个界面就是'职位发布'的界面(见图 4-4)，旁边也有提示，发布的时候需要注意些什么等。"Kitty 非常细心地讲解网站中的内容。

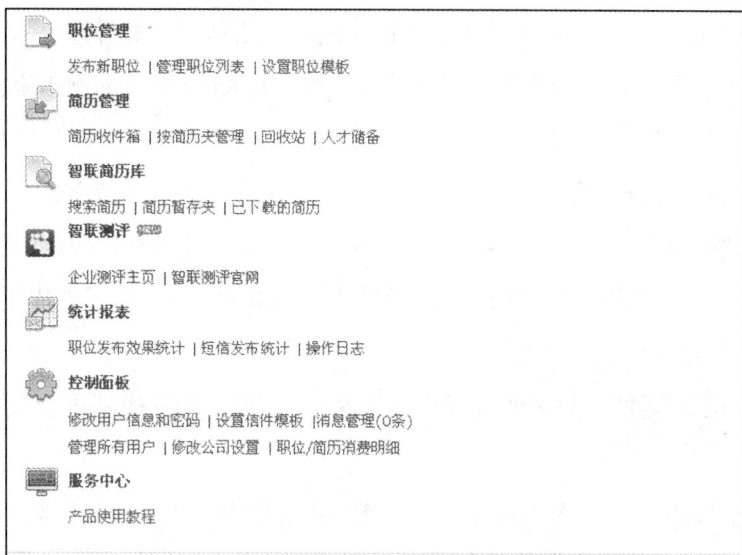

图 4-4　职位发布界面

乐乐随着光标的移动一点一点地看得很仔细。"招聘网站做得好全面喔。要不我尝试操作一下，您看看对不对？"说完乐乐就开始按照 Kitty 刚才的操作步骤一步一步进行，输入"用户名"、"密码"进行登录，进入了公司"职位发布"的界面。打开发布新职位的界面，乐乐想尝试发布一个要招聘的岗位。Kitty 点头同意了。

乐乐开始摸索起来，心想要填的项目还很多，例如职能类别、职位描述这些都还拿不准。不敢乱填，可别浪费了公司的招聘费用。这时候 Kitty 似乎看出了什么，问："有些地方是不是有点拿不准？"

乐乐心想 Kitty 老师真是善解人意，于是说："是啊，职能类别这些我不敢填，怕填错了。"

"没关系，那我们拿一个岗位作为例子吧。正好接下来我们计划招聘 50 名电话营销人员。电话营销人员的岗位说明书上是不是说职能是属于销售？那我们在'职能类别'选项中选择'电话销售'，这样求职者在搜索的时候可以很容易找到我们。接下来需要填写的内容就和我们人力资源工作中一个重要的工具——岗位说明书有更加密切的关系了。"Kitty 边说边拿起岗位说明书。乐乐急忙拿出自己的笔记本说："我都记在本子上了。"

乐乐对 Kitty 说："原来之前您就做好铺垫了，让我好好学习岗位说明书。我还不了解到底用处有多大呢，原来在这里就开始派上大用场了。"

Kitty 笑着说："是的，岗位说明书是招聘的一个依据，非常有用。今天我也讲了这么多，布置个作业给你。今天晚上你再好好复习一下电话营销人员的岗位说明书，明天验收一下你如何正确进行职位发布，怎样？"乐乐响亮地回答说："没问题"！

乐乐还是很用功的，晚上她就开始研究电话营销人员的岗位说明书了。了解到公司将这个岗位名称定为电话销售专员，对其学历、工作经验、需要具备的能力都有较为详细的描述。乐乐就开始按图索骥了，对应着岗位说明书上的内容进行职位发布内容的填写，心想这个还不简单啊。电话销售这个工作的压力这么大，应该男生比较适合，于是画蛇添足地写了一个男性优先的条件，自己还挺得意。

第二天一大早，乐乐拿着自己准备好的职位发布内容给 Kitty 看，开始 Kitty 的表情还挺高兴，看着看着她皱了下眉头。乐乐小心地问："是不是什么地方写错了？"

只见 Kitty 严肃地说："总的说来写得不错，语句还是很流畅的。但看到你写了句男性优先。为什么呢？"

乐乐不以为然地说："我想销售工作压力都是很大的，男性承压能力更强吧，所以就写了这个。"

Kitty 说："想法没错，但在招聘信息里不能这样写。发布职位信息首先需要保证合法合规。如果这样发布出去，很容易让人认为公司有性别歧视，容易出现招聘风险。所以，例如男性优先、本岗位只针对已婚已育女性等敏感性语句万万不可出现在招聘广告中。另外对于职位描述，需要介绍职位是做什么的，让求职者清楚明白，并且在'高级接收'选项的设置中可以设置'自动回复求职者'的模板，例如我们收到了对方的简历，通过筛选后会在几个工作日内联系等内容。在'简历过滤'选项中可以设置'简历筛选'的条件，把不符合条件的简历进行初步筛选。"

晚上回到家，乐乐仔细回顾了今天学到的内容，又重新练习操作了几次发布职位信息的步骤，填写完成后又预览了一下效果，觉得挺满意的。

三板斧之快速高效的现场招聘

今天天气真不错，坐车也特别顺，比平时还提前了十分钟到达公司。没想到 Kitty 到得更早。

"早上好，师傅。"乐乐说。

"今天改叫我师傅了啊？"Kitty 笑着问。

"叫师傅亲热点，哈哈。我晚上回家又练习了一下职位信息发布。然后还看了看其他公司发布的职位信息。我看到我们发布的职位收到了不少简历呢！"乐乐兴高采烈地说着。

师傅说："不错呀，乐乐，晚上还在努力学习。"过了一会，师傅看了乐乐发布的电话销售职位的内容，觉得用词很准确。"今天就加油把我们准备招聘的那些职位发布内容都写一下，给我看看后就全部都发布出去吧！招聘网这个渠道是我们常用的。当然其他的渠道我们也不能放弃。还记得我说过的人才市场招聘也是一种重要的招聘渠道吗？明天早上我们一起去一下人才市场，之前我们就预订好位置了。这次我们主要是做人员的储备，顺便也了解一下今年人才市场的情况怎样。你也做一下准备吧。之前我们有一个现场招聘会的指引，你可以提前好好学习一下。另外把需要带的物品都准备准备。"

乐乐听到师傅这么说心里既开心又有一点点担心。开心的是这么快就可以接触一个新的渠道了，又可以学到一些方法。担心的是自己从来没做过这些，也不知道自己能做些什么，会不会给师傅帮倒忙。但既然师傅说了要好好准备，自己就得仔细认真想想，做好准备工作。不想那么多了，乐乐打开现场招聘会指引，慢慢看起来——

现场招聘会指引

一、目的

该指引主要为参加现场招聘会时使用，通过标准化、详尽细致的操作流程，保证能给参加面试的候选人留下更为统一及专业的招聘形象，在增加公司知名度，宣扬企业文化的同时，也可提高候选人的关注度，从而更为有效地吸引目标候选人、提高现场招聘效率。

二、操作步骤(见图4-5)

物料准备 ⇒ 招聘会现场布置 ⇒ 初步筛选 ⇒ 发送面试通知书

图4-5 现场招聘会步骤

- 物料准备责任人：人力资源部。
- 招聘会场现场布置责任人：人力资源部。
- 现场初步筛选面试官：主要由人力资源部及用人部门共同担任。
- 发送面试通知书：由面试官现场决定并传递给候选人。

1. 参加人员及注意事项

- 参加招聘会前，人力资源部应首先确认公司参加现场招聘的工作人员，至少应由人力资源部和用人部门的相关人员出席。
- 面试官应规范着装，以饱满的精神面貌准时参加招聘会。

2. 物料准备

人力资源部应提前准备好以下物料(见表4-1)，供现场招聘会使用。

表 4-1　现场招聘会物料准备表

物料名称	应　用	建议数量
招聘海报	张贴于展位背面，宣传企业及岗位相关信息	1 套
展架	放置于展位两侧，吸引过往应聘者的注意	2 个
宣传折页	在现场进行派发，快捷地宣传公司的招聘信息	200 张
面试评估表	记录面试官的评估意见	80 张
面试通知书	给通过初试的人员传达复试信息，确认复试时间、地点	50 张
签字笔及白纸	供面试者与应聘者需要时使用	若干

(1) 海报的制作标准

● 尺寸：86×58cm(根据实际需要确定)。

● 内容：根据主题进行设计。

主题画面：可用"×××欢迎您的加入"主题画面吸引应聘者。

企业简介：公司的发展历史，让面试者能够迅速了解公司的成长历程，增强应聘者对企业的信心。

产品特色：在吸引应聘者的同时，宣传企业产品，加深应聘者对企业的印象。

招聘岗位：使用鲜明、不夸张的薪酬标语，足以使应聘者在现场停住脚步进行详细阅读；同时，辅以公司晋升渠道介绍，使应聘者了解到自己的发展路线，可在该页面注明联系电话，方便应聘者在寻找工作时能及时联系到我们。

企业文化：优秀的企业总有优秀的团队，能够让应聘者了解本企业员工的业余生活。

(2) 展架的制作标准

● 尺寸：180×80cm(根据实际需要确定)。

● 内容：系列海报中的任何一个页面，均由人力资源部根据现场的实际需要进行设计，以吸引从展台前经过的人群。

(3) 宣传折页的制作标准

● 尺寸：210×90mm(5P)，也可以用 A4 纸彩色打印。

● 内容：可将宣传海报中的公司简介及招聘岗位内容列入其中。

(4) 面试通知书的制作标准

● 尺寸：25×15cm(相当于半张 A4 纸)。

● 内容：传达祝贺词及复试确认，同时写明公司地址、复试时间、联系人(参阅附件)。

3. 现场布置

(1) 展位布置样本(见图 4-6)

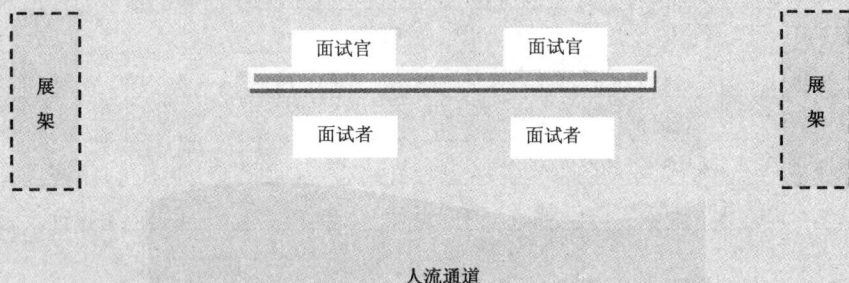

图 4-6 展位布置样本图

(2) 展位选择

可坐 2～3 名面试官。

(3) 座位

座位布置的主要原则是能给每一位应聘者充裕的时间与面试官进行面对面、清晰地沟通，同时能方便其他应聘者，使其耐心等待。现场可安排等待的应聘者在旁边稍坐等候或填写相关资料。

面试官：一般招聘展位可容纳 2～3 名面试官。

应聘者：面试官对面应安排 2～3 个座位。

(4) 桌面

桌面仅摆放招聘过程中必备的物品，如笔、纸等；其他如私人物品、饮料、食物不可摆放。

4. 现场候选人初步筛选

鉴于现场招聘会的应聘人员较多，面试时间应尽量缩短，单人面谈时间控制在 10～15 分钟。面谈问题应简单、精确，举例如下。

- 1 分钟自我介绍。(评估基本沟通表达能力)
- 为什么要应聘公司的岗位？(了解求职动机)
- ××岗位具有很大的业绩压力，您会如何应对？(初步了解应聘人员的抗压性)
- 您对薪酬待遇的要求如何？(了解薪酬期望与岗位提供的匹配度)
- 您有哪些问题需要了解？(提供时间，让应聘者自由提问)

5. 发送面试通知书

现场面试官应能够对候选者当场进行能力的筛选，对于目前无法满足岗位要求的人，给予感谢并耐心、礼貌地说明理由；而对于能够初步满足岗位要求的候选人，应及时给予肯定，并当即发给复试确认书，即面试邀请函，帮助候选人了解公司地址，以确保候选人能够到达公司，进行下一轮面试，有效提高应聘者的应聘意愿，提高复试的到达率。

附：

面试邀请函

尊敬的应聘者：

您好！

感谢您对我公司的关注，恭喜您通过了我们的初步面试。为了增进对您的了解，同时也使您能够直观地了解我公司，现邀请您来我公司参加复试。

面试时间： 月 日

面试地点：×××大厦

届时请携带的资料包括：①身份证复印件 ②最高学历证复印件 ③个人简历

线路指引：①坐××路车到××站下车或坐地铁到××站×出口。

联系人： 联系电话：

乐乐仔细看完了操作指引，感叹了一句，这个指引真是把方方面面都考虑到了，没想到一个现场招聘会需要了解的东西还真不少。乐乐把需要准备的物料在纸上人致列了一下，海报、展架、宣传页都是现成的，提前拿出来就好。面试邀请函、评估表等相关文件资料要准备齐全。明天和我们一起参加招聘会的面试官要提前通知，让他们也做好准备。需要准备的东西还有不少，乐乐一项一项地列出来，准备好一项就打一个勾。

"师傅，我把准备工作做好了。您过一下目吧？"乐乐笑呵呵地说。

"我看看。嗯，挺齐全的。明天我们在××人才市场门口见，不见不散。"师傅说完拎起包就下班了。乐乐不放心，把物料又清点了一遍。

第二天一大早，乐乐就在约好的地方等候师傅了。人才市场还没开门，乐乐看到找工作的人真多，人山人海的。自己似乎都被淹没在人海中了。不一会儿，师傅和部门的一名面试官也到了。三人很快到了预订好的展位前，把准备好的物料全部摆好，求职者们也准备进场了。乐乐发现这个展位的位置似乎不太理想，旁边有一个柱子似乎挡住了求职者的视线。一个不留神还看到人才市场打印的海报打错了个字，把××岗位招聘打成了××岗位应聘。只见师傅打电话给人才市场展位联系人，反馈了这些情况，对方答应重新打印海报。临时出现的状况还不少，挺让人着急的。

只见师傅把展架的位置尽可能地往前移，尽量让各方向走过来的求职者都可以看到招聘信息，并且安排乐乐走到展位前主动发放宣传页给候选人并进行公司介绍。这种方式还真是不错，引来了不少求职者的关注。乐乐边给求职者进行介绍，边像聊天一样和他们进行交流。觉得交流比较顺畅、求职意向也明确的人员，乐乐会主动把他们带给面试官，提高了效率。展位前面围满了应聘者，俨然一个明星见面会的架势。要应对这么多人，感觉真是不容易。

招聘间隙，师傅告诉乐乐："现场招聘会特别需要快速高效，因为人流量大，也很嘈杂。如何在最短的时间内判断出对方的情况很重要。从自我介绍、为什么应聘这个岗位、说出个人的优势三个问题，基本对候选人可以有个大致的把握后就可以判断其可否参加复试了。在现场招聘会上会遇到一些意外情况，灵活变通的处理方法会解决好所有问题。以后你独立做的时候会更有体会。"

一天的招聘会下来，乐乐感觉口干舌燥，挺疲惫的。看来做招聘也是个体力活，乐乐暗暗想。招聘会基本接近尾声，师傅让乐乐把收到的简历进行分类，将初试通过的、没通过的、待定的简历进行分门别类。"乐乐，辛苦一天了。明天我们把今天的招聘情况总结一下。早点回家休息。"师傅体贴地说。"好的，师傅。您也早点休息。"乐乐也很懂事体贴。

第二天早上还没到 9:00，乐乐又兴致勃勃地开始和师傅做起了昨天招聘会的总结。例如：要提前了解展位的具体位置，避免影响招聘效果。至少提前 15 分钟到招聘会现场，及时发现问题并反馈。乐乐把招聘会上收到的简历数量、通过初试、待定、未通过的数量都进行了统计并输入计算机中，还将未通过的原因也都输入计算机中。下一步就要准备安排复试了。

"乐乐，这次参加现场招聘会有什么收获吗？"师傅问。

"我觉得自己学到了不少。现场招聘会可能会出现一些临时的情况，需要具备应急处理能力。而且现场招聘会确实需要提前做好充足的准备工作，我觉得这个真的很重要。要牢记在心里。"乐乐说了一串话。

"你对现场招聘会已有初步印象了。我们明天要走进校园，进行一个小型宣讲会及招聘会。校园对你来说并不陌生，之前你也参加过不少校园宣讲会和招聘会吧？你现在的任务还是把公司关于校园招聘会的指引好好学习学习，下午我们交流一下。"

三板斧之双向选择的校园招聘

师傅走后，乐乐心想：现在这个时候似乎不是做校园招聘的好时间。但转念一想这次我们主要的目的是做宣传，所以要把细节安排好，而且我们今年需要的人员确实很多，有些岗位应届生还是很适合的，所以校园招聘这个渠道我们也要努力挖掘一下。我还是先好好学习一下校园宣讲会的流程和需要准备的文档。

校园宣讲会指引

为了规范各地校园招聘宣讲会流程，提高招聘效率，现对公司校园宣讲会流程及前期的准备工作要求拟订如下。

一、校园招聘会的整体流程(表4-2)

表4-2　校园招聘会整体流程表

招聘阶段	工作内容
前期准备	1. 与院校就业指导中心老师联系 2. 根据前期联系情况进行高校拜访 3. 校园招聘方案审批 4. 校园宣传(包括海报、校园网站、BBS、QQ群) 5. 物料准备 6. 人员安排(负责人、成员、宣讲会主持)
宣讲会当日工作	1. 物料清点 2. 现场布置 3. 现场宣讲与互动沟通 4. 收集简历及应聘资料 5. 宣讲会结束后可安排学生填写《求职申请表》
后续工作	网络测试、笔试、面试

二、招聘准备阶段

1. 院校联系

与学校相关院系就业指导中心进行电话联系，确认我公司招聘意向及计划招聘宣讲的时间等。同时，将公司介绍、招聘岗位、职责要求、招聘流程等发给学校就业指导中心，跟进学校及时在学校或院系网站进行发布。

2. 高校拜访

与目标高校就业指导中心的老师进行交流沟通，以下内容需沟通确定：

(1) 沟通并确定最佳宣传方式，如某些学校不同意张贴海报，所以需要提前沟通清楚。

(2) 确定宣讲会的地点(需实地查看)、时间、学校对接人员姓名及联系方式。宣讲会的地点原则上安排在学校或院系的礼堂、大型阶梯教室、会议室，会场要求音响设施齐全，硬件设施要好。

(3) 如允许张贴海报，以张贴在学校宣传栏、饭堂附近为主。

(4) 确认学校或院系网信息发布的时间。

注意事项：(1)~(3)项应在宣讲会开始前一周开始实施；第(4)项应在宣讲会前一个月开始实施。

3. 校园宣传

(1) 校园网站：在校园宣讲会前一个月委托目标院校在校园网站发布我公司招聘岗位和宣讲会信息。

(2) 海报张贴：在校园宣讲会前一周张贴在人员较为密集的场所(如食堂门口、图书馆门口、教学地点公告栏)和目标人群宿舍楼前的公告栏上，海报上应标有公司校园宣讲会的具体时间和地点；宣讲会前两天应至校园补充海报，加大宣传力度，以确保目标对象能按时参加宣讲会。

(3) 宣传单页：在校园宣讲会前一周委托目标院系就业指导中心，或学生会向目标毕业生发放公司宣传单页。每所学校预计派发的宣传单页在200份左右。

4. 物料准备

为了确保宣讲会成功举办，应提前准备并携带相关物料，具体物料清单可参考如下(见表4-3)。

表 4-3　校园宣讲会物料准备表

序号	项目	名　　称	用途描述	物品数量	准备责任部门
1	宣传用品	企业宣传片	宣讲会前播放	1 张	人力资源部
2		校园宣讲会 PPT	现场宣讲	1 个	
3		招聘海报	宣讲会现场张贴	20 张	
4		宣传单页	宣讲会前派发	200 份	
5		X 展架	宣讲会现场布展、宣传	1～2 个	
6	音响设备	笔记本电脑	宣传演示、资料录入	1 台	人力资源部
7		数码照相机	拍照留影	1 台	
8		投影仪	播放宣传片、PPT	1 台	招聘院校
9		音频设备	播放声音	1 套	
10		无线话筒	学生提问	2 支	
11		资料袋	装物品及应聘简历	若干个	
12		订书机	装订学生应聘简历	2 个	
13		荧光笔	资料标识与筛选	若干支	
14		一次性杯子	领导及工作人员喝水	若干个	
15		宣讲会现场布置图	现场布置	1 份	
16		《求职表》	应聘学生填写	若干份	

5. 人员安排

(1) 宣讲会主持人：校园招聘项目负责人。

(2) 宣传人员：现场发放宣传单页。

(3) 引导人员：引导学生入场就坐，宣讲会开始后控制入场学生的数量，保证嘉宾通道的畅通。

(4) 设备调试人员：笔记本电脑的连接、灯光、音响、相机、麦克风、投影调试、光盘及备用光盘试播。

(5) 资料收集人员：宣讲会结束时，负责收集应聘人员的简历。

(6) 现场工作人员：拍照、传递话筒、记录等。

三、宣讲会当日工作

1. 清点物料

到达会场后，根据《物料清单》清点物料，如有差缺应及时补齐。

2. 现场布置

(1) 熟悉场地：我公司工作人员了解场地情况，做好相关的准备工作。

(2) 设备调试：灯光、音响、相机、麦克风、投影调试、光盘及备用光盘试播。

(3) 会场布置：应事先确定现场的布置方案。

① 场外：在宣讲会场入口位置张贴海报。

② 横幅：根据需要，可在场内悬挂一条横幅。

③ 灯光、设备：会场工程师负责调试灯光、话筒、投影仪、音响等相关设备。

④ 讲台：放置笔记本等相关设备。

⑤ 话筒：讲台麦克 2 个、手持无线麦克 2 个(根据学校情况)。

⑥ 海报：2 张，场外入口张贴 2 张海报。

⑦ 座位：在第一排中间位置预留领导坐席，学生入场后由前至后、由中间至两边就座，确保现场整体协调。

(4) 入场口：两侧可摆放 X 展架、易拉宝，由专人负责进行简要介绍、引导。

3. 宣讲会流程(见表 4-4)

表 4-4　宣讲会流程表

阶　段	工作项目	责任人
学生入场阶段	学生入场，在入口处发放宣传单页	人力资源部
	播放《企业宣传片》	
宣讲与沟通阶段	对参会者表示欢迎	主持人
	介绍双方参会领导	
	介绍宣讲议程	
	安排校方领导讲话	
	校方领导致辞	校方领导
	安排公司领导进行宣讲	主持人
	高管进行宣讲	高管
	高管与大学生进行现场互动沟通	
	对宣讲会进行总结，宣布宣讲会结束，进入资料收集环节	主持人
宣讲会结束	收集简历和应聘资料	人力资源部
	播放背景音乐，学生退场，工作人员返回公司	

4. 现场资料收集

(1) 收集应聘学生的简历及应聘资料(推荐表、成绩单、身份证复印件)。

(2) 提醒简历内容不全的学生,应在下一轮笔试或面试时准备好相关简历。

(3) 在时间允许的情况下,可现场安排应聘学生填写《应聘登记表》,并组织笔试。

5. 注意事项

(1) 宣讲时间:根据实际情况,原则上不与相关院系授课、考试、就餐等时间冲突。

(2) 服装要求:统一着正装,男士系领带。

四、后续工作

宣讲会结束后,按照公司规定对应聘人员简历进行逐一处理,主要包括:

(1) 简历筛选。

(2) 笔试。所有岗位应聘人员均需进行综合素质测试,部分职位需进行专业测试。

(3) 面试。根据需要进行无领导小组面试和结构化面试。

附:

宣讲会主持词

各位领导、各位嘉宾、同学们:

大家好,欢迎您参加×××公司××年校园宣讲会。非常感谢大家对我们此次宣讲会的关注,我们期待能借此次平台与您近距离沟通与分享,增进了解。

首先请允许我向大家介绍今天参加宣讲会的嘉宾,请大家用热烈的掌声欢迎他们的到来!

······

在宣讲内容结束后,我们会就公司的情况向大家提一些小问题,回答正确的同学可得到我们准备的小礼物。

······

最后的 Q&A 环节,留给大家与我们的嘉宾分享与互动。

接下来,我将把时间交给在坐的各位领导和嘉宾,请他们分篇章向大家介绍公司及此次校园招聘的具体情况。

首先请××女士,请她向大家介绍公司的业务情况及员工发展规划的内容,大家掌声欢迎!

······

非常感谢××女士的精彩介绍，接下来我们准备了几个小问题，答对了的同学，我们会赠送给您一份小礼物。

……

下面有请我们公司××。在接下来的环节中，××将会跟大家分享他在公司工作的心得及不平凡的职场成长历程。

……

谢谢××，谢谢大家，从学校到职场的转变无疑是人生的一次洗礼，相信××的职场成长经历对你我都是一种人生的启迪，选择一个什么样的职业发展平台？如何选择职业成长的起点？这个问题将留给大家去思考。

经过前面的介绍，大家一定对我们的公司及本次招聘流程有了初步的了解。接下来是我们的Q&A环节，下面的时间就交给我们的两位嘉宾及现场的各位同学们。

现在Q&A环节开始。

……

结束致辞：

时间飞逝，今天我们来到这里与大家相聚是一种缘份。感谢大家参加我们××校园行，期待您的加入，期待与您重聚在春天！

谢谢大家，再见！

结束影音文件播放，改为播放音乐！

内容也是非常多而细。乐乐觉得做校园招聘会与人才市场的现场招聘会不同。校园招聘会前期的宣传准备工作占了很大一部分，而且对于招聘应届生有很多固定的模式可以采纳。而人才市场的现场招聘需要更多现场灵活处理的方式方法。正想着，师傅走过来说："乐乐，看得怎么样了？有没有什么方面不太清楚？"

乐乐回答说："文档很详细清楚，只是想问问我们选择目标学校的主要依据是什么呢？"

师傅说："我们会先和学校老师进行电话沟通，了解学校开设的专业及学生的就业情况。还会在前期先让学校老师组织学生到公司进行参观了解，并在公司进行相关职位的介绍和公司宣传。我们也可以顺便了解一下学生们的想法和基本素质情况。开始是普遍撒网，后来就精于选择了。这也和我们公司的人员需求和学校学生对我们公司感兴趣的程度有关。目前我们选了 5 所院校，而且还建立了校企合作关系。关于前期的宣传准备工作之前都已安排好了。明天你的主要任务是去学习和看看校园招聘是怎么回事。"

　　校园招聘如期举行了，在招聘现场，乐乐似乎看到了毕业前的自己。

第五章 面试前奏

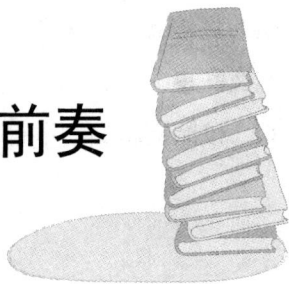

面试前奏之简历筛选有诀窍

在人才网站上也发布了职位信息，现场招聘会也参加了，校园招聘也去观摩了。乐乐觉得人力资源工作非常充实。想想以前还以为做人力资源工作就是在办公室里打打电话、做做报表、与人聊聊天，以为是个轻松活，看来真是想错了。做人力资源工作是个技术活，也是个体力活，要有充沛的精力和体力。

师傅兴冲冲地走到乐乐身边说："我们把外部招聘的三大方式都用了，那现在的任务是什么呢？"

乐乐笑眯眯地回答："师傅，我们现在要把所有的简历进行分类筛选了，对吧？现场和校园招聘的简历按照岗位设置的硬性要求基本都筛选好了。"

师傅说："回答得不错。不过网络上的简历咱们都还没怎么看，不知道现在情况怎样了？我们一起上网看看收到的简历情况吧！"

乐乐熟练地输入了用户名、密码，进入了简历收件的界面。吼吼，简历还真不少。每一个岗位至少收到了好几十份简历呢。

师傅继续发扬她一贯让人敢于尝试的教学方法，让乐乐自己摸索进行简历筛选的工作。乐乐也特别喜欢摸索和尝试，她按照界面上的内容进行点击，原来每一个职位后面均有看简历的字样，点击进入，就能看到收到的简历情况，还有投递时间等很多字段的内容。

乐乐尝试着点了一下投递时间字段，立刻发现简历按投递时间的顺序进行了排列。乐乐心想：那我就根据岗位要求，一份份地看吧。第一次看到求职者的简历，乐乐的心情相当不错，还特别好奇。哇，这个人对自己的评价很高喔，写着不选他就是我们的遗憾，有没有那么好啊？哇，这个求职者还是个海归喔，竟然投了电话营销员的岗位啊。

乐乐还在边看边想，乐滋滋的。师傅有点坐不住了问："乐乐，你打算多长时间看完这 90 多份简历啊？"

乐乐沉浸在阅读简历的快乐中，半天才缓过神来说："师傅，至少两个多小时吧。这么多简历，还有这么多内容，不仔细看咋看得完啊。"乐乐不以为然地回答。

"仔细看没错，但效率也很重要喔。现在才 90 多份简历就要两个多小时，以后几千份简历的时候，你打算怎么办？"师傅有些责备的语气。乐乐想了想，不好意思地说："嗯……嗯……刚才我看简历没抓住重点，只好奇求职者无关紧要的描述了。师傅，那怎样看才能高效地筛选简历呢？"

师傅说："有的人喜欢将简历转到个人邮箱后一封封地进行筛选，有的人喜欢收到一份简历就筛选一份，这样都会比较慢。我个人比较喜欢将收到的简历进行全选下载，以 Excel 格式下载后，再根据岗位说明书和部门对职位的要求进行初步筛选，例如对学历、是否有工作经验、目前居住地、期望薪资等方面进行筛选，不符合条件的进行删除。当然有些情况在之前岗位发布的时候也已经设置了筛选标准。"

"我是看到在职位发布的时候可以设置。"乐乐赶紧插了句嘴。

"按常规来说，有 20%左右的简历会出现乱投、误投的情况，以这样的方式筛选后可以节省不少时间。初步筛选后我们可以再将简历进行细致浏览，在进行大批量人员招聘的时候这是一种非常棒的方式。另外在查看简历的时候，可不能专门去好奇求职者的描述，也不要去联想其他的内容，这样你的思想就会开小差了。"师傅瞪了乐乐一眼，乐乐很不好意思，脸也红了。

"看简历更重要的是需要在最短的时间内找到最合适的简历。"师傅继续说道，"你可以浏览简历的四个方面，就可以很快判断出是否合适，包括简历关键字、自我评价、目标职能、工作经验。在'简历关键字'中可以一眼看到他之前做过什么；在

‘自我评价’中可以看到候选人的文字表述及对个人的认识和定位；在‘目标职能’中可以看到候选人对自己未来的规划；在‘工作经验’中可以详细了解对方过去的工作经历。只要重点看这四个方面，达到 30 秒准确筛选一份简历完全没问题。”

“哇，这么快啊。”乐乐惊叹。

“当然。为什么我会这么强调筛选简历的重要性和方法呢？你仔细想想，如果原材料不好，最终也不会有好的产品，对不对？简历选择准确了，后续的面试工作就会更加有效率。”师傅得意地笑了一下。乐乐赶紧抓起笔在笔记本上记录了关于筛选简历的四个要点。

“师傅，我会按您说的方法好好练习一下。”乐乐乖巧地说了一句。

师傅接着说：“初筛简历的时候要以岗位说明书为依据，但对于所需工作经验的年限、所学专业的要求等是否一定要完全按岗位说明书，这个可以根据实际情况和用人部门进行沟通与协商。我按以前的经验总结了一下，在进行简历细致筛选寻找疑点的时候，可以从以下几个方面进行。你可以参看一下这个文档。”乐乐仔细学习着前辈曾经做好的总结，简历筛选需要关注的地方如下：

(1) 简历中是否有前后矛盾之处？

(2) 简历中时间是否有承接性？有无空白时间(很长一段时间没有工作)？

(3) 每段工作经历平均所用的时间是多少？

(4) 背景材料中有哪些信息可供评估——专业、学历、经验？

(5) 目前的成绩说明了什么？

(6) 工作经历记录中是否有进步的趋势？应聘者职业发展的速度和方向如何？

(7) 工作的变动是否合理？

(8) 哪些信息线索可以说明候选人能胜任此工作？

(9) 候选人有哪些方面的兴趣或特长——实际操作经验？社会交际？

(10) 剔除不准确的内容，看看简历中的“自我评价”及“目标职能”，看是否与找工作的方向一致。

具体判断简历的时候，参考并可以记录下有待证实和需进一步了解的问题及细节，为面试做准备。

(1) 关注简历的结构，因为它在很大程度上反映应聘者的条理性、组织和沟通能力。

(2) 警惕拖沓冗长的简历，多余的解释可能表明其办事拖拉或用以掩盖其自身的努力和经验的不足。

(3) 摒弃制作草率简历的人，因为他不会把事情做好，如有错别字，说明不愿意花时间校对。

(4) 舍弃以往的报酬水平明显超过公司的标准，资历过高，可能有特殊问题才屈就。

(5) 找出与应聘工作要求相符的关键词，如：曾任职务、现任职务及任职时间、具体工作或职务的内容等。

(6) 找出反映候选人是否满足应聘工作的形容词和数量词，如：相关工作的任职时间长度、项目操作数量等。

(7) 把握并估计候选人以往工作经验与应聘工作之间转化的难易程度，如：知识、技能、经验、性格特征等。

(8) 预估候选人所提供的背景材料的可信程度，如可证实的材料：学历、学位、外语等级。

① 需要证实的材料：求职动机、能力状态、以往的工作表现等。

② 不可证实的材料：责任心、主动性等。

"师傅，我看完了。现在我才明白筛选好一份简历要花很多工夫而且很重要。"乐乐似乎明白了些什么。

师傅意味深长地说："的确如此。准备工作做好了，会省不少事呢。我给你几份简历看看，你按照刚才学到的方法练习一下吧！来看看这几份应聘销售职位的简历。"

简历一：

应聘职位	×××销售
应聘公司/部门	×××
更新日期	2012 年 1 月 1 日
简历关键字	

个人基本信息

姓名	王先生
性别	男
出生日期	××××年×月×日
目前居住地	×××
工作年限	两年以上
户口所在地	
目前年薪	
身高	
政治面貌	
婚姻状况	
地址	
邮编	
电子邮箱	
家庭电话	
移动电话	×××××××××××
公司电话	××××××××
个人主页	
高级人才附加信息	

自我评价

工作需要挑战！！！能接受新的挑战！！！

求职意向

到岗时间	即时
工作性质	全职
希望行业	
工作地点	
期望工资	面议/月
目标职能	

工作经历		

2011 年 10 月至今在某外贸公司工作

部门：销售

职位：客户代表

工作描述：主要进行客户挖掘工作

教育经历		

2007 年 9 月——2010 年 4 月　××职业技术学校

专业：

学历：大专

所获奖励	

社会实践	

培训经历	

语言能力	

　　"乐乐，你觉得这份简历怎么样？"师傅开始提问了。

　　乐乐看完后立即说："太简单了，好多信息都没有。感觉应聘者似乎没用什么心思写简历。一点都不认真。您要我重点看的那四点基本都没有，不合格。"

　　师傅笑笑说："掌握得还挺快。虽然这个简历太简单，但可以算初筛通过的。他的任职基本条件符合，也曾经做过客户服务销售类工作。所以别急着说不合格。"

　　"咦，留着干吗用呢？这么简单的简历。"乐乐边问边开始冥想。

　　"那你再看看这一份。"师傅说着，又出考题了。

应聘职位	×××销售
应聘公司/部门	×××
更新日期	2012 年 1 月 1 日
简历关键字	业务、贸易、管理
匹配度	67%

个人基本信息

姓名	×××
性别	女
出生日期	××××年×月×日
目前居住地	×××
工作年限	10 年以上
户口所在地	×××
目前年薪	
身高	
政治面貌	
婚姻状况	
地址	
邮编	
电子邮件	×××××××@qq.com
家庭电话	
移动电话	×××××××××××
公司电话	
个人主页	
高级人才附加信息	

自我评价

1. 熟练使用各种常用办公软件，包括 Word、Excel、Powerpoint、Photoshop 等

2. 做事勤恳，勇于直面挑战，善于适应环境，具有团队精神

3. 为人正直、诚实

4. 学习能力强，具备良好的亲和力和沟通能力

5. 具有强烈的责任意识和服务意识

6. 用真心、诚心、热心、开心、感恩的心去力争做好每一件事

求职意向

到岗时间	即时
工作性质	全职
希望行业	互联网/电子商务/电子技术/半导体/集成电路贸易/进出口
工作地点	×××
期望工资	面议/月
目标职能	销售主管/业务分析专员/助理

工作经历

2010 年 3 月—2012 年 12 月××公司

部门：销售

职位：自行创业

工作描述：产品采购、营销、员工培训、管理等

2007 年 6 月—2009 年 6 月××公司

部门：市场

职位：业务拓展主管/经理

工作描述：负责产品进销存跟进、管理、市场调研，随时掌握市场动向，从而制订有效的销售策略

2001 年 5 月—2007 年 5 月××公司

部门：业务部

职位：业务跟单

工作描述：无

1997 年 5 月—2001 年 3 月××公司

部门：客服部

职位：客服专员/助理(非技术)

工作描述：负责返修货品的进出，客户资料归档，日常事务处理等

项目经验

教育经历
1995 年 9 月—1997 年 7 月　××大学

专业：计算机应用

学历：大专

所获奖励

社会实践

培训经历

语言能力
英语(一般)/听说(一般)/读写(一般)

英语级别：英语四级

　　"哇，这个候选人的工作经历挺丰富的。看条件都挺符合的。"乐乐心想。

　　师傅问乐乐："你会选她吗？"

　　乐乐说："应该不会，我觉得她的经历很丰富，但我们现在要找的销售岗位是一个基层的初级岗位，所以不匹配吧？"

师傅说："是的，如果一个经验较丰富的候选人来应聘初级岗位，一般来说是不符合常理的。所以这样的简历也不能被采纳。怎样？看了这两份简历后对简历筛选有大致的了解了吧？"乐乐笑笑点点头。

"我再多练习练习应该就可以了。但您刚才说第一份简历可以保留一下，是做啥用呢？"乐乐好奇地问。

师傅笑而不答："乐乐，你等会把这几个岗位的简历根据各项标准都初步筛选一下，我先卖个关子，明天我们再来看看为什么会留下第一份简历。有空你也可以思考一下。"

面试前奏之电话面试不简单

昨天晚上看简历看得太兴奋，乐乐半夜才睡觉。早上睡眼朦胧的来到公司。"早，师傅。"乐乐无精打采地打招呼，还顺便打了个哈欠。

"怎么了，乐乐。没睡好？"乐乐揉了下眼睛。"昨天睡晚了，好困。"

"晚上别太累了，注意身体喔。"师傅关切地说，"我们要开始慢慢走进面试的大门了。今天开始，你要了解电话面试这种方式了。"师傅总有让人振奋的方法。

乐乐眼睛一亮，精神大振地说："师傅，昨天您要留下的那份简历难道是留着做电话面试用的？"

"聪明，确实是这样。我们先了解一下为什么要做电话面试吧。"师傅接着说，"电话面试的最大好处是提前和求职者做初步沟通，了解对方的求职意向、对方目前的状况、薪资情况及提前给求职者大致介绍一下公司、岗位的基本情况，便于双方进行初步了解。如果对方正好是在异地或者仍在职，提前了解清楚了也能节省不少成本。另外，像昨天的那份简历太简单，我们会有比较多的疑问点，可以先通过电话面试的方式了解后再决定是否需要约见。"

"那其他合适的简历是否也要做电话面试呢？"乐乐问。

"当然，如果有时间，可以把所有筛选出的简历都进行一次电话面试，然后再约见。我们需要注意的是在电话面试前，先用一点时间再次浏览一下简历，如果简历中有大于三个月的时间空档或是某些方面有疑问的，都可以用铅笔标记出来，因为这些情况是可以提前在电话中了解的。同时在电话面试时，可以有针对性地询问，语气要注意温和，要平等地对待每一个人。还要注意语速适中，吐字清晰。我这里有一份之前电话面试的提纲，你有空可以先看看。"师傅把电话面试的提纲递给乐乐。

电话面试流程

第一部分　自我介绍

(1) "您好，请问是×××(全名)先生/女士吗？您现在方便接听电话吗？"

(2) "您好，我是××公司人力资源部的招聘负责人，我姓×，您之前在招聘网站上投过我们公司××职位的简历，我想耽误您十分钟的时间做一个简短的沟通，您看现在方便吗？"

第二部分　了解求职者的公司和职位的基本情况

(1) "请问您现在还在职吗？"

(2) "您的岗位主要负责哪些方面的工作？"

(3) "谁是您的报告对象呢？请问您有下属吗？如有，带了几个人？"

第三部分　了解求职者和组织及岗位的适配度

(1) "那您现在换工作的话，想找一份什么样的工作呢？"

(2) "您对要选择的公司有什么要求吗？"

(3) "请问您为什么要离开这家公司呢？"(如果应聘者服务过几家公司，可以选择一家公司了解一下其离职原因)

第四部分　了解求职者的薪酬水平

(1) "您现在的薪酬大概是多少呢？"

(2) "您所了解的薪酬结构大致是什么样的？年薪大概多少？"

第五部分　介绍公司

(1) "您之前了解我们公司吗？"

(2) 介绍公司，包括产品、性质、规模、竞争优势、企业文化等。如果应聘者非常了解我们公司的情况可简单介绍；如果不了解，就要详细介绍，特别是公司的优势和亮点。

什么样的候选人需要谨慎考虑是否有必要面试呢？

(1) 吐字不清或是无法清晰表达自己观点的人。

(2) 人岗匹配度不高的人。

(3) 薪资要求与公司标准完全不符的人。

(4) 态度比较冷漠或比较傲慢的人。

(5) 明显不符合公司价值观的人。

(6) 工作经验及能力和我们要求差距太大的人。

乐乐仔细看完后开始想：一个看似简单的电话面试如果做得到位，还是可以提前了解到候选人不少的有用信息。师傅昨天留的那份简历，我可以尝试做一个电话面试了。可以先重点了解一下对方毕业后和第一份工作中间的空档期有多长时间，然后再了解一下他的求职目标和意向。

乐乐把自己准备电话面试的提纲仔细列出来，突然间觉得似乎找到了一点思路和方法，好像不再是看到简历就眉毛胡子一起抓的感觉了。师傅告诉乐乐："电话面试不一定要单独进行，可以和预约面试结合在一起。电话面试中需要重点听对方的语气。电话面试通过的人员，就可以预约让对方来公司进行面谈了。而且在电话面试中很突出的人员并不一定就真的那么好。"

师傅讲了一个故事：记得以前曾经遇到过一位求职者，因为他当时在外地，平时工作忙又经常出差，所以就选择了电话面试的方式。我们人力资源部和业务部门都和他进行了沟通，评价都非常好。因为他应聘的岗位也不属于核心岗位，本来基本都决定按流程录用他了。后来部门领导还是迟疑了，觉得面对面的沟通还是必要的。等邀请他来面试的时候，发现不论从表达到言行举止都不理想，没有达到录用要求，最终我们选择了放弃。所以电话面试虽然很重要，但还是不能完全代替面对面的沟通。

"乐乐，等会我会把刚才筛选出来的有疑点的两份简历都做一个电话沟通，你在旁边先学习一下，明天开始我们就要把之前筛选通过的简历进行电话预约了。你可以先把预约的用语大概写一下。"师傅布置了作业，心想乐乐应该会完成得很棒吧？乐乐认真地点点头，想着明天又该是怎样的一天呢？

面试前奏之电话邀约一二三

晚上回到家里，乐乐就开始琢磨电话邀约的用语了。乐乐在纸上写着：您好，请问您是×××先生或女士吗？我是××公司人力资源部李小姐。首先恭喜您通过了我们的简历筛选，现在邀请您明天上午9:00来公司参加面试，面试地点在×××，谢谢。心想预约求职者过来应该不难吧，告之我们公司的地点、面试时间，对方不就来了吗？难道这个也有学问？既然是主动投递的简历，还需要在邀约的时候费这么大劲？乐乐心里不解。带着疑惑的心情，躺在床上迷迷糊糊睡着了。

在梦里乐乐梦到自己打了五十多个预约电话，竟然才来了几个人，吓得猛地醒来，已经是早上了，乐乐一看自己还躺在床上，心想幸亏梦不是真的。

迅速洗漱完毕后赶快坐车到公司，乐乐把自己昨天做的梦和自己预先写好的预约面试用语和师傅从头到尾详细描述了一遍。师傅听完后呵呵笑着说："乐乐，是不是心里太紧张了？可要放松点。你的预约面试用语我们等会来分析一下。总的来说你的用语写得还是比较完整的，但是有没有发现这段邀约用语中没有给对方说话的机会？你可能觉得自己已经表达得很清楚了，但对方未必清楚。你想一下，如果没有给对方询问的机会，只顾着自己说，对方或许都不了解你所说的情况，选择放弃的可能性会比较大。乐乐，我们今天来做一个实验，你觉得怎样？"

"好，要做什么试验呢？"乐乐很疑惑，只听师傅说："现在我们手头上有十份简历，你就用自己写的这份邀约用语进行电话预约。看看今天下午可以来几位求职者，好不？"

乐乐信心十足地说："没问题。我这就打电话。"说完就开始按照自己写的那份邀约用语不断地预约面试者，仅十多分钟的工夫，乐乐就开心地说："师傅，我都预约完了。除了有三个人没接电话，其他七人都答应今天下午可以过来。"

乐乐心里开始期盼下午14:00的到来。咦，已经14:15了，怎么才来了一个人？乐乐心里开始打鼓了，再等等看，14:30了也就来了两个人。怎么和昨天梦里的情景差不多啊？郁闷死了。

"乐乐，怎么样了？来了几个人？"师傅问。

"只来了两个人……"乐乐很郁闷的低声回答。

"喔，是这样。你想过可能会是什么原因吗？"师傅似乎没有一点责怪的意思。

"还没想过，我觉得自己表述得很清晰，时间、地点都讲得很详细。现在的求职者啊，怎么这样放我们的鸽子呢？"乐乐很困惑地说。

"呵呵，可别这么快把原因怪到求职者那里喔。我们一起来看看邀约用语中是否有需要改善的地方吧。我们从这一句开始看。邀请您今天下午 14:00 来参加我们公司的面试。如果你加一句，今天下午您有时间吗？如果对方说没有，需要和对方更改面试时间安排。另外在邀约用语里可以加上对方投递简历应聘的岗位。在面试地点处，还要介绍公司的名称及具体地址，公司的名称要逐字和对方说一下。现在很多求职者是海量投递简历，你介绍得越清楚，对方才会了解清楚。还有，最好也介绍一下公司附近的标志性建筑及乘车路线。所以邀约用语要包括礼貌用语、确认对方信息、介绍你自己的身份、确认对方应聘的职位、预约面试的时间、地点、具体地址、联系人及电话、需要携带的物品。包括的内容还不少吧？"师傅介绍得很详细，生怕漏了什么细节。

乐乐回应着："是啊，真没想到。一个小小的预约还包括这么多内容。"师傅接着说："预约时你的语气、语速、态度等都会给对方留下印象。我听到你预约的时候语速有些快，可能也有点紧张。需要强调的地方要着重慢慢说清楚，如果没说清楚对方也会听不清楚，等于没说。你现在先把邀约用语改一下，我们等会再分析一下那些求职者为什么没来，会是什么原因。你自己也可以先考虑一下。"

乐乐赶紧拿起笔和纸修改面试邀约用语，内容如下。

人资："您好，请问是×××先生/女士吗？"

候选人："是。"

人资："您好，这里是×××人力资源部。我姓李。首先恭喜您通过了我们××岗位的简历筛选，想邀请您明天上午 9:00 来我们公司参加面试，请问您明天上午有时间吗？"

候选人："有。"

人资："好的。我们面试的地点在远洋大厦，远是远方的远，洋是海洋的洋。具体地点请麻烦您记一下好吗？"

候选人："好的。但我现在人在外面，没有笔。麻烦您发一个短信或邮件给我可以吗？"

人资："可以的。我会发一封邮件给您。那麻烦您 15 分钟后查收一下。还需要麻烦您携带个人身份证、毕业证复印件及个人简历一份。您乘坐地铁的话，从 A2 出口出来左手边 50 米您会看到中国移动大厦，我们公司就在它的旁边。您也可以乘坐从地铁口直接开往大厦的小巴。到时候我们会有人接待您的。您还有什么不清楚的地方吗？如果您有任何疑问，可以联系我，我的电话是××××××××。"

候选人："好的，我清楚了。"

人资："好的，谢谢您。那我们明天上午 9:00 见。"

乐乐拿着写好的邀约用语给师傅看，"这个写得不错，有互动，内容也很详尽。"师傅赞扬了一句继续说，"还有几个注意事项，可以了解一下。如果在你预约的时间内候选人没有空的话，我们可以说出备选时间，如果候选人问还有没有其他时间，我们还是说目前已经安排好的时间，希望求职者尽量在我们安排的时间内面试。倘若候选人的时间真的安排不开，我们再选择备选时间。如果候选人觉得时间太早，或者赶不到，我们可以在时间上稍微推迟一下(例如确实非常远的候选人)，最多延后十五分钟。因为一个真正的面试者是不会因为距离的问题而拒绝你的邀请的(当然只是针对在本地的候选人)。

另外，预约的时候你的语气要自信、响亮，因为我们代表了公司的形象，一定要给求职者很强的信号，让对方了解到我们是非常重视他们的。如果候选人问待遇，我们的原则是不透露具体的数字，可以大概描述岗位的薪酬范围，需要强调的是在市场上具有竞争力，如果候选人坚持要知道具体的数字，可以说明在面试过程中可以和面试官进行进一步交流，因为岗位薪酬的确定会根据应聘者的工作经验、能力等方面来确定。在预约的时候还需要大概介绍一下面试的流程和预计的时间，便于求职者进行安排。现在招聘网站也有发短信、发邮件的功能，所以除了电话通知以外还可以结合这些方式联合进行。例如发短信，还可以用邮箱中发送邮件的紧急功能，自动发短信提醒候选人。当然短信平台也可以做到这点。"

乐乐不住地点头，感觉都来不及记下来了。"师傅，说慢点好不？都快记不下来了。"乐乐边说心里边不住地暗暗感叹，师傅总结得真好。"师傅，那今天我预约的几个没来的人，我现在想给他们打电话了解一下情况怎么样？真不明白他们为啥放我鸽子呢？"乐乐皱着眉头。

师傅嫣然一笑说："原因肯定是多种多样的，我们先分析一下可能会出现的原因。按以前出现的情况总结出来可能有五种情况：第一种可能是求职者确实临时有事，但不知道如何通知人资人员；第二种可能是求职者同时接到几家公司的面试通知，比较之后做出取舍，你所在的公司可能是被淘汰的那一个；第三种是求职者仍在职、求职意向并不强，抱着'有时间就去，去不了也无所谓'的想法；第四种是求职者并无大事，只是因出发太晚、犯懒等小事未来应聘；第五种求职者事后发现面试地点太远，主动放弃。上次有名求职者更有意思，在楼下等电梯觉得等待时间长竟然就放弃了面试。对于第一、二种情况可以通过电话沟通再次了解和改进，针对第三种情况可以把人才先进行储备，而对于第四、五种情况的候选人如无特殊需要，可以直接选择放弃。等会你尝试用更新过的邀约术语和之前那些求职者沟通一下，看看到达的人数会不会增加一些。放松点，不用怕。"

"好的。"乐乐兴冲冲地边回答边按照师傅讲的方法，进行了再次电话沟通，连她自己都感觉到了不同。

这次的到达情况会好很多吧？第二天一大早就看到有求职者已经到了，除了一个人说临时有事需要改预约时间外，其他预约的人员都到了。乐乐心里美滋滋的。师傅问："乐乐，今天感觉还不错吧？"

乐乐兴奋地说："今天预约的人基本都来了，太棒了。看来有正确的方法就有好的结果。"

师傅说："接下来，我们再总结一下打电话进行预约的技巧。如果可以做好听、问、说、确认这四步，岗位预约到达率达到七成以上问题不大。

首先是第一步——听，就是电话约见时用耳朵判断对方的反应。当你打通电话做完自我介绍后，不要急于告知对方面试的时间和地点，需要有一个小小的停顿后再继续讲'我们收到您投递的简历，应聘××岗位。'后仔细聆听求职者的反应。如果对方说'对不起我投了太多公司，您是哪一家？麻烦您再讲一遍。'你可以再次重点重复公司和岗位名称后停顿，判断对方面试的意向。

如果对方说'我好像没有给你们发简历吧？'这类人一般是海量投递简历，并不一定认真阅读任职资格，很多情况下，应聘者的盲目性偏大，但仍不排除个别能力与岗位匹配的人选存在。在此情况下，首先，要向对方说明他发送简历的具体日期和时间(可从简历接收邮件上轻松找到)，如对方明确表示是误投简历就到此为止，不再约见；其次，要向对方简要说明岗位的要求，了解对方有应聘的意向时再约见。如果对方说'哦，对，我是发过简历，您好。'对于求职者本身就很有针对性地、慎重地选择新公司、新岗位，人力资源人员在电话中对求职者提出的问题解释后就可约见了。

其次是第二个步骤——问，其实是向求职者主动猎取信息，体现对求职者的尊重。如果简历上未注明住址，人力资源人员要问清(大概位置即可，不需具体到门牌号，避免求职者反感)，如果离公司较远要问求职者'是否考虑前来应聘？'如果简历上未注明期望薪资，人力资源人员要问清。金额相差较多时要问求职者'是否可以接受？'不然面试了也是白搭。这里强调一下，提及工资最好以'税前'为标准，因为大家对'税后'有不同的理解，容易有歧义。

面试的时间，至少要提前一天通知。具体的时间可由人力资源人员确定，也可和求职者商定，问'您是否方便？'或'您大概什么时候方便？'特别是对于从网站上搜索下载简历的候选人。

第三个步骤是对于求职者提出的问题进行回答——说，只要不涉及公司和岗位机密，尽量要向其作出解释，体现人力资源人员耐心、周到、专业、和蔼的一面。

在前面三个步骤结束后，可以反过来请求职者确认(而不是人力资源人员)。通常情况下在介绍了面试地点、乘车路线后，人力资源人员往往会重复一遍，确保求职者准确记录。其实这个环节完全可以反过来做，人力资源人员可对应聘者说'请您重复一下位置，我来帮您核对。'我们可以根据记录情况马上作出判断，例如面试地点没有记好，或者根本无心记录的求职者，可以直接忽略掉了。

以上几种方法是非常适合于中端、低端岗位的求职者的，而高端职位应聘者跳槽相对谨慎，而且一旦约定面试后也很少爽约。乐乐，你先把这些记录下来，在之后的实践中继续练习，或许还有更好的方法。每天你也做一个记录，预约了多少人，实际来了多少人，没来的人员及原因，都登记好，以后可有大用处。"

"师傅，我一定按您说的好好做。"乐乐下定决心。

"明天我们要开始正式面试销售岗位的应聘者了，等会你预约好之后，我和你聊聊面试的基本流程。预约好后叫我就好了。"师傅说。

好的！乐乐总是精力充沛、活力四射。严格地按照修改后的邀约术语进行电话预约后，乐乐跑到师傅身边说："师傅，我弄好了。有空教我不？"

"动作挺快嘛，好的。你坐下来，我们探讨下。"这师徒二人开始了一问一答的深入沟通。

面试前奏之面试的流程

"乐乐，你已经学习招聘方法一段时间了，对于招聘你了解了发布职位信息、收到简历后的筛选、电话面试和预约候选人。这些都是面试前期的准备工作。那候选人预约来公司之后，我们需要做哪些工作呢？"师傅问了一句。

师傅喝了口水，看着乐乐。乐乐回答说："我之前看到前台的女生让候选人登记之后，会发一张应聘登记表让候选人填写。"

师傅说："是的，这个动作是个常规动作。我们需要收齐候选人的资料及对方填写好的应聘登记表。你仔细看过应聘登记表吗？"

"看过，表格里的内容挺多的。求职者填起来还会花点时间呢。我当时应聘的时候就填了好长时间，特别是一些联系方式有的确实忘记了。"乐乐回答。

师傅拿出一份空白的应聘登记表，指着表对着乐乐说："可别小看这张表，里面包括的信息可丰富呢。你看有应聘渠道的了解、申请的岗位、薪酬状况，对候选人的个人情况、教育经历、工作经历、家庭状况都能了解。"

附：

××有限公司应聘人员登记表

照片

您从何处获知本公司此职位空缺？

1. □招聘网站

　　□中华英才网　　□51Job　　□智联招聘　　□Job168　　□其他互联网站

2. □报纸杂志　　3. □猎头推荐　　4. □内部员工推荐　　5. □招聘现场

6. □其他

拟申请职位_____　　最近税前薪金 _____　　期望税前薪金 _____

个人情况

姓　　名 _____　性　别 _____　民　　族 _____

籍　　贯 _____　出生年月 _____　身　　高 _____

婚育状况 _____　户口所在地 _____　身份证号 _____

技术职称 _____

现在住址 _____

固定电话 _____　移动电话 _____

电子邮箱 _____

教育状况(从最高学历填起)

起止日期	学历(学位)	学校	专业	证明人及电话

工作经历

起止日期	单位名称	职位名称	证明人及电话	单位地址

家庭状况

姓名	关系	工作单位	职务	联系人电话	单位地址

联系人信息

本地联系人

姓名	关系	工作单位	职务	联系人地址及电话

紧急联系人

姓名	关系	工作单位	职务	联系人地址及电话

个 人 声 明

本人证实上述所填写的各项资料内容的真实性，并无掩饰任何不利申请××有限公司职位的资料。

本人明白并同意若表中有任何隐瞒、故意虚报或存在误导成分的资料，或经查询本人有任何不良记录，××有限公司均有权不予录用，或在录用后按不符合录用条件或严重违反规章制度与本人解除劳动合同。

签名：

年　　　月　　　日

"一份应聘登记表包含了个人信息、家庭信息还有个人的声明。候选人的联系电话、邮箱等都是很重要的信息资料。另外你还可以看看候选人的字迹是否清晰、有没有错别字。注意一点，关于个人声明。候选人填完表后一定要仔细看看这个地方他是否有签名及填写日期。还要看清楚他的签名是否清晰。细节可以反映出一个人的基本素质。

当然这份表中所体现的信息也使我们在面试过程中可以找到问题的源泉。在收集好应聘登记表和求职者资料后需要对身份证号码、教育经历和身份证、学历证件复印件进行核对，看是否填写正确。"师傅边说边指着表格中的项目。

"原来还需要做这些工作，看来还得练就火眼金睛的功夫。"乐乐诙谐地说。

"没错。当我们把面试者的资料都收集整理好之后，就该进入我们的面试环节了。乐乐，你觉得我们在面试过程中是一个什么角色？"师傅笑盈盈地问。

"我觉得我们在面试过程中，应该是双重角色。既要介绍公司又要吸引求职者。"乐乐似懂非懂地回答。

师傅点点头说："确实如此。作为面试官既是买者又是卖者，既是评头论足的观察员又是吸引顾客的商品。我们的言谈举止和涵养代表着公司的形象，在一定程度上，应聘者会根据面试官的素质与涵养对公司产生初步的评价。所以对面试官的形象进行规范是必要和必须的。你第一天上班时就应该对着装方面有比较深刻的认识吧？"师傅似笑非笑地说了一句。乐乐不好意思地吐了吐舌头。

师傅又接着说："首先需要穿着职业装，头发、衣服需整洁；言谈举止要大方、自信，交流以平等为原则；避免口腔、身体带有气味，如果吃了大蒜或者其他重口味的东西可要赶紧吃一些口香糖消除一下气味，这些怪味是容易影响形象的喔；尽量避免在面试过程中接听电话，如必须，请离开面试室后再接听；在面试的过程中需要专注，显示你对求职者的尊重；还有就是你的坐姿需要端正，不伸懒腰、不跷二郎腿。这些都是规矩，想成为职业化的人力资源工作者就需要在细节上下工夫。

另外，作为面试官还有重要的一点是先要把自己的情绪调整好才可以进入面试室。打个比方，如果你遇到以下两个场景——第一，你刚刚开完会，上级布置了一堆任务需要你今天下午完成。而你这个时候还没理清头绪却要去面对一场面试；第二，刚刚和相关业务部门进行了一场唇枪舌战的讨论，业务部门急需的一名人员还未到位。正好接下来要面试的就是这个职位目前来说最佳的候选人。你会怎样呢？"

师傅抛出了这样的问题。乐乐想了想说："估计我是匆忙就进去面试了，我这人急性子。"

师傅慢条斯理地回答："遇到这些情况，你的情绪做到一下子平静估计不容易。这个时候最好的做法是喝一杯水暂时整一下思绪，重新阅览一遍候选人的简历及之前已做好的标记，再次回顾需要招聘的岗位核心能力模型。把自己调整好了再胸有成竹地走进面试室。其实面试对于面试官来说也是一场考试。你说是不是这个道理？"乐乐点点头。

"当我们了解了面试前需要做的准备工作之后，还要继续了解面试的流程是怎样的。其实面试的主要流程是首先和求职者有一个简短的寒暄，接下来会有开场白、面谈的核心部分，最后有一个结尾。简短的寒暄我们可以说些什么呢？寒暄的主要作用是和求职者拉近距离，使其更好地进入面谈状态。

那寒暄些什么比较合适呢？可以从外部，例如天气、来公司是否方便；还可以从候选人的角度，例如夸他的着装比较别致、名字特别、填写表格的字迹漂亮等。让候选人放松心情，进入日常的状态，更好地发挥其真实的水平。"师傅一口气说了不少，有意识地停顿了一下，想让乐乐消化一下。

乐乐嘘了一声说："没想到一个简单的寒暄作用还不小呢。师傅，这个我要好好练习练习、琢磨琢磨。那寒暄之后开场白需要说些什么呢？"

师傅说："首先欢迎应聘者来参加面试，并简要介绍自己及所在部门，如果有其他面试官一起参加还需要介绍面试官所在的部门和职位，同时需要提前说明面谈过程大概需要的时间，会针对哪些方面与候选人进行沟通了解，过程中还需要做一些记录，请候选人心中有底。在接下来的面谈过程中创造轻松的谈话氛围，使应聘者能够自由地敞开心扉，在无戒备的心理状态下，应聘者易表露真实的一面。尽量避免谈话过程中出现冷场，如果是由应聘者引起的，应稍等片刻。在整个过程中注意聆听，可使用鼓励性的语句让其描述得清楚、具体些。

初试时可简要介绍薪酬结构及相关福利等，薪酬的谈判可以在复试时具体沟通。在介绍公司的基本情况时，可从公司成立时间、公司性质及架构、主营业务范围、现有员工人数等方面进行简要、清楚地描述。在面试的结尾处，可以询问应聘者是否有问题需要提问，还应询问其他面试官是否还需要提问，以免遗漏考察点，同时也表现出对其他面试官的尊重。最后说明今天的面试就到这里，如果应聘者通过初试，一般可以告诉他我们会在一星期之内给予答复，当然也可以视职位情况、紧急情况进行调整，如2～3天之内答复也是可以的。最后需要感谢候选人对公司的关注。迎送应聘者时，面试官应站起或道'再见'，如果有可能最好可以送到电梯口，以示尊重。"师傅一口气说了一大串，内容很多。

"因为面试的整个流程安排都显示了公司人力资源工作的规范性和面试官的专业性，所以一定要重视。而且对于我们来说，每次面试结束最好都做一些总结和自我反省。这样才可以得到提高。如果每天只是机械地工作，即使做再多也不会有提高。所以我希望你可以每次做完面试后多问自己一些问题。面试对技巧的要求是永无止境的，总有提高的余地。

例如：我的为人、经历、所从事的工作及对企业的看法在何种程度上影响了我对候选人的看法？面试中有多少时间是我在说话？面试流程安排得怎么样？如果再做一次这样的面试，我会做哪些变动和调整？等等。同时我们需要摆脱'理想'人选的定型影响，根据职务要求而不是理想。摆脱定势的影响，克服不利信息的影响；摆脱情景的影响，克服候选人前后对比的效应；摆脱主观影响，克服以己度人。尽可能做到公平公正。"师傅用告诫的眼神看了乐乐一眼。乐乐把师傅说的话都认真记录下来，工作确实需要用心，多总结，这样才会有所提高。乐乐心里不住地感激师傅。

"师傅，休息一下吧，我帮您倒杯水。"乐乐边说边递了杯水给师傅。

"谢谢。明天早上我面试的时候，你坐在旁边旁听、记录吧。等会你和求职者们再确认一下明天面试的时间。"师傅交代完工作就外出了。乐乐坐在计算机旁，想象着明天面试的情景，有无限的期待。明天的面试到底会是什么样的呢？

面试前奏之面试指南

乐乐哼着小曲兴高采烈地来到公司，这段日子一边学习一边实践，觉得日子很充实。旁听了不少面试，乐乐也摩拳擦掌，想自己尝试一下。特别是昨天晚上，乐乐梦到自己在面试中自如应对。乐乐一边想一边整理着桌上的资料。这个时候师傅走过来说："乐乐，今天把电话销售的面试指引好好学习一下。明天你可要上阵实战了。面试这些都是需要不断学习和锻炼的，多实践就会有更多的心得体会。"

"好。真的是心想事成呢！"乐乐开心地回答着。

面试指南：电话销售

一、能力考察(见表5-1)

表5-1 能力考察分工表

能力	职能	审阅简历	电话面试	人力资源部	部门主管(初试)	部门经理(复试)	背景调查
通用能力	职业操守				√		√
	沟通能力		√	√	√	√	
	积极主动		√	√	√		
	高品质客户服务		√			√	
	影响力				√	√	
岗位专业能力	销售说服能力			√	√		
	持续学习					√	
	抗压能力			√	√	√	
适配性	企业适配性				√		
	职位适配性	√	√			√	

二、准备事项

(1) 审阅应聘者资料，包括个人简历及应聘登记表；了解应聘者有哪些工作经验符合该职位的要求。

(2) 准备审阅背景资料。记下一些不清楚或想了解的工作经验；记下在哪些时候应聘者无相关工作记录。

(3) 准备发掘行为的问题。重温各项能力定义及行为指标；修订问题，使其更切合应聘者的经验；决定是否要改变提问次序；如有需要可提出其他的问题。

(4) 预估完成面谈提问指引每部分所需的时间。

三、开始面谈

(1) 跟应聘者打招呼，告诉他你的名字及职位。

(2) 解释面谈的目的。

① 让面谈者与应聘者互相认识。

② 了解应聘者更多的背景及经验。

③ 让应聘者了解该职位及机构。

(3) 描述面谈的过程。

① 简略审阅工作经验。

② 提出关于这些工作经验的具体问题。

③ 提供关于该职位与机构的资料。

④ 回答应聘者关于职位与机构的问题。

⑤ 告诉应聘者你会做笔记。

⑥ 解释职位的基本功能。

(4) 针对背景资料进行提问。

① 教育背景(不要重复履历上已有的资料)。针对毕业三年以内的人员可以对教育背景这方面的问题问得详细些。

● 成绩最好的科目是什么? 为什么?

● 成绩最差的科目是什么? 为什么?

● 在学校生活中,你最感自豪的事情是什么?

② 工作背景

● 你的主要职责是什么? 期间有没有转变?

● 关于这个职位,你最喜爱的是什么? 最讨厌的是什么?

● 你为何(打算)离职?

(5) 针对电话销售岗位的能力要求,可以从如下方面进行提问并记录(见表 5-2~表 5-8)。

表 5-2　职业操守评分表

职　业　操　守	行　为　指　标
行为诚实、可信、有原则	表现出诚实、恪守诺言、言行一致

问题:

① 在你的生活或工作中,曾经遇到过与你的道德或价值观相冲突的事件吗? 请与我们分享一个你亲生经历的事件。你又是怎么做的?

② 你觉得自己是值得信赖的吗? 如果是,为什么? 请同我们分享一个具体的事件来证明。

③ 公司的资源如果管理不善,可能会被人不规范地使用或浪费,你有遇到过这样的事吗? 当时你有何反应?

记录:

情况/任务	行　　动	结　　果

职业操守评分:_____

表 5-3　积极主动评分表

积 极 主 动	行 为 指 标
● 采取即时的行动以达成目标 ● 采取行动来超越所要求的目标 ● 在达成计划目标或宣布失败之前,继续主动出击,坚持到底	● 快速回应 ● 迅速行动 ● 坚持不懈

问题:

① 你的销售技巧与公司内其他营销员有何不同?你有什么特别之处?请举个例子,谈谈你是如何有效地运用这些销售技巧的。

② 你遇到过这样的情况吗?如公司资源严重不足,而你的业务目标压力又很大?有没有想过用什么办法争取更好的结果?

③ 说说你曾经需要最长时间的努力才能达到目标的一次经历(留意应聘者尝试的频率)。

记录:

情况/任务	行　　动	结　　果

积极主动评分: _____

表 5-4　抗压能力评分表

抗 压 能 力	行 为 指 标
● 面对他人的对抗情绪或来自人或环境的压力时,调节情绪 ● 稳定的工作表现	● 勇于面对困难,调节情绪波动 ● 在压力中仍能保持专注、冷静地分析异议 ● 不断完善自我

问题:

① 谈谈你曾接受过的压力最大的一项工作任务,你是如何处理的,结果如何?

② 请举例说明,工作或生活中一件让你感到受挫、沮丧或情绪低落的事情,你是如何应对的,结果如何?

记录:

情况/任务	行　　动	结　　果

抗压能力评分: _____

表5-5 销售/说服能力评分表

销售说服能力	行 为 指 标
使用适当的人际沟通风格和方法，使客户或潜在客户接受你们的产品、服务或想法	● 质疑并且彻底调查 ● 拟定策略 ● 建立和谐关系 ● 展现能力 ● 获取承诺

问题：

① 试讲述一个棘手的销售情况，你因为不能突出地阐明产品/服务的优势之处而导致销售失败。你采取了什么方法？为什么该方法没能成功？

② 可否举出一个例子，有哪一次排除障碍、说服他人的经验让你感到最满意？

③ 请你讲述一个你曾经向上司(或客户)提出过的好建议？你具体是怎么做的？

记录：

情况/任务	行　动	结　果

销售/说服能力评分：＿＿＿＿＿＿

表5-6 持续学习能力评分表

持 续 学 习	行 为 指 标
● 积极找出学习的新领域 ● 定期创造或善用学习的机会 ● 将新获得的知识或技巧应用在工作中	● 设定学习的需要 ● 寻找学习项目 ● 掌握机会，尽量学习 ● 应用所学 ● 不畏失败，不耻下问

问题：

① 谈谈你在工作中遇到的最困难的一项任务。你是如何去完成的？

② 一般机构都会鼓励员工学习新的知识/技巧。请举个实例说明你是如何把握机会去学习新技能的。你采取了什么行动？结果如何？

记录：

情况/任务	行　动	结　果

持续学习能力评分：＿＿＿＿＿＿

表5-7　高品质的客户服务能力评分表

客 户 服 务	行 为 指 标
● 耐心倾听和理解客户需求 ● 运用客户服务技能和技巧满足客户的需求 ● 处理客户投诉，保持客户满意度和忠诚度	● 设身处地理解并满足客户需求 ● 积极跟进、解决客户的问题 ● 努力超越客户的期望

问题：

① 你有没有这样的经历，和你打交道的一位客户要求解决问题的方法和公司利益发生冲突，你是怎样解决这个矛盾的？

② 即使我们已经努力去满足顾客的要求了，但还是听到很多抱怨和投诉。能不能讲讲你最近被顾客抱怨的具体情况？

③ 你有遇到过对你高要求的老板/老师吗？他/她具体是怎样要求你的？你是如何处理的？

记录：

情况/任务	行　　动	结　　果

高品质的客户服务能力：＿＿＿＿＿＿

表5-8　职业适配性评分表

职务适配性	行 为 指 标
● 工作的性质及责任能否给予个人满足感 ● 工作性质本身是否能让员工感到满意	● 成就感 ● 持续性学习 ● 工作挑战性 ● 工作环境 ● 指导他人

问题：

① 佣金。你的薪金结构是怎样的？(如定额薪金、部分薪金为佣金或视工作表现而定的奖金)你对此有何感想？原因是什么？

② 工作挑战性。请谈谈你曾担任过最具挑战性的一项工作。你对此有何感想？原因是什么？

记录：

什么时候感到满足/不满足	什么时候感到满意/不满意	为什么

职务适配性：＿＿＿＿＿＿

四、结束面谈

(1) 确保资料清楚完备。

提出问题，以争取审核时间：

① 为什么你认为自己适合这个职位(借此机会审核应聘者的推销技巧——如何推销自己)？

② 您觉得自己有哪些其他的长处是我们刚才没有谈及的？

(2) 向应聘者讲述职位和机构的资料，如果你是最后的面谈者，可复核应聘者是否明白有关资料(记下任何与应聘者所讲的动机和爱好相符合或相抵触的地方)。让应聘者提问(把问题记录下来)。

(3) 解释随后的选拔程序。

(4) 向应聘者致谢。

五、面谈后指示

(1) 注意辨析完整的行为事例。

(2) 把行为事例归纳分类。

(3) 在每个行为事例旁写下有效(＋)或无效(－)。

(4) 通过每个行为事例发生的时间、影响力及申请职位是否相近，来衡量它的重要性。

(5) 采用下面的评分标准，定出分数，写在每项能力的评分格内：

5——极可接受(远超乎职位要求)

4——很可接受(超乎职位要求)

3——可接受(符合职位要求)

2——不可接受(未达到职位要求)

1——极不可接受(远不及职位要求)

备注：

N——没有机会观察或评核

W——没有足够的资料

5H——表现过高，适得其反

(6) 就沟通能力与影响力，评核应征者的表现。

① 翻阅笔记，决定应征者在每项行为指标下的表现是有效(+)、中性(0)还是无效/缺乏(－)。

② 在每个行为指标的方格内画√号。

③ 采用第(5)步所列的评分标准，评核应征者在这两项能力方面的表现。在横线上写下分数。

"师傅,我看了这份面试指南,觉得基本上按照上面所列的问题进行提问,应该可以全面了解候选人的情况了。"乐乐看完后说。

"是啊,科学的招聘面试过程应更多地采用一些面试提纲,由原来发散式、随机式的提问向逻辑化、规范化转变,避免面试官本人主观的判断以影响其对应聘者真实能力的认识程度,同时有效的面试提问可避免得到经过排练的千篇一律的回答,以帮助我们从应聘者的回答中了解到真实的情况。

当然,通常面试的有效程度并不如我们想象的高,我们所要做的就是通过提高面试技巧,力求达到与真实情况相接近及评价的客观性,并且随着面试技巧的提高,你可以更好地运用面试提纲,可以由这种结构化的面试慢慢过渡到无结构化的更高境界。这些经过长时间的练习你是可以体会到的。明天你就可以按这份指南进行实战演练了,今天你先看看简历,好好准备准备。"师傅信心满满地对乐乐说。乐乐开心地应答着,心早就飞向明天的面试现场了。

乐乐打开简历认真地看了看,记下了以下问题:

(1) 学了模具设计与制造专业三年,却从实习就一直从事与销售相关的工作。是什么原因吸引你做销售工作呢?

(2) 你在第一份正式工作中一直从实习销售员做到正式销售员,并且做了快两年的时间,那是什么原因导致你离开呢?你的销售业绩怎么样?

(3) 你的销售技巧有什么特别之处吗?

(4) 你的工作职责是什么?你每个月的工作指标是多少?

(5) 在你的自我评价中也提到自己积极主动,可否举一个例子进行说明?

简历是如下:

个人基本信息	
姓名	×××
性别	男
婚姻状况	未婚
出生年月	××××年×月
户口所在地	××
现居住地	广东

工作经验	2 年
政治面貌	团员
联系电话	××××××××
E-mail	
身份证	××××××××××××××××
地址	广州市天河区×××
邮编	

求职意向

期望工作性质	全职
期望从事职业	销售业务、互联网/电子商务/网游、其他
期望从事行业	金融、家居/室内设计/装饰装潢、零售/批发
期望工作地区	广州
期望月薪	2 001～4 000 元/月
目前状况	目前处于离职状态，可立即上岗

工作经历

2011 年 5 月—2013 年 4 月×××技术有限公司

部门：舞台批发部

职位：电话销售

行业：其他

企业性质：民营

规模：20～99 人

工资：2 001～4 000 元/月

工作：主要做客服和跟单工作，定期的通过电话或者在网上回访客户，刚开始回访的客户是来咨询或者未成交客户，时间长了也熟悉工作上的流程和客户交流的技巧，就开始回访成交过的客户，定期维护客户的关系，在回访的过程中也有成交过的订单。虽然在工作的过程中遇到过不懂的地方，在经理和同事的帮助下，也算是迎刃而解了

2011 年 2 月—2011 年 4 月×××财富管理中心

部门：销售部

职位：证券/期货/外汇经纪人

行业：金融/银行/投资/基金/证券

企业性质：民营

规模：100～499 人

工资：2 001～4 000 元/月

工作描述：在公司做了两个月的投资顾问的工作，我都是通过网上开发客户，虽然在开发客户的过程中遇到过一些问题，但我还是尽我所能地帮客户解决他们的疑问和忧虑，虽然并没有取得很好的业绩。但在这短短两个月的工作期间让我更进一步了解了什么是销售

自我评价

本人性格开朗、稳重、有活力，待人热情、真诚。工作认真负责，积极主动，能吃苦耐劳。有较强的组织能力、实际动手能力和团体协作精神，能迅速适应各种环境。在销售方面具有良好的沟通能力等

项目经验

在校学习情况

教育经历

2009 年 9 月—2012 年 7 月××××商贸职业学院

专业：模具设计与制造

学历：大专

第六章　面试进行时

面试进行时之走入面试实战场

做好了各项准备工作，第二天乐乐来到公司就准备迎接面试者了。早上安排了三位面试者。不过没一会儿面试者都到了，安排好填表，收齐面试者的资料。开始带面试者进入面试室，乐乐发现自己都有点紧张了，手略微有点发抖。不过看到师傅满脸微笑的表情，乐乐安心多了，在心里为自己打气。

第一位面试者进来坐下，乐乐发现她的脖子都红了，看来面试者更紧张啊！乐乐心想。听到师傅自如的寒暄后，候选人紧张得连自我介绍都有点说不出来了。但在师傅的鼓励和引导下对方终于自如地说出了一些我们想了解的内容。乐乐记下了自己的感觉：这个面试者的表达能力还可以，但不够自信。

紧接着进来的第二位面试者是个男孩子，还没等坐稳就开始说话了，还没等师傅问话，他就开始噼里啪啦地自我介绍起来，介绍自己的过去、现在及接下来的打算，为什么想应聘我们公司的这个岗位等等。师傅看着他笑了一下说："你说得很好，我想深入地了解一下你在之前的那家公司的详细情况。"他好像有点意识到自己说得太多了，开始顺着师傅的思路回答问题。但在整个过程中，经常不太注意听师傅的问题，答非所问的情况比较多。乐乐又记下了对这个面试者的印象：经常抢话，只顾着自己说，有时候回答的问题不是提问的内容。

刚写完，又迎来了最后一位面试者。这人整个状态和前两位不同。头一直昂着，看人的眼神都不是直视，脸上也没有任何表情。乐乐想不明白，这个人怎么了？只见候选人自己坐下了。师傅还是满脸微笑，乐乐却是一脸疑惑。"我来自一家知名企业，曾做过很多大型销售项目。我的沟通能力、表达能力、学习能力都是最强的。我就是你们的最佳选择。"候选人很大声地说出这句。只见师傅微笑着点点头，说："嗯，非常不错。看了你的简历也觉得有不少方面和我们的岗位比较匹配。你刚才提到你有三个方面的能力都是最强的，那接下来我们来一个个聊聊，您之前有没有具体的事例，可以给我讲讲吗？""好的，没问题。之前做销售项目，我的业绩在同事中是最好的。"候选人自豪地说出来。"请问有几个同事在做这个项目？"只见师傅轻声问道。"有三位。""你近半年的排名是一个什么样的状况？"通过回答这些具体问题，几个回合后，乐乐发现求职者的头开始慢慢低下来了，也没那么高傲的感觉了。乐乐心想，看来这个候选人并没有开始他自己说得那么好喔，有水分。在笔记本上乐乐记下：自以为是，态度傲慢，回答有水分。

三个面试者都见完了，师傅问乐乐："感觉怎样？把你记的内容给我看看。"

乐乐说："这三个人还真是各有特色。我也说不出什么，反正觉得都不合适。我也不知道记些什么才是合适的。师傅，我觉得您好厉害，什么样的人都可以搞定。"

师傅说："以后你也可以做到的。我们先聊聊今天的这三个面试者，再讲讲怎样做面试记录吧。从你做的记录上来看还是有一些问题的，需要好好改进。"

"其实你也看出来了，第一个面试者很紧张，很多应届生都会有这样的情况发生。对于精神紧张型，连自我介绍都无法连贯讲述的面试者，可以从最简单的问题入手，从对方最擅长的方面进行主动提问。例如让对方讲讲以前获得过什么奖？从最有成就感的一件事开始。让对方慢慢放松，进入面试的状态。"师傅接着说，"第二个人属于滔滔不绝型的。记得以前有一个同事，遇到一个这样类型的候选人。碰巧这个人和她是同乡又是校友。他们从学校的校园、老师聊起，竟然还聊到了学校的饭菜。整个面试聊了一个多小时，同事出来后说感觉不错。但具体一问，关于岗位的任何关键能力都没了解到。和候选人适当的寒暄是让对方轻松进入面试环节的好方法，但完全脱离了主题，不仅浪费了双方宝贵的时间而且最终会没有结果。特别是对待话痨类型的人，我们需要掌握主动权，随时准备温和而坚决地打断说话者。

例如你看到的我也会适时打断他的回答。可以采用总结对方的回答的方式，让对

方确认后继续下一个问题。例如，'我可以理解为您刚才的意思是……对吗？'

第三个候选人属于自命不凡型了，其实很多时候都会遇到自命不凡的候选人。有些人是过度自信，而有些人却可能是有些自卑。例如有一次，一个面试者说他来自世界 500 强××公司，曾经做过校园招聘、管理培训生等大型项目，具有超强的学习能力、领导力。是我们的最佳选择。对待这样的人，你觉得用什么方法好？"

乐乐想了想说："让对方讲具体的事例，应该可以。我记得以前在网上看过有一个什么什么工具可以判断的。"

师傅说："这个确实有用，可以增加问题的难度，给予更多的压力。例如对方说自己就是我们的最佳选择。你可以说'我不这样认为。其实做过大型项目的候选人很多。你觉得自己与众不同的优势在哪里？'你可以不断地用否定和提问的方式与候选人进行互动。当然你自己确实要有足够的能力去'hold 住'对方。你说的工具我接下来会详细和你谈。"乐乐点点头。

"你发现没有，其实昨天告诉你的流程，在实际操作中可能会略微有一些不同，虽然顺序不尽相同，但每一个关键点都渗透在其中。"师傅说。

"对于面试的基本流程我都了解了，但我觉得自己的面试记录写得不好。有没有什么好方法？"乐乐问。

"关于面试记录，我们要好好谈谈。抽空先想想面试记录应该怎样写，你今天写的应该怎样改？明天我们再继续谈这个话题。"师傅提出了问题，让乐乐有充分的时间进行思考。

面试进行时之面试记录

乐乐想起从小父母、老师就教导说好记性不如烂笔头。现在每天见这么多候选人，如果不记下来，确实很容易就忘记了。肯定要做好面试记录。但怎样做呢？要记录些什么呢？今天记录的三个面试者都是我对他们的感觉，但其他的也没啥需要记的。正在疑惑时，师傅走到身边，轻声问："乐乐，在想什么呢？那么入神？"

乐乐回答说："我在想面试记录的事。也觉得自己记得不好。但还没想到怎么改进。"

师傅笑了一下说："据统计显示，在面试时记笔记比不记笔记有更好的效果。在面试刚结束的时候，如果没有笔记的帮助，只能大概记得三分之一的内容，如果面试与作出决定的时间相隔越久，可能忘记的内容就越多。到最后你可能只会根据头脑中大致的印象进行人员的选择了。

记笔记的好处很多，例如可以让你集中精力，收集行为事例，写在面试评估表上，可以清晰地看到行为事例中缺乏了哪些内容，然后决定应该提出什么跟进问题。准确的笔记确保你不会将对应聘者的印象与他们的回答混淆在一起。当你与其他面试者比较应聘者得分时，笔记可以作为讨论行为事例的背景资料。如果评分需要资料来支撑，就可以参考这些资料。准确的笔记使你在做选聘决定时更有信心。

由于我们对人才选择的决定是根据具体的事实，而不是含糊的感觉或记忆，这样才会对自己的判断是否公平、准确更有信心。可能你刚开始记笔记的时候会很不习惯。乐乐，你会不会记着记着笔记就忘记听求职者说话了，或者都不记得和求职者要进行目光接触了，只顾着记录了？"乐乐笑着点点头。

"但经过多次练习就会熟练。在面试开场白的时候你就需要让应征者知道你需要记笔记。在记录的时候注意要记下面试中观察到的行为，写下主要的关键性的词语。在面试结束后需要立即把关键词涉及的主要事件进行具体的描述。例如你今天看到的三位求职者。最后一位他说到自己的业绩是很好的，我问他是怎样的具体情况，他又回答了他如何做到的。这些具体的行为和事件就是应该记录的地方了。这些面试过程中的记录，都是为后面的面试评估做准备工作。当然不一定要按顺序记录行为事例，只要记录完整就可以。"师傅一口气讲了不少。

"为什么要仔细记录面试者的行为事例呢？作用在哪里呢？"乐乐不解地问道。"这个就涉及我们接下来需要讲的核心面试方法——行为面试法了。"师傅回答说。

面试进行时之行为面试

乐乐想每个岗位都不同，那人力资源的人员都需要问些什么问题来了解候选人的具体情况呢？每一个求职者的情况也不同，应聘的岗位也不同，有哪些常规问题是必须问的呢？之前也看过对候选人核心经历部分的了解是面试的关键环节。那如何去把握呢？在面试的整个过程中，可以对应聘者的经验、职位的匹配度、个性、求职动机等方面进行详细了解。一个几十分钟的面试可以挖掘到这么多的东西，但怎样可以一点一点地挖掘到呢？

今天依然安排了面试。乐乐看到师傅整个面试过程自然流畅，一气呵成，心中佩服不已。什么时候我也可以这样呢？师傅拍拍乐乐的肩膀说："不着急，一步步慢慢来，这也是需要过程的。先看着我做，然后再尝试着进行面试，逐步掌握技巧。"想到那位自命不凡的求职者。或许他也不是傲气，可能有些不良的习惯让人误解了吧？乐乐这么想着，回忆着那天师傅问的问题。

师傅继续说："其实利用以往的行为事例来预测将来的行为表现是十分有效的。首先可减少对应聘者工作经验的误解，您懂得收集和使用最有效反映应聘者能力的资料，他们以往及现在的行为表现。避免你的主观感觉影响对应聘者的评价，你对应聘者的评价是其行为表现而不是你个人的主观感受或直觉。也避免了应聘者提供含糊空泛的资料。而且这么多的岗位，你不可能都了解得很清楚。

在了解对方过去具体事例的过程中，也会比较容易快速地了解对方的工作内容和职责，利用行为事例中行动的部分，可令应聘者比较难于隐瞒以往的事实，而是提供具体和实在的事例。我们小时候都讲过故事，讲故事的时候会涉及时间、地点、人物、事件，其实这个也一样。透过系统的问题去了解测评对象的核心能力，评价候选人与能力模型的匹配程度，从而判断其是否具有目标岗位所需要的特质。

STAR 是一个很好的工具，有助于我们在面试过程中抓住关键环节。具体是由Situation、Task、Action、Result 四个英文单词的缩写组成，S/T 代表应聘者所面对的情况、任务，事情为什么会发生，A 代表应聘者所采取的行动，做了什么实际行动，怎样做的？R 代表应聘者行动所带来的结果。行动的成效怎样，即使失败，收获和启发又是什么样的。

乐乐，我们一项一项的进行解析。重点在于探究思想上的起因 S 和行为过程 A，即通过深入分析关键行为，了解策略规划的思考程序和问题的解决模式。你平时判断一个人怎么样，会通过什么去判断呢？"

"我会去想想他平时遇到事情的时候会做些什么，怎么做的，结果又怎样吧？"乐乐想想回答。

师傅赞成地点点头说："没错，如果有的人一直表现非常好，大家对他的评价都会很好。那面试也一样，短短的时间内要了解面试者是否适合这个岗位，就需要通过以前的行为事件作出判断。

例如应聘者谈及上司突然出差，需要他临时代理其职务。你追问应聘者当时是如何代理的，他表示曾经安排同事进行项目工作时间的安排，遇到问题积极想一切方法进行解决。上司回来后，发现所有工作安排得井井有条，对他进行了晋升。在对应聘者进行询问行为事例的时候，需要以能力为基础。例如你想了解应聘者承受压力的情况，需要询问他曾经经受过的最大压力是什么，当时的情况如何，而他又是怎样应对的，最后结果如何。

在选择人员的过程中，需要依据能力去询问应聘者的行为事例。情况或任务是指应聘者行为的背景或处境，可解释他为何有这样的表现。"师傅喝了口水，停了一会。乐乐赶紧问："师傅，那如果候选人说没有具体事例的时候我们怎么办呢？"

师傅说："我们可以问他，有没有曾经发生过类似的情况。如果对方还是说没有，可以假设情景给候选人回答。其实构成情景的因素可以是应聘者的职务或工作程序有所改变的时候，或者主管或客户对应聘者提出特别的要求时，要应付紧急的工作限期，或需与一位同事合作完成工作的时候。

例如虽然公司的薪酬不具备竞争力，但公司领导要求必须在一个月内招聘到十名研发人员。 候选人是如何做的。行动是指应聘者针对某个情况或某项任务所做和所说的，通过这些行动，了解应聘者过往的工作表现，因此可以说是行为事例的关键。行动也可包括应聘者没有做到或没有说到的部分。行动包括完成某项工作的步骤，如何筹备工作项目，如何应付紧迫的工作限期，或如何避免工作延误所带来的损失。

公司的薪酬不具备竞争力，但还是有自己的优势。比如产品确实很有实力和前景、公司的氛围好、人员相处很开心。在招聘的过程中我重点以这些吸引点和面试者去沟通，找到目标人才。在选择招聘渠道上，重点选用技术论坛、技术 QQ 群等方式，和求职者进行网络沟通。结果是指应聘者所产生的效果，以显示应聘者的行动是否适当和有效。通过各种方式，终于在规定的时间内完成了人员的招聘任务，而且还储备了五个候选人。

当然应聘者也可能会提供假的行为事例。这个就需要我们去判断和分辨了。假的行为事例是非具体的事例，这些事例流于含糊、主观、理论性或是空谈。有时候，我们会误把这些资料信以为真，并以此来选才。假的行为事例包括含糊的叙述，如应聘者侃侃而谈，却没有具体说明实际行动；主观意见，如应聘者个人的信念、判断或观点，这些都是应聘者对某件事的看法或感受，而非行动；理论性或不切实际的叙述，如一些应聘者打算但尚未办到的事情，所以不可看做过往的行为事例。

在面试的过程中，如果应聘者讲述的是假行为事例，我们应该提出跟进性问题，引导应聘者回答具体的行为事例。乐乐，你看看以下的例子，哪些是不完整的行为事例？"

(1) 我经常花时间了解客户的需求，这使很多客户感到满意。

(2) 当我预料到可能赶不及招聘进度的时候，我就全力以赴，终于完成了工作任务。

(3) 一般来说，我和其他同事相处得很好。

(4) 我想正是因为我的责任心，下面的同事也一样非常有责任心。

(5) 我认为作为管理者，最重要的是需要具备辅导员工的能力，这一点非常重要。

(6) 我会适当分配工作，给予员工支持，发挥团队精神。

乐乐看了看后，立刻说："我觉得如果对照 STAR 工具来说，这些例子都不完整。就拿第二个事例来说，我们最想了解的行动如何、怎样做的都没有描述出来。"

"那你有没有发现这几个例子有什么共同特点？"师傅又问。

"这个，没看出什么来，但就是不完整。"乐乐思考着。

"若应聘者说'我会……'的时候，如果用了'一般来说'、'通常'等词语的时候请特别留意，因为这有可能是空泛和不切实际的，而非真正的行为事例。对于不完整的行为事例，都需要提出跟进问题，让应聘者补充完整。如果应聘者在回应问题时，用了'我们'或'我所在的部门'，所提供的资料欠具体时，你需要了解应聘者曾经做过什么。

我们经常会考察候选人的沟通能力，你会怎么问呢？"师傅想考察一下乐乐有没有把学到的知识融会贯通。

乐乐立刻说："我首先会问'您怎样评价之前您和公司人员的沟通交流能力？'"

师傅回答说："那我就说沟通交流能力很不错啊。很多人评价很高。"

乐乐又说："那您可否举个例子说明一下您沟通交流能力不错的表现呢？"师傅很快举了个例子。乐乐不住地点头，师傅笑着说："你判断我的沟通能力还不错是吧？"

乐乐说："当然啦，我让您举例您也说得很好啊，应该可以判断呀。"

师傅说："你就不怕我骗你，编个故事？"乐乐一下子傻了，不知道如何回答师傅的提问了。师傅继续说："刚才你提的问题基本是按照 STAR 的思路进行的。你可以参考一下以下的说法。"

问："请评价一下你与公司各类人员的沟通交流能力？"

回答："我和公司的同事相处得很好，同事们都非常喜欢我，也很尊敬我。"

问："可以做到这点确实非常不错。那你是用了什么样的方式让你在与同事们沟通交流的时候得到他们的喜欢和尊敬的呢？"

回答："我比较喜欢倾听和尊重他人的想法，在完全了解对方的意图后再发表自己的看法和建议。"

问："能否具体举一个你处理得比较好的例子来加以说明？"

回答："有一次我在做一个培训方案的时候，预计课程需要的时间是七个小时。其实按常规来说确实需要这么长时间，因为在课程开始会讲述比较多的原理、概念等内容。后来和业务部门沟通的时候，他们认为没必要讲这么多，而且日常工作非常忙，也没时间花这么长时间脱产进行学习。经过再次的沟通确认，我根据业务部门切身需要的内容，进行了课程的修改。其他理论原理部分让学员们在课前进行学习，课堂上以提问的方式进行补充讲解。整个课程的时间压缩到四个小时，而且内容更贴近主管们的需求。"

问："可以看出你在这方面是比较有经验的，那么在沟通方面有没有经过你的努力却没有达到预期效果的例子？"

回答："是有的。有一次讨论关于培训中人员流失问题的时候大家争论不休。有的人认为培训中人员流失，不能只算在培训部门的指标中。我认为虽然培训人员是负责整个流程的，但流失的人员有可能是一些不可抗力的外界因素导致的。所以如果只算在培训部门的指标中不合理。但讨论的最终结果还是把培训中人员的流失指标放在了培训部门。"

师傅继续说："其实问题提到这儿，我们可以说基本上对应聘者在此方面的能力已有了一个较全面地认识和了解。当然在提问过程中要非常注意从应聘者的回答中找到问题的突破点，引导其根据具体要求进行回答。你看上面的例子里求职者说到同事们很喜欢并尊敬他。后面我们的问题就紧跟着问他是通过了什么方式得到同事们的喜欢和尊敬的。"

乐乐抢着问了句："师傅，那是不是要留意候选人说的一些形容词或者带有感情色彩的一些词语？"

"是的，如果抓住了这些关键词语，会比较有针对性地进行提问和追问。还有就是可以对候选人提出一些具体的数据进行追问，还可以多使用'最'字的提问方式。在整个面试过程中需要具体且注意对细节的追问，同时使下一个问题建立在上一个问题的基础上，做到发问一环扣一环，以此引导应聘者提供你所需要的信息。很多通用的能力在我们日常面试的过程中可能会用得较多，你可以参考一下。"师傅确实很有经验，总结得很到位。

乐乐如获珍宝一样拿着面试提纲，仔细地看着。

1. 团队精神

(1) 你的团队中有没有人未能很好地融入团队中，对此你做了些什么？结果如何？

(2) 你曾经有团队建设的经历吗？请描述一下以往你在建立有效团队开始时的主要步骤。请举一个具体的例子。

(3) 对于一个团队的员工，什么时候团队会起主要作用，什么时候单个人工作又是必要的？请举一例说明。最后的结果如何？如果今天重做一次，哪些事情你会和之前的做法不一样呢？ 为什么？

(4) 请讲述一次经历是你领导或参与一个团队，该团队展示了团队精神并为他人树立了榜样。

(5) 其实精神的奖励是有力的激励因素。请描述一次经历，你使用精神奖励激励了一名员工或一个团队，使其激发出积极的正能量的事例。你是怎样做的？结果如何？

(6) 请讲述一次你必须面对团队负面情绪的经历。你采取了什么样的行动？结果如何？如果以后还发生类似的情况，哪些事情你会做得不同？

(7) 评价一下你目前所在的工作团队。你最喜欢和最不喜欢的地方是什么？为什么？

(8) 请说出你作为团队一员所遇到的最困难的事情，你是怎样解决这个困难的？你在解决这个困难中起了什么作用？

(9) 你之前有遇到某位员工经常迟到、早退、旷工，或不愿意干活的情况吗？这些情况给你带来过困扰吗？这些问题你是怎样解决的？作为团队的一员，你是怎样改善这些情况的？

2. 沟通能力

(1) 讲述一次你成功阐述个人观点并说服他人改变立场的经历。你使用了什么方法？

(2) 讲述一次你不得不调整个人口头沟通风格以适应听众的经历。具体说说你是怎样做的？

(3) 讲述一次你不得不调整个人书面沟通风格以适应读者的经历。具体说说你是怎样做的？

(4) 讲述一次你从听众身上非语言线索判断你改变沟通方法的经历。结果如何？你从中学到了什么？

(5) 你如何确保书面或口头的信息被他人清楚地理解？请举一例。

(6) 你是如何维持与其他部门人员有效沟通的，请举例说明。

(7) 当谈话气氛变得紧张时你是怎么处理的，请举例说明。

(8) 请举一个你征求同事给予书面意见但一直没收到回复的例子，你是怎么处理的？

(9) 请回想一下你遇到过的最难相处的人，谈谈最近一次你与他接触的情况，你是如何处理的？

(10) 倾听往往能帮你更好地与他人沟通，请描述一次你通过倾听达到更好沟通效果的情况。

(11) 当你与上级领导意见不一致的时候，你是如何处理的？请举例说明。

3. 解决问题的能力

(1) 讲述你如何解决一个特别棘手的同工作相关的问题的经历，结果如何？

(2) 讲述一次你面对困难但又不确定根本原因的经历。为了辨明原因，你做了哪些特别的工作？结果如何？

(3) 讲述你遇到的最棘手的客户难题，你如何确定是什么引起该问题的？你是如何处理的？结果如何？

(4) 请讲述你发现一个问题有不止一种解决方案的经历，你是如何发现的？你如何决定实施哪种方案？结果如何？

(5) 你所遇到的客户问题，原因大多是什么？这些问题有无一种模式？你采取了什么行动？请举一例。

(6) 有时候问题成堆而来。请讲述你平衡客户需求、工作职责而又得解决不期而遇的问题的经历。

(7) 请讲述你负责或参与过的新项目，过程中出现过哪些困难？怎么解决。

(8) 在你的上一份工作中，请描述其中最繁忙时段的工作内容，你是如何完成的。

4. 价值观

(1) 在你以往的工作中，是否有遇到过使用公司资源从事私人事情的情况？这种情况公司会有规定限制吗？你是怎么看待这个问题的？

(2) 能否和我谈谈你所在公司的公司理念？你觉得理念当中，哪些是你最认同的？为什么？

(3) 能否请你说说，你所在公司部门中的架构设置是怎样的？你觉得晋升发展是否受到架构设置的约束？有没有和上司谈过你的想法？你是怎么看待这个问题的？

(4) 你平时喜欢看什么样的书籍，为什么喜欢？

5. 求职动机

(1) 你为什么对我们的工作职位感兴趣？

(2) 哪些原因导致你考虑离开你目前的公司？

(3) 你想在我们公司找到哪些在你原来公司找不到的东西？

(4) 请你说说，你为什么认为经常跳槽正代表着你的工作能力？

(5) 在什么情况下你才不会离开你现在的工作岗位？

(6) 未来工作中，你想避免些什么？为什么？

(7) 在以往的工作中，你觉得公司哪方面措施或者政策让你感到备受尊重？有没有哪些方面或时候让你觉得不被关注或认同？

(8) 能否和我谈谈目前工作中你觉得最喜欢或者成就感最大的事情？另外，工作中是否有一些事情让你觉得比较困扰或者压力较大？

(9) 请你谈一谈，你的职业发展规划是怎样的？以往有没有遇到过现实发展与你最初的设想有偏差的时候？当时你是怎么想的？后来你又是怎样做的？

(10) 请你说说，你之前所在的公司中哪位同事对你的帮助最大？为什么？

6. 技术专业知识

(1) 请分享上次同你的经理讨论个人发展的情况。为了加强个人专业职业技能，你采取了哪些行动？目前你在做什么？

(2) 请问你最近做了哪些事以便能掌握专业的趋势和最新议题。

(3) 请描述你通过运用技术和专业技能解决的一个问题或议题。

(4) 请讲述过去六个月你做了哪些事跟上专业的最新发展。

(5) 讲述你定期使用的一个技术技能，你是如何改进该技能的。

(6) 讲述在专业上或技术上你最自豪的成就，请具体说明。

(7) 讲述两个你把技术专业知识运用到工作中的例子。

(8) 请同我们分享上个月你读过的一篇文章。你是如何把它应用到工作中的。

(9) 讲述你上一次参加的专业会议，该会议如何提高了你的知识水平？

(10) 请讲述过去三个月中为了提升个人专业技术知识，你在关系建立方面所做的事情，你有哪些收获？

(11) 你的专业领域正发生哪些重要变化？你认为这些变化是正面的还是负面的？为什么？

(12) 你有没有因为未能跟上工作中的技术变化速度而苦苦挣扎？后来你是怎样做的？

(13) 讲述一个你利用自身专业技术优势帮助其他同事工作的例子。

(14) 你认为在目前的团队中，你的专业技术程度如何？请举例说明突显自身优势的工作经历或项目。

7. 面试新毕业学生所使用的问题

(1) 你为什么选择×××大学(学院)读书？

(2) 大学时，你为什么选择×××专业？

(3) 如果你在大学(学院)做过兼职工作，你认为哪种兼职工作对你最有意义？为什么？

(4) 你最喜欢的课程是什么？为什么？你最不喜欢的课程是什么？

(5) 你认为你所受的教育对你生活的最大意义是什么？

(6) 你认为学校的分数重要吗？学校的评分制度有什么意义，它能体现出什么？

(7) 你哪门课学得最好？为什么？

(8) 哪些课程学得没有你想象的那样好，为什么？你是怎样来加强那几门课程的学习的？

(9) 你的专业课程中，哪些课程最让你感兴趣？

(10) 我想知道，你在大学时遇到的最有挑战性的事情是什么？为什么你认为那件事对你最具有挑战性？

(11) 介绍一下你的课外活动。你为什么愿意从事那些课外活动？通过那些课外活动，你都学到了些什么？

这个面试提纲很完整，如果可以把这些提纲中的问题转化到实际面试过程中，那是一件很美妙的事，乐乐心里美美地想着。转念一想，面试过程中主要是了解候选人知识、技能方面的情况，但为什么在提纲里还有不少问题是针对其求职动机方面的呢？这又是什么原因呢？难道知识、技能符合要求都还不够？

带着疑问，乐乐来到师傅桌旁："师傅，为什么要问不少求职动机方面的问题呢？这个很重要吗？"

"你觉得呢？每个人在做任何事情的时候都有自己的想法和目标。了解清楚这个才会找到合适的人选呀。你听过冰海沉船的故事吧！浮在水面上的是不是只有冰山的一个小角？ 水面以下还有一大部分，最后沉船也是因为水面下的那一块导致的对不？"师傅看着乐乐说。

"师傅，是啊，我听过这个故事。是不是说我们选人要多关注水面下的部分？"乐乐很认真地问道。

"对的。你看看这个图(见图 6-1)。很多时候大家把很多精力花在候选人的知识、技能方面，确实，找到一个合适的人不容易。但经过无数次的经验教训后发现水面下冰山的特质更加重要。

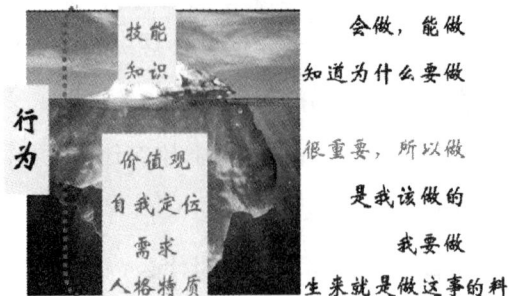

图6-1　水面以上的技能及水面以下的特质

　　记得有一个求职者，以前在同行业工作。按知识、技能来说非常匹配，我们也非常满意。但入职之后，发现这个人对工作没有热情，也不积极主动解决问题。后来经沟通了解到，其实这个候选人离开以前的单位就是觉得工作内容重复，希望找到新的平台才离开的。但后来一直没找到他想要的，心态也没调整过来，无奈中还是做回以前的老本行，所以就应付式的工作。虽然后来他转变了态度，但一直工作绩效平平，没有达到当时招聘他时我们对他的预期。

　　所以要注意深入了解候选人求职的动机、真实的需求。你可以想想，知识、技能这些其实在日后的工作中是可以学习的，但有些特质是比较难改变的，所以我们选择的时候要多关注水面下冰山的内涵。"师傅笑容满面地看着乐乐。

　　乐乐试探着问："师傅，您当时选我是不是因为我水面下的部分特别符合人力资源人员的要求啊？"说完乐乐觉得自己有点不好意思了。师傅笑而不语。乐乐又问："之前您面试过的几个人是不是都不符合要求？"

　　"是啊，各有各的问题。所以招到一个合适的人并不容易。"师傅看了看窗外说。

　　晚上回到家，乐乐把学到的面试方法好好回顾了一下：我们在面试的过程中需要关注能力是否满足职位要求，也要考虑对方的求职动机……想着想着进入了梦乡。在梦里，乐乐坐在面试官的位置上，和求职者谈笑风生，感觉特别好。梦里的面试还没结束，却被一阵闹钟吵醒了，这一觉就到天亮了。乐乐还隐约记得在梦里自己是多么自如地应对候选人呢，感觉自己这个面试官还不错。

面试进行时之初试复试

今天又将是战斗的一天。走入实战场地，乐乐进行了实战演习。师傅也对她的面试情况做了评价。乐乐觉得受益匪浅。师傅说："乐乐，我们前期对不少候选人都做了初步的面试，也筛选出初步通过面试的人员。接下来需要把初试通过的人员进行进一步的安排。你把初试通过的人员名单统计一下，然后和各部门的招聘负责人沟通一下。要准备安排人员的复试了。"

乐乐眨眨眼睛看着师傅说："师傅，我有点不明白。为什么要安排初试和复试呢？一次面试完多好啊，又省时间。"

"初试的时候，是不是基本是人力资源的人员在进行？有没有业务部门的同事参与？"师傅问。

"那初试就让大家一起参与也可以吧？"

"其实初试和复试在面试的时候侧重点不同。我们人力资源的主要作用是做好前期的把关，其实是起到一个筛子的作用，什么样的人一定不能进来是我们侧重需要把握的。而对于业务方面、专业技术能力方面就需要业务部门去把关了。"师傅耐心解释。

"那如果人力资源部和用人部门发生意见不统一的时候怎么办呢？"

"根据不同的情况，结论也不同。刚才说到如果是一定不能入职的人员，即使用人部门再需要也要把握原则。但如果是某些方面例如担心稳定性或团队合作等等方面，可以在面试评估表上写明自己的意见。但最后是否要用，这个就看用人部门的意见了。其实这个过程也是个博弈的过程，你可以慢慢体会。我们先来看看公司规定的不同岗位级别人员的面试官是哪些(见表 6-1～6-2)。"

表 6-1　初试面试人员

应聘者级别	面　试　官
基层人员	人力资源招聘人员、业务处初级经理
专业类主管级及以上	人力资源招聘人员、业务处经理
管理类主管级及以上	招聘副经理以上人员、业务处经理或总监

表6-2 复试面试人员

应聘者级别	面 试 官
基层人员	业务处经理(视情况而定)
专业类主管级及以上	业务处主管/总监
管理类主管级及以上	分管总监/副总、人力资源经理/总监、总经理

初试、复试其实不仅只是两个过程，更多的时候在两个不同的阶段不同的人员需要了解的侧重点也不同。但有时候会发现初试、复试面试官问的问题没区别，或者重复的问题特别多。这样就会让求职者觉得面试不够规范。

我们需要对初试、复试提问内容做一个界定，这样不仅可以帮助公司内部提高面试效率，对外展现公司有序、规范的招聘运作流程。当然这也要求面试官做好面试记录及评估工作，以便为以后的面试提供信息和借鉴。我之前整理了一下关于初试、复试内容的基本界定。你可以看看。

1. 初试提问内容

(1) 求职的动机。

(2) 每一份工作离职的原因。

(3) 了解教育背景。

(4) 主要工作内容、职责的基本情况。

(5) 团队合作方面的情况。

(6) 语言表达方面。

(7) 办公软件的运用能力。

(8) 目前的薪酬结构、情况及期望的薪酬情况。

2. 复试提问内容

(1) 对于工作经验及专业技能等细节深入的考察。

(2) 对于专业技能与职位的匹配程度进行深入的了解。

(3) 对于求职者的价值观、职业观的深入了解。

(4) 对于求职者与企业、岗位、团队的匹配度深入了解。

(5) 发展潜质。

(6) 对于薪酬、福利等方面充分沟通。

当然这些也不是绝对的，在实际运用的过程中也可以做一些调整和改进。乐乐点点头。其实学习招聘的时间也不短了，从职位的发布、简历的筛选、面试的流程等等也了解了不少。现在自己也开始做面试了，今年需要招聘的人员也很多。有时候也看到一大批人员在一起面试，不知道这个是怎么做的。想象一下面试大批量人员，一天怎么抓紧时间也面试不了多少人。有什么方法可以更加提高面试效率和效果，可以让批量的人员一起进行面试呢？

"乐乐，又在冥想了？"

"师傅，我那天看见一批人在一起进行面试，这种是什么面试？我很好奇呢。"师傅愣了一下，心想这小家伙还挺有心，细心观察相关的情况呢。"乐乐，你看到的那种面试方式叫无领导小组面试。我们之前一对一的那种面试，可以用结构化面试这个名称。正好最近公司也在做无领导面试方法的测试和演练，我可以给你详细讲一下。"

面试进行时之无领导小组面试

"无领导小组讨论的面试方法是通过给一定数目的应试者(一组人数一般不超过十人为宜)一个与工作相关的问题，让他们进行一定时间长度的讨论，来检测应试者的组织协调能力、口头表达能力、洞察力、说服能力、处理人际关系的技巧、非言语沟通能力等各个方面的能力，以及自信程度、进取心、责任心、灵活性、情绪控制等个性特点和行为风格，以评价应试者之间的优劣。

无领导小组讨论的时间一般是一小时左右，整个实施过程一般可分为如下两个阶段。

第一阶段：可以让所有面试者进行两分钟以内的自我介绍，同时可以安排所有应试者在这个阶段说出自己的核心竞争力及应聘本岗位的理由。

第二阶段：主持人宣读试题，应试者了解试题，独立思考，列出发言提纲，一般规定为三分钟左右。在介绍活动规则的时候让应试者看案例中的规则介绍，同时主持人最好可以挑选要点及经常有疑问的地方做重点介绍。应试者轮流发言阐述自己的观点。应试者交叉辩论，不但继续阐明自己的观点，而且要对别人的观点提出不同的意见，最后达成某个协议。需要注意的是，主持人在所有阶段都需要注意时间的掌控。时间一到立即结束。有时候你会遇到参与者从来没做过无领导小组讨论这样的面试方式，需要在面试开始阶段和面试者详细讲解一下这样的方式是如何进行的，让参与者更快地进入角色。有时候无领导小组面试刚开始时几分钟，候选人讨论声音太小或参与的人员很少，主持人都可以对面试形式做充分解释。

当然可以在无领导小组讨论结束后，加入第三阶段：面试官和应试者的互动提问。互动提问的基础就是面试官们已经快速阅读所有简历并将简历分类，特别之处做记录。例如讨论时观察各人的表现及行为，对讨论中表现较模糊的人、对一些明显表达不足或有特殊表现的候选人在讨论后进行有针对性的提问。面试官提问的过程要快速、简单、尖锐，主要查看应试者的第一反应。

在进行完无领导小组的讨论后，所有面试官都要写一个评估报告，内容包括此次讨论的整体情况、所问的问题内容以及此问题的优缺点，主要说明每个应试者的具体表现、自己的建议、最终录用结果等。可以分成正向行为和负向行为进行记录和评分，同时将所有的人员信息记录在一张表格中进行对比分析，最终判断出可以进入下一轮复试的人选。

乐乐，我讲了这么多内容。你对整个无领导小组讨论的结构和流程有一个初步的了解了吧？"师傅问。

乐乐好像有点走神了，一下惊醒过来赶紧说："嗯，嗯。了解了。"师傅继续问："那你说说这种面试一般多少人为宜？"师傅继续发问。

"一般不超过十个人一组。"乐乐急忙补充说。

"那有哪些人参与？"师傅的问题一个接一个。

"有面试官、面试者还有主持人。"

"嗯，回答正确。还好，你都听进去了。刚才是不是有点走神？"师傅继续发问。乐乐羞红了脸。

"我讲的是不是太多了点？看来还是得按照成人培训的规律才行。"师傅自嘲地说，乐乐赶紧喝了口茶提了提神，"师傅，我觉得这个主持人在无领导小组面试中还是很有作用的。"

"是的，等你了解后就让你去做一次面试主持人。做了才会有体会。关于主持人我们还写了一份指引，你先看看了解一下。"师傅说道。

无领导小组面试指引

一、开场前准备

(1) 检查并确认每个人桌上均有笔及纸，并发给每人一份案例资料。

(2) 安排人选一起进入面试房间。

二、面试开始

(1) 主持人致欢迎词。

欢迎来到×××公司！请大家任意就座，并将您的手机调到无声状态。谢谢！

大家好，我是×××，来自人力资源部，今天将由我主持这次面试活动。在活动正式开始前请大家跟我一起制作姓名牌，并用白板笔清晰地写上自己的名字，以便接下来的面试沟通。

今天的活动安排是各位共同参与，我们整个面试分为三个阶段，第一个阶段是自我展示，每个人将有两分钟的时间进行自我展示，当第一阶段完成后我们将进入无领导小组面试阶段，这个阶段所有小组成员会对我发给大家的一个案例进行讨论，最后得出结论并选出一名代表进行陈述，其他成员进行补充回答，每人三分钟。最后将是人力资源部和用人部门的人员对各位进行互动面谈，整个面试将进行一个小时。在整个过程中，我们会对您所有的面试信息给予保密。如果您有任何的疑问，请随时联系我，我将尽力帮助大家。祝大家在面试中发挥出自己的最佳表现。

(2) 自我展示结束后主持人总结发言，并进行下一环节。

好的，谢谢大家在自我展示环节各有特色，非常精彩。相信大家在接下来的无领导小组讨论环节表现会更出色。下面进入第二个环节，无领导小组讨论阶段。

请大家打开桌面上的案例，给大家三分钟时间进行阅读。

(阅读结束后)

阅读时间结束，各位对这个环节有没有疑问？好的，接下来的30分钟小组讨论现在开始。

(30分钟后)

好，讨论时间到。请派出一名代表对小组讨论结果进行陈述，时间三分钟。

(陈述结束)

非常感谢大家刚才进行了积极热烈的讨论。接下来我们进入互动环节，面试官将对各位进行提问，请大家做好准备。

三、面试结束

主持人总结发言。

今天的面试到这里暂告一段落。我们会在三个工作日内通知通过今天面试的所有人员，请大家保持电话的畅通。再次感谢大家对我们公司的关注，谢谢。

"师傅，我按照这个指引直接做就好了。我好好的背一下。"乐乐开心地说。"还是需要转化为自己的语言，而且在面试的现场也会出现一些特殊情况，需要灵活处理。"

"应该没问题，我好好背下来这个。太好了！"乐乐固执地说了一句。

"明天下午正好有一场无领导小组面试，你做主持人吧。是一个关于行政助理的选拔。"师傅看乐乐胸有成竹的样子，便给了她这个任务。"好嘞，没问题。"

看花容易做花难，乐乐背熟了主持词，但突然看到那么多的面试者，她心慌了，一下子有点记不太清楚，幸好把主持词放在旁边，她斜着眼瞟了一下，总算把开场的内容说完了。接下来进入无领导小组讨论环节，案例发下去，也让大家进行讨论，但时间过去了没人进行讨论，都还在默默地看案例题或者在纸上写着什么。

乐乐很着急，这时间不等人啊，怎么都不讨论？也不知道说什么。她不停地看着师傅，过了几十秒，师傅站起来后轻轻对大家说："请大家注意刚才主持人宣布让大家开始进行讨论，现在已经过去了三分钟。在座的各位是一个小组的成员，大家可以挪动自己的椅子或觉得方便的形式进行讨论。期待大家的讨论成果。"

不一会听到有人开始说话了。接下来讨论声越来越大进入状态。整个面试结束了，乐乐有点尴尬，觉得自己今天的表现不太理想，没主持好。师傅拍拍她的肩膀说："没关系的，其实这些都是熟能生巧的过程。只不过任何事情并不只是照着指引进行就万事大吉的，还是需要成为自己的东西，这个更重要。有时候在主持过程中加入一些个性化的语言会更加有意思，例如有一次面试，正好男女比例是 1∶1，有个同事就用了'男女搭配，面试不累。龙凤呈祥，胜者为王。希望今天大家成为最终的王者。'这样的语言作为开场，非常轻松也具有个性化，效果很不错。

做这样的面试久了也会觉得重复，但如果能够每次都用心设计这些串词，你也会觉得很有意思。像今天冷场的情况也比较常见，很多时候是面试者对这样的形式不熟悉，你可以再强调一下时间和面试的形式，大家了解后自然会进入状态。你不用慌就行了。"师傅语重心长地讲了这么多，乐乐也理解师傅的良苦用心。

"早点下班吧，也辛苦一天了。"师傅说。

乐乐回应道："师傅，我等一会就走。把这些资料再整理一下。谢谢您。"乐乐突然觉得自己需要学习的东西太多了，还有很多方面的不足，得加油了。

第七章 面试后收官

面试后收官之面试评估

"师傅，面试结束后我们会对所有人员进行评估对吧？"乐乐试探着问了一句。

"没错。你也看到那份面试指引中有一个评分标准。评分的目的是根据记录收集的资料，预测应聘者未来的工作表现。需要针对每项能力，评估应聘者有效展现行为指标的程度，同时考虑数量及质量。

你看我们的面试评估表是这样的，目前我们的标准是按照各项平均分为三分就算合格。如果低于三分就不考虑。对于每个职位，我们需要重点考察哪一方面的能力都会有相应的指引进行说明。"师傅边说边打开面试评估表的模板(见表 7-1)。

表 7-1　面试评估表

职位申请者姓名：_____	面试日期：_____
应 聘 职 位：_____	招聘渠道：_____
面 试 安 排：　　初　　试 □	复　　试 □
本项关注点：应聘者是否具备职位所要求的各项核心能力，并达到相应的层级	请面试官填写所提出的问题： 情况/任务(S/T)： 行动(A)： 结果(R)：

(续表)

本项关注点：第一个问题无法显现的其他核心能力 1	请面试官填写所提出的问题： 情况/任务(S/T)： 行动(A)： 结果(R)：
本项关注点：第一个问题无法显现的其他核心能力 2	请面试官填写所提出的问题： 情况/任务(S/T)： 行动(A)： 结果(R)：
本项关注点：职位所关注的专业技能	请面试官填写所提出的问题：
本项关注点：应聘者的就业意向和稳定性	你未来几年在职业发展上有什么计划？

评估意见：

一、能力评核部分

评估项目	评估得分	说　明
学习能力	5　4　3　2　1	
解决问题能力/执行力	5　4　3　2　1	
创变精神	5　4　3　2　1	
团队精神	5　4　3　2　1	
责任感/职业精神	5　4　3　2　1	

(续表)

二、其他		
1. 该职位申请者到应聘职位上工作的意愿是否强烈？	是 ☐	否 ☐
2. 该职位申请者对所应聘职位是否充分了解？	是 ☐	否 ☐
3. 职位申请者是否能听到并理解我所提出的大部分问题？	是 ☐	否 ☐
4. 职位申请者在回答问题时，语言表达能力是否流畅，是否有条理地进行表述？		
	是 ☐	否 ☐
5. 面试平均分数是否在三分以上？	是 ☐	否 ☐
6. 没有"较差"和没有多于两个"一般"的评分？	是 ☐	否 ☐

三、评估建议(通过面试评估的最低标准为对上述问题的回答都是"是")：

予以录用 ☐   参加复试 ☐   不予考虑 ☐

级别建议：   试用期建议：   月

面试官签名：_____

　　"师傅，评估表里需要填写的内容是按照行为面试法的要求来进行的。但关于评估意见那一块填什么会比较合适呢？"乐乐试探着问了一句。

　　"评估意见包括候选人与职位匹配性、优势、不足及你的建议基本就可以了。"师傅简单明了地描述了一句。

　　"那我好好练习一下。"乐乐表决心地回答。

面试后收官之检验招聘风险

　　新的一天又开始了。在师傅的指导下，每天乐乐都会按照工作流程进行简历筛选、人员约见、初步的电话面试、参与面试等等，配合师傅把招聘工作有条不紊地进行着，当然也招到了不少合适的人员。乐乐挺有成就感，毕竟招到这些人也有自己的一份努力。今天正好是周四，临近周末心情更加不错。

　　乐乐边做着工作边想着周末去哪里放松放松。这个时候有一个部门主管打来电话说有一名员工今天没来上班，到现在也联系不上，让乐乐帮忙联系一下。赶紧打开信息登记表查员工的联系方式和紧急联系人的方式，不巧的是，紧急联系人的联系方式为空，也没有其他的联系方式了。这可怎么办？

正巧师傅了解到这位员工是内部同事推荐的，最后同事联系到了员工的家人，原来员工突然生病就睡过时间了，手机也没开机。终于联系到了这名员工。这个事也算解决了。师傅却把这个事作为一个引子，聊上了人力资源工作中的风险问题。"乐乐，你觉得人力资源工作中有风险的存在吗？"

"应该有吧？"乐乐将信将疑地说。

"是的。就是我们的招聘过程也是一个需要重点管控的风险环节。曾经就因为不小心录用了一个高风险的人员，这个员工在之前的公司就曾经有过不良记录，但招聘时招聘人员并没有太在意，没有做好全面的核查工作，以为内部推荐的人员就肯定没问题，差点对我们公司造成巨大损失。"师傅很严肃地讲述着教训。

乐乐心想这招聘风险可真是不可忽视，人力资源工作真是一个细致的工作，一个不小心还会出大问题呢。师傅继续说："既然这么重要，那我们又有什么对策呢？首先在招聘前期有招聘渠道的选择、招聘广告的发布、电话邮件的咨询三个主要环节。目前各类人才市场、招聘网站众多，也会存在一些鱼目混珠的人才网站。如果不了解就选用了不良的渠道，有可能导致我们的招聘信息被篡改。如果这样不仅严重影响招聘效果同时对公司的品牌形象造成不良的后果。所以我们在招聘渠道的选择上会严格根据招聘网站的资质、品牌等全方位进行审核比较后才进行选用。招聘信息的发布中对于词语的运用，必须合法合规。我们之前也提到过例如'男性优先'、'本岗位只针对已婚已育女性'等敏感性语句不可出现在招聘信息中。

同时在招聘信息发布后，可能会遇到很多求职者的咨询。在解答过程中，需要用固定的话术进行回答。对于关键信息，例如薪酬福利等电话解释以'具有竞争力的薪酬福利，细节方面我们会在面试后和您做详细解释'的统一话术进行解答为宜。

在面试期间，特别强调用人部门和人力资源人员的面试分工合作。还记得我们之前提到过面试时分初试和复试的时候，人力资源人员主要起到的作用是绝对不能让不符合条件的人员入职，对吧？当然也不能因为觉得有的岗位挺简单，看到用人部门的人员忙就由人力资源的人员拍板用人，即使用人部门和我们很默契了，还是需要给用人部门看一下之后再决定。

面试过程中，用人部门和我们承担的角色不同，考察一个人的侧重点和角度也不同。在这个过程中，用人部门和我们分别与候选人进行充分的沟通也会降低一定的用人风险。对于应聘登记表填写的完整性，往往发生风险的案例，从应聘登记表到个人应聘资料总会有缺漏。例如应聘登记表中工作经历填写不完整、紧急联系人和当地联系人都不填写等。

面试通过后我们还需要进行学历鉴定，对于大专以上的学历选用学信网(http://www.chsi.com.cn/)进行查询确认。那如果遇到学历是大专以下的怎么办？如果条件允许可以和学校的老师进行电话联系确认，还需要对人员近两份工作经历的确认，与之前单位的人力资源部及候选人的直属上级进行确认。从入离职时间、工作内容、在职期间的工作表现、有无违规违反公司制度的情况等方面进行一定的了解。

对人员的固定电话、当地联系人、紧急联系人、直系亲属的电话进行确认，在正式录用前对入职资料的审核等一系列的工作。其实预防招聘风险是一个永恒的话题，当然在防范的过程中也会不断出现新的问题或情况。"师傅说完后凝望着乐乐，坚定地说："只要我们在操作过程中不断的总结经验并做到认真、细致，不放过任何一个疑点，我们终究可以做到完美。"

"我一定按照要求严格执行。"乐乐坚定地说。

面试后收官之背景调查

第二天，乐乐正好面试一个求职者，面试后觉得他和岗位要求很匹配，很想赶紧让候选人入职。这一激动就容易犯糊涂，昨天才答应师傅要注意招聘风险，今天就抛之脑后了。乐乐兴奋地跑到师傅跟前，急匆匆地说："师傅，你看这个人和我们的岗位要求可匹配了。用人部门也很想让他快点入职呢。"

师傅拿起简历看了下，一脸严肃地说："相关信息的审核、背景调查都做了？"

乐乐不以为然地说："不好意思，忘了这茬了。还没呢。嘻嘻，估计应该是没问题的。"

师傅有些生气了，脸色不太好地说："昨天才讲到招聘风险的严重性，你今天就忘记。关键还不以为然。这怎么行。赶紧去做了之后告诉我结果！"从来没见过师傅这么生气，乐乐吓坏了。

过了半个多小时，乐乐苦着个脸回来了，原来这个候选人写的经历有虚假成分，从离职时间到离职原因都有不符。看来做事情真不能太掉以轻心了。

"师傅，我错了。我要好好反省。"乐乐低声说。

"做人力资源工作一定要谨慎小心，每一个环节要做扎实。我们需要对面试通过的人员做背景调查，主要是可以了解求证求职者的教育和工作经历、个人品质、交往能力、工作能力、家庭情况等信息。我们也是想通过背景调查获得求职者更全面的信息。核实应聘者提供材料的真实性或澄清某些疑问，以提高招聘准确度、规避一定的法律风险。需要做哪些准备呢？

首先需要应聘者在填写应聘登记表时，填写完整的和其有工作关系的证明人姓名及联系方式。可能有些人会只填对方的手机号码而不填写单位固定电话，这个时候需要要求求职者填写固定电话。做背景调查之前，一定要告知应聘者'为避免法律风险，保证其过去经历的真实性，公司对所有入职员工都要做背景调查'。那在什么时间进行背景调查合适呢？如果对方还在职，可以向目前这家单位做背景调查吗？当然不合适，需要先向前一家单位进行调查，或者等候选人提出离职后再进行。一般的时间选择在面试结束有意向试用和上岗前的间隙时。

那我们可以用哪些途径去了解候选人的情况呢？关系资源，充分利用行业内的一些人脉关系对其进行侧面了解。根据应聘者提供的证明人及联系方式(包括人力资源部人员及直属上司)做背景调查。调查内容包括离职原因、是否离职手续已经全部完成、工作经历(包括起止时间、职务、工作内容等是否属实)、工作成果核实、有无违规等。

需要注意，调查开始需清楚介绍自己的身份及调查的目的并且让对方确知你们之间的对话内容是绝对保密的。通过背景调查可以得到关于求职者的各种情况，这些情况既有客观情况，也会有诸如关于被调查者的性格等主观性较强的内容。由于有些调查结果的主观程度较强，在决定是否录用时，要慎用这些调查结果，要尽可能使用实事来进行决策。

背景调查并不是万能的，错误和失真有时难以避免。但如果将背景调查同其他甄别手段相结合，就会大大提高选择的正确度。 所以乐乐，不是开玩笑，一定要对这个环节认真、真正的重视起来。今天是一个教训，希望你以后不要犯类似的错误。"乐乐把这件事写到了自己的日记中，希望自己永远记住。

面试后收官之招聘数据统计

招聘工作慢慢进入尾声。"乐乐，你还记得最开始做招聘的时候，我让你把数据都记下来这事吗？"师傅一大早就在问乐乐这个事了。"当然记得。师傅，我每天都有记录这些数据呢。我分招聘渠道记录了各职位每天收到的简历数、筛选合格的简历数、电话面试通过人数、电话预约到达人数、初试通过人数、复试通过人数、最终入职人数、没入职人员的原因也做了记录。"

师傅听后很满意，"不错，数据很详细。还可以再增加一个面试官明细，也可以了解面试官面试的情况。把一些关键岗位的面试评价也记录下来便于后期的分析整理。"

"师傅，我们做了这么多的数据记录，可以做些什么分析呢？"乐乐很好奇，师傅到底为什么让自己记录这些数据呢？

"有了这些数据可以做有效简历率、初试通过率、复试通过率、到岗率、面试官面试准确率等等指标的分析。这些数据可以帮助分析各渠道的招聘效果、广告投放的准确性等。你看我们现在正在做的招聘数据统计表，包括每月编制数、截至本月末在职人数、招聘渠道对应的合格简历数、应约面试人数、面试到达人数、面试到达率、初试通过率、复试通过率。

年终我们也会有总结，这一块可以作为年终总结和明年计划的重要依据。虽然记录这些不轻松。"

附：

应约面试人数是指电话中同意来面试的人数

面试到达率＝实际面试人数/应约面试人数×100%

招聘单位成本＝招聘总成本/实际录用人数

录用比＝录用人数/应聘人数×100%

招聘完成比＝录用人数/计划招聘人数×100%

第八章　从入职到离职

注重细节的入职手续

人员招聘进展顺利，也有条不紊地进行着。新招的员工要陆续入职了。师傅提前提醒乐乐需要告知求职者办理入职需要提交的资料，还需要进行身份证核实、学历鉴定、工作背景调查、候选人提供的联系方式等方面的核实且确实无误后才可以进行正常的手续办理。还特别强调了一下需要进行身份证核查的事情。入职前需要所有员工提供身份证原件进行真假核实。特别强调一点的是，需要确认身份证和本人是否为同一人。虽然身份证验证数据显示造假的比例不到1%或者更低，但如果出现此类人，会给企业带来严重的负面影响。

乐乐想起坐飞机或火车时确实会检查身份证是否真实。但对入职的员工也需要做这个吗？是不是太严格了？乐乐嘴上不说，心里嘀咕了几下。师傅笑着对乐乐说："觉得这个身份证核实的工作多余是吧？"

乐乐尴尬地回应说："我想不出为什么还要检查新员工的身份证，有啥用呢？"

"你先按要求做，在做的过程中再想想原因。"乐乐就按照师傅的要求进行身份证的检查，并把每一个人员的身份证和本人的外貌进行核对，看是否一致。很快把所有人的身份证都检查完了，好像都没有问题。乐乐还是觉得这个动作挺多此一举的。

"乐乐，都检查完了是吧？我来抽查一下。你看看这个人的身份证有效期。"师傅问。乐乐拿过身份证复印件一看，有效期至 2013 年 5 月 20 日。而现在已经是 12 月份了。乐乐脑门上有点冒汗，低声说："师傅，我没注意，原来已经过期了。"

"每一个细节都要仔细查看。在把身份证和本人相貌核对后，在进行身份证鉴定的时候，也需要看身份证是否过期。其实如果在鉴定的时候身份证已经过期，在电脑屏幕上是会有提示的，但即使过期还是会有记录。所以要仔细。"师傅再次强调认真仔细的重要性。

"我一直强调要核查身份证原件，还强调入职人员必须使用二代身份证。为什么？现在人员流动快、多，人员也比较复杂。你未必可以保证准备入职的这个人所提交的资料都是真实有效的，为了防范风险，需要对人员的身份证进行核查和鉴定。当然除了身份证，我们还会核实学历、工作背景、联系方式等，这些都是为了更好地防范一些风险，你以后会有更好的体会。先仔细按规范进行操作，一定要认真。"师傅语重心长地说。身份证鉴定完成了，乐乐开始收集准备录用人员需要提交的资料了。

乐乐收集着入职资料，问师傅："为什么要提交户口本的首页复印件呢？"

师傅说："这个主要和购买社会保险有关，有的社保险种如果是农村户口和城镇户口会有区别，所以需要提交。离职证明是如果之前工作过，就需要提交。"

乐乐又问："师傅，为什么您让我核对身份证上的照片和本人相貌是否相符呢？"

"现在社会相对来说比较复杂，有时候冒用他人身份证的情况也可能出现，所以这一块我们需要核对一下。而且身份证我们只接受二代身份证并进行核实通过才行。录用一个人需要谨慎，如果误入职了，万一人员有问题，后续的处理还是挺麻烦的。"师傅若有所思地回答。

乐乐想了想，轻轻地问："师傅，是不是有什么故事？"

"嗯，员工关系方面的故事还不少呢，慢慢分享。你现在要把基础知识都掌握好，不发生原则性的问题。"师傅说着。

乐乐记得公司要求入职人员一定要提供的资料有身份证、毕业证、学历鉴定、户口本首页和个人页的复印件，还需要提供离职证明、体检报告原件、银行存折复印件。需要的资料并不是特别多，但没想到还是有不少情况出现。

第一个问题就发现有的人员学历鉴定没有按规定的要求到学信网站上进行打印。"我已经上了学信网啊，就是这样的啊。"一个准备入职的女孩儿似乎很冤地说。"其实你登录学信网后，按照上面的提示，进行打印就可以了。要有二维码的那种才可以。

我操作给你看一下。"终于搞定了这个学历鉴定的情况。

又遇到一个集体户口的准入职帅哥说："李小姐，我是集体户口，要拿到你需要的这些资料很麻烦的。通融一下啦，不用交了好不好。"乐乐为难地说："先生，这是公司要求提供的资料，所以还是得交的。麻烦你和人才市场说说啦。"乐乐心想这个男生就是想偷懒，我自己也是集体户口啊，首页和个人页是可以让人才市场开具的，还想蒙我，没门儿。想着想着，还不自觉笑了一下。

入职人员陆续提交了完整的资料，乐乐伸了个懒腰，终于快弄完了，可以准备去吃饭了。正高兴呢，师傅走过来，随手翻了一下资料，抽出一张纸给乐乐看。乐乐看了半天，没发现啥情况。"师傅，这不就是一张银行存折复印件吗？有啥问题？"

"你仔细看看上面的名字，这个人在我们准备录用的名单中吗？"师傅有点严厉地说。

"天啊，这个人是谁啊，怎么混进来的？"乐乐大叫一声。

"等会吃完饭，你去问一下吧。再把资料好好核查一下。"师傅交代。

检查一个入职资料我竟然出了这些问题，真是不应该。我可要认真仔细找到方法才行。乐乐边吃边想。

中午的时候，乐乐找到了提交这份资料的人员，原来是这个入职人员懒得去复印存折就随手把他姐姐复印过的一份现成的存折复印件交了上来。乐乐找到候选人，严肃地说："我们规定是要提交自己的银行存折复印件，你怎么这么不听话嘛。"候选人伸伸舌头说："那你当时也没看到嘛，不怪我哈！明天我就补交给你。"

"好，一言为定。"资料真是不检查不知道，一检查吓一跳。

还有个别人员没有提交离职证明，缺漏资料的人员还是不少。怎么会这样？乐乐想了一下，觉得自己做事的方法不够好，总觉得自己可以记得住所有需要提交的资料就不做记号。如果把所有需要提交的资料及人员做一份表格不是会更好一些吗？乐乐打算下午联系这些人员，让他们提交漏缺的资料并把资料收集表格做好。

下午一上班，乐乐就把自己收集资料的情况和目前的状况和师傅说了一遍，师傅让乐乐赶紧先收集好需要的资料，还有不完善的地方让她再仔细想想。乐乐联系了一个候选人让其提交离职证明，对方说确实提交不了，因为公司没办法开具这个。乐乐说："怎么会这样呢？那怎么办？"挂了电话，乐乐与其他几个人员联系并确认可以提交资料后开始做表格。等会可得好好请教师傅。乐乐用 Excel 画了个入职资料提交表(见表 8-1)。

表 8-1 准入职人员资料收集情况一览

序号	姓名	身份证复印件	户口本首页复印件	户口本个人页复印件	学历证复印件	学历鉴定	离职证明	存折账号复印件
1								
2								
3								
……								

以后就可以收到什么资料就在上面画个勾，每一批人员就用一张，应该会减少出错的机会。自己可以做的事都完成了，乐乐想到师傅常说要注意还有什么不完善的地方。自己都按要求完成了，实在想不出来。乐乐便拿着自己做的资料收集表并带着问题来到师傅桌前。"师傅，目前收集的资料情况您过一下目。这是我做的一份表格，您看看。"

师傅边看边点头，赞许地看着乐乐。"做得不错。挺好挺好。"

"师傅，有一个人提交不了离职证明，怎么办？他说公司开具不了。"乐乐感觉很无奈。

"这样的情况确实有可能出现。大部分是因为公司流程不完善，无法给员工开具这些资料。这样的情况，我们可以让他们填写个人声明。你看看模板是这样的。"

个 人 声 明

本人(姓名：　　　　；身份证号码：　　　　　　　　　)于　　年　　月　　日入职××××公司，本人已于　　年　　月　　日与原单位依法解除劳动关系且无竞业限制。因本人原因，无法提供原单位的离职证明。现本人慎重声明，本人若与原单位发生任何纠纷均与××××公司无关，若因此给××××公司造成任何损失，将由本人承担。

声明人(签名、指模)：

年　　月　　日

"可以让他们签这个声明，并要按本人的指模。"乐乐点点头，明白了。那办入职的时候可以让那个男生签这个。"师傅，您说还有缺漏，是什么呢？我想不出来。"乐乐歪着小脑袋看着师傅。

"好。你想一下，你收集了这么多人员提交给你的资料。但你能证明是他们提交给你的吗？"师傅笑着问。

"嗯……嗯……好像真证明不了。"乐乐想了想。

"如果提交的资料有问题的时候，你怎么找到证据呢？没办法了，对吧？"师傅又问。

"对啊，确实是这样。"

"所以我们要让入职者在提交的复印件上写明本复印件与原件一致，如有虚假，本人承担一切责任这句话。特别要记住，一定要签名，还需要写上先于入职时间的日期。这些都很重要。

其实人资工作看起来不难，做起来也不难，但很多细节关键点要把握好，否则就会出问题。有时候可能还会遇到有的员工迟迟不提交规定的资料，最后出现问题的时候反而会使我们被动。这些我们也有相应的文档可以尽量避免这种情况发生。你可以看看这个文档。"师傅拿出了一张员工入职通知书。

员工入职通知书

先生/女士：

您好！祝贺您成为我们大家庭中的一员！

为了更好地为您及时办理入职，使您早日享受福利，请您在 201×年　　月　　日前准备好以下资料，并递交给我们。

如果您有疑问，也欢迎随时与我们联系，我们的电话是：

感谢您的大力合作！

祝您身体健康！工作顺利！

×××公司

201×年　　月　　日

备注：

1. 自劳动合同开始之日起七日内，请务必将签字的劳动合同返还至我公司，逾期不返还者，视同拒

绝签订劳动合同，我们将根据法律法规，终止与您的劳动关系。

2. 所有复印件请用 A4 纸。

本人已知悉《入职通知书》内容，并将提供相关资料。如果由于本人不能按时递交材料而引起的社保无法正常缴纳，以及补缴方面等的相关费用及后果，由本人自行负担。

员工签名：

年　　月　　日

"这些资料也需要让员工签名，这样就会避免一些特殊情况的发生。"师傅语重心长。

约好了新员工，也让员工们带好入职需要的资料。师傅坐在一边，要求每个人在提交的资料上写上"本件与原件相符，如有虚假，本人愿意承担一切责任"的字样并签名、写日期。每个人提交的资料包括：

(1) 身份证、学历证复印件；

(2) 户口本的首页及个人页的复印件；

(3) 离职证明；

(4) 体检报告。

每一步都要认真仔细，乐乐默默对自己说。

不能出错的劳动合同

新员工的资料都收集妥当了，下面就该和他们签合同了。招聘工作也开始按部就班地进行、培训的基础工作也做了不少。员工慢慢多起来，日常的事务也多了不少。乐乐突然觉得员工关系工作在人力资源工作中的地位也非常重要。自己对劳动法学习的也不多，看到法律法规的东西还有点发虚。如果员工问起来，挺担心自己解决不了的。幸亏平时师傅都在。还是得好好学习学习。

一批新员工要签合同，师傅要出外开会，让乐乐把合同照着写一下。师傅走之前交代说："合同期限是从 2013 年 3 月 1 日开始到 2016 年结束，一共三年，试用期六个月。岗位名称及其他细节都照着规范模板写就可以了。不用着急，慢慢写。"

乐乐说:"好,我马上就写。"把空白合同拿出来,把模板也打开,乐乐准备快速抄写了。

打开第一页,乐乐看到关于合同期限的内容。

一、合同期限

(一)合同期限

甲、乙双方同意按以下第＿＿种方式确定本合同期限:

1. 有固定期限。从＿＿年＿＿月＿＿日起至＿＿年＿＿月＿＿日止。

2. 无固定期限。从＿＿年＿＿月＿＿日起至法定的解除、终止条件出现时止。

3. 以完成一定的工作为期限。从＿＿年＿＿月＿＿日起至＿＿年＿＿月＿＿日工作任务完成时止,并以＿＿＿＿＿＿＿＿＿＿＿＿＿＿＿＿为标志。

(二)试用期限

双方同意按以下第＿＿种方式确定试用期期限:

1. 无试用期。

2. 试用期从＿＿年＿＿月＿＿日起至＿＿年＿＿月＿＿日止。

乐乐想,师傅说了是签 3 年的合同,从 2013 年 3 月 1 日开始到 2016 年 2 月多少号结束呢?有闰月的区别吧,有时候有 29 号,有的没有。查到是有 29 日,乐乐就写下从 2013 年 3 月 1 日到 2016 年 2 月 29 日。试用期有六个月,从 2013 年 3 月 1 日到 2013 年 8 月 31 日正好。乐乐给每个人都写了一份合同,写好后就放在一边了。

虽然合同写完了,但还是有些不太明白,为什么要这样写。乐乐打算再请教一下师傅。第二天下午师傅回来了,乐乐把写好的合同递给她。

"我看看,写的怎样?"师傅接过合同说,"每个人写了一份是吧?"

"是的,一人一份。"乐乐回答。

"你看看合同的最后一页,本合同(含附件)一式两份,双方各持一份,均具有同等法律效力。应该写两份对吧?一份给员工,一份是公司存档。但有一点你做得不错。合同的起始日期写得很对。很多时候 2 月的最后工作日容易写错。"师傅喝了口水。

乐乐笑了笑说:"我查了一下才这样写的,差点写成 28 日了。"

师傅说:"曾经有一次,一个同事把合同上的日期写错了,本来没有 29 日,可是他却错写成了 29，后来还差点出了大事。所以一点一滴都要认真仔细。另外，合同需要用黑色签字笔填写，员工签合同时的签名也要用正楷体字，清晰没有涂改。合同是非常重要的文本，填写的内容一定要清晰。合同签订好后要盖公司的公章，并且要有法人代表或委托人的签名。新员工入职一定要多久内签订合同并返回呢？一个月内。这个很关键，一定要记得喔。"

"师傅，我知道合同上不可以有差错，那万一写错了某几个字，是否合同就得作废呢？"乐乐很担心。

"其实也不用。当然不出错是最好的。实在写错了几个字，补救的方法是可以用笔划掉，不可以用涂改液。然后在划掉的字迹旁边签上员工的名字和人资人员的名字，最好再让员工按个手印。这样也是可以的。"乐乐认真地在笔记本上记下了。

"乐乐，多了解些劳动法的知识还是很有用的。我这里有一本专门讲劳动法知识的书，你可以多看看。"师傅递了本书给乐乐。

"谢谢师傅"。乐乐回应道并下决心要好好学习，掌握好这些知识。

"对于劳动合同昨天我们也聊了一下，有一些相关法律，你有没有仔细看看？"

"嗯，有的。我看到有几点还是很重要的。例如第十九条　劳动合同期限三个月以上不满一年的，试用期不得超过一个月；劳动合同期限一年以上不满三年的，试用期不得超过二个月；三年以上固定期限和无固定期限的劳动合同，试用期不得超过六个月。同一用人单位与同一劳动者只能约定一次试用期。以完成一定工作任务为期限的劳动合同或者劳动合同期限不满三个月的，不得约定试用期。试用期包含在劳动合同期限内。第二十条　劳动者在试用期的工资不得低于本单位相同岗位最低档工资或者劳动合同约定工资的 80%，并不得低于用人单位所在地的最低工资标准。我们的合同期限是三年，所以试用期最多六个月。"乐乐一口气说了不少。

"乐乐，你学得很认真。"师傅夸奖了乐乐，"我们的合同期限是三年，试用期不能超过六个月。那如果有部门的主管和你说起还想延长试用期，你说可以吗？"

乐乐立刻肯定地说："不行啊，最多就六个月。"

"嗯，对的。那如果主管说这个人不合适，让你想办法处理，你有没有什么办法？"师傅又问。

"试用期不合适，可以让员工离职呀！在试用期喔。"乐乐自信地回答。

"不给任何理由，就一句不合适，就可以让员工离职吗？你再继续学习一下。"

"好，昨天还没看到关于试用期这一块的问题。"乐乐不好意思地说。

签名确认的意义

新一批员工进行了制度及企业文化的培训。师傅说："不管给员工做了什么方面的培训或者是有新的制度、政策宣布等都需要让员工进行签字确认。而且还需要准备好各个岗位人员的岗位说明书、绩效考核目标承诺书等相关资料。要让新员工明确自己所在岗位需要做哪些工作，在工作期间的绩效目标怎样。你要记住所有给员工的资料、给员工讲过的任何制度、培训过什么都要留下痕迹，都需要员工本人签字确认。这些细节平时似乎没什么，但关键时刻会起不少作用。所以我们让员工签了劳动合同，当盖好章后需要返还一份给员工。当然返还的时候也需要员工签字确认。用这个签收单就可以了。合同编号可以按照员工工号。

员工劳动合同签收单

合同编号：

本人　　　　于　　年　　月　　日收到《××公司劳动合同书》一份，我已对劳动合同内容全部了解并愿意承担内容规定的责任及保密义务，特此签收。

签收人：

日　　期：

平时给员工的医保卡、公积金存折等相关资料都需要做到签收确认。"乐乐认真地点了点头。

师徒两人正聊在兴头上，一位部门主管突然来到办公室，好像发生了什么事，很严重似的。只听主管说："那个员工真是，自己做不好，培训了还是做不好，考试也不过关。我和她沟通，她竟然说没有接受过培训。真是气死人了。这员工太不像话了。"

师傅让主管坐下来，关切地问道："她为什么说没有做过培训？其他员工有没有这样的情况？你们在培训时有没有做记录？"

只见部门主管猛拍了一下大腿说："没签字喔。这个怪我。以后我记得了。"

师傅轻声说："我们也应该多和你们交流。我这里有固定模板，您拿去用吧。"

部门主管走后，乐乐跑过来和师傅说，"签字很重要啊，这些都是证明。"

"对，这些日常的证据很重要。例如做过培训，就要签到确认。培训签到表中须列明培训时间、地点、完整的课程名称；确保每位参加培训的人员在每次培训中都要签字确认。当然要注意签字要清晰、能看清楚。不仅是培训时要做好签名，还有每月的考勤表、薪酬发放后都需要让员工做一个签字确认。我们之前做入职培训的时候讲过，所有内容都要让员工签字确认，你还记得吧？这些记录对于劳动风险防范有很大的作用，所以一定要留存好。"

人事档案的管理

这批新人经过入职培训都上岗了。乐乐觉得可以静下心来整理一下了。每个人都提交了这么多资料，整理好后要进行归档了。上次看制度要求，公司也规定必须在员工入职一周内完成归档工作。而且档案也是员工在公司的重要资料信息，所以做好档案管理也是重要、必要的。

乐乐把每个人的资料都分好，装进档案袋里。而且在每个档案袋里放一张档案卡片，上面有员工的工号、姓名、职位。并且把所有需要提交的资料列出来，如果提交了就可以在上面打对号。把入职资料、异动资料、离职资料分开列举。乐乐按照公司的档案管理制度进行人事档案的整理，师傅看乐乐在忙着，走过来一看，原来是在整理档案。师傅心想这个徒弟不错，都知道提前进入下一步流程了。"乐乐，整理档案没什么问题吧？"

"是啊，整理档案不难，把资料放进袋子里就行，仔细点就好了。"乐乐满不在乎地回答。

"步骤不难，但还是有些细节需要注意喔。例如你准备按什么顺序排档案里的资料？你打算按什么顺序把这些档案装进档案柜？"师傅问着。

"师傅，档案袋里的资料随便排个顺序没关系吧？档案柜里的档案应该是按员工工号进行排列的吧，我觉得这个顺序挺好的。"乐乐回应着。

"档案袋里的资料按照档案袋上的资料列举顺序排会方便你查找，所以按照统一的顺序会比较好。另外档案柜里的档案按工号排列是可以的，我们目前是按照入职时间来排列的，离职的档案也是按离职时间排列。同时会把档案柜编号，哪些是放哪些年份的档案等，其实都是为了便于管理和查找，同样的目标。"师傅笑了一下说，"其实档案管理在公司的制度里讲得很详细，你好好看一下。平时可能会涉及借阅档案等这样的情况，你看看流程，不要弄错。"说完师傅就出去了。

还真巧，业务部的徐经理满面红光地走进办公室，"小李，Kitty 不在？"

"是啊，刚刚还在。才走开。有什么可以帮到您？徐经理。"乐乐笑呵呵地说。

"高品质客户服务意识不错！我想看王方的档案。你帮我调出来。"徐经理夸奖乐乐。

乐乐美滋滋地说："好的，没问题。我这就帮您拿。"老话说的好，人一被表扬就容易找不着北。

乐乐找到档案就直接给了徐经理，徐经理也就顺手拿走了。"小李，你这动作还真是快，我拿去看看，过几天就还给你。"

"好，没问题。您慢慢看，不着急。"这档案也就借出去了。

过了几天，乐乐也早把这事忘到九霄云外了。"乐乐，有没有看到王方的档案？"师傅着急地问。

"档案都放在档案柜里，我来找一下。"乐乐跑到档案柜边，不停地翻着。翻遍了整个柜子都没找到，怎么回事？乐乐头上直冒汗。档案不见了可就糟了。

"有没有人来借过什么？档案借阅本上没记录喔。"师傅问。

这时候乐乐迅速在脑海里搜寻，这几天来了些什么人。"对了，徐经理借走了。"乐乐低声回答。

"怎么没登记呢？"

"我当时一下子忘记了，只顾着给他了。"乐乐意识到自己犯错了。

"这个员工不是他负责管理的，如果要借档案，需要我批准才可以借出，况且你还没有登记。这万一档案不见了，怎么办？"师傅发火了，"我是不是反复和你强调做任何事都需要留下痕迹，你还是不放在心上。等会儿我们一起去找徐经理取档案，回来你写份检查。"师傅真生气了。

乐乐怯生生地说："嗯，好。"

师徒俩一前一后去找徐经理了。

"今天什么风把两位大美女吹来了？欢迎欢迎。"徐经理的嘴非常甜。

"徐经理，王方的档案您看完了吗？"乐乐小声问。

"看完了，我忘记还你了。不好意思。"徐经理想起忘了还档案，也有些过意不去。

"没有，是我没做好，应该提醒您的。"乐乐赶紧说。

"这高品质服务精神值得表扬啊！"徐经理还想继续夸乐乐。

"徐经理，不好意思。要麻烦您在档案借阅表上签个名，那天怪我疏忽了。关于跨部门的人员档案借阅需要我师傅批准同意才可以借。所以那天流程不对，都怪我。"

"没事，我也完全忘记这些流程了。"两人一直在那说对不起，不好意思。

师傅在一旁忍不住笑了："以后按流程好好做就行了。乐乐下次要注意呀。"

从徐经理办公室出来，乐乐赶紧写检讨。幸亏这次没出什么问题，要是万一真把档案丢了，而这个员工又出了什么问题，那可就欲哭无泪了。以后不管什么情况，都要把流程牢牢记在心中，严格按规章办事。"师傅您看看我的检讨，您骂我吧！"乐乐突然有点想哭。

"记住这次教训吧，下次别犯就好了。这些真不是开玩笑的。有时候一个小细节没做好就可能摊上大事。王方是参加了内部竞聘面试，他想应聘徐经理部门的岗位，还不错，已经通过了，准备进行调动手续了。"师傅说。乐乐想怪不得徐经理借他的档案呢。

员工调动需要做什么

"员工调动这样的事也会经常发生。如果涉及员工调动，员工需要填写一个申请，另外部门需要填写调动审批表(见表8-2)。调动包括晋升、降级、平调三种情况。"

表8-2 公司调动审批表

姓名		性别		入职日期	年 月 日	填表日期	.
调整事项申请							
(由调出调入公司各相关部门管理人员分别填写调整前后内容)							
调整原因：							

部门	调整前：		职位	调整前：
	调整后：			调整后：
薪酬状况	调整前： 元/月		补贴	调整前：
	调整后： 元/月			调整后：
任命状况	□ 部门内部任命　　□ 公司任命　　□ 不需要任命			

调整时间：_____年___月___日	调整时间：_____年___月___日
调出部门申请人(签字)：	调入部门申请人(签字)：

审批意见

调出部门	部门主管或经理： 签字：
	部门总监： 签字：
调入部门	部门主管或经理： 签字：
	部门总监： 签字：
人力资源部	总监： 签字：

员工签名：

日期：

　　"你知道这个流程完成后需要让员工做什么吗？"师傅又开始考验乐乐了。

"如果员工要去新的岗位，那应该要签新岗位的岗位说明书、新岗位的绩效目标、新岗位的培训记录，还得签劳动合同变更协议，因为岗位变了，薪酬也可能会改变。"乐乐很自信地回答。

"嗯，回答得不错。很重要的一点是要签劳动合同变更协议。还要记得要在人事信息上进行更新。给你看看劳动合同变更协议。"

劳动合同变更协议

甲方(用人单位)：×××公司

乙方(劳动者)：_____　　身份证号码：_____

甲、乙双方本着平等、友好、自愿的原则，经协商达成一致，对甲乙双方签订的《劳动合同》(有效期从_____年___月___日起至_____年___月___日止)(以下简称原合同)做以下变更：

第一条　变更内容

自_____年____月___日起，工作岗位由_____变更为_____；工作地点由_____变更为_____；劳动报酬由_____变更为_____。

第二条　协议期限

本变更协议自甲乙双方签字并加盖公章之日起生效，有效期为本补充协议生效之日起至原合同服务期满终止。

第三条　其他

一、本补变更协议与原合同具有同等法律效力，本变更协议与原合同条款约定标准不一致时，以本变更协议为准。本变更协议未尽事宜，按原合同履行。

二、本补充协议一式两份，双方各执一份，具有同等法律效力。

甲方(签章)：_____　　乙方签名：_____

　　　年　　月　　日　　　　　　　　年　　月　　日

"如果没有变更的地方，用黑色签字笔画一条斜线就可以了。时间需要和员工的调动时间一致。"

有人要离职了

今天师傅休假了，办公室就只有乐乐一个人。下载了简历准备预约面试，等一下还准备整理文档资料。乐乐忙得不亦乐乎。突然有人在门口敲了三下，"我可以进来吗？乐乐，就你一人在啊？"

"是啊，师傅上午休假了。"乐乐回应着，"王新，有什么事吗？"这个员工正好是乐乐入职后招聘到的第一批新员工，乐乐记忆犹新。

"我想办离职手续，这个是我的辞职信。"王新小声地说。

乐乐接过王新的辞职信，仔细地看了看。"你入职都快一年了，日常工作表现都挺好的。怎么突然要走？"乐乐关切地问。

"我想休息一段时间，把家里的事处理一下。"王新回答着，眼睛却不停地看着别处。

"你和你的主管聊过了吗？"乐乐问。

"嗯，说过了。他说让我今天办离职手续。"王新回答。

乐乐看了看辞职信，确实是一个月前提出的。"那好吧，我帮你办离职手续吧。"乐乐把离职交接表和离职情况调查表递给王新，让他填写。很快就填完了，主管也签好了名。

王新问："那我的离职手续就办完了是吧？"

乐乐说："是的。一周后会通知你领取离职证明。"

"谢谢你。那我到时候回来拿。"王新看起来不是很高兴，说完就离开了公司。

乐乐想王新是真的想离职吗？是不是我没有了解到真实的原因。查了一下电脑记录，发现王新的上司是上个月才上任的新晋升的人员，是否有其他原因呢？乐乐填着离职面谈记录表，却觉得自己似乎什么都没了解到，不知道填些什么。本来想看看离职原因调查表上王新是怎么写的，但也没有找到什么线索。

本来应该可以深入挖掘一下的，却被我这样放过了。正在懊悔着，师傅回来了。"乐乐，在写什么呢？"

"今天早上我给一个同事办了离职，办完了才发现自己没有挖掘到对方离职的真实原因。刚才写离职面谈表时，我就郁闷了。"乐乐烦恼地回答。

"你怎么谈的？"师傅要给乐乐分析分析。

"这个员工其实是我入职后招的第一批人员，本来想好好谈一下。后来我只想到了问他为什么要走，之前做的挺好，还问他和主管沟通过没有。对方说是家里有事，自己也想休息一段时间，主管也同意他辞职。就这样谈完了。"乐乐觉得自己做得不好，很是惭愧。

"我们先说说离职面谈怎么做，离职流程方面也确实需要规范。离职面谈是想了解员工离职的真实原因和想法，让我们把工作做到更好。主要是需要提前了解员工的相关情况，例如绩效状况、上司的评价、日常的人际关系等。你对员工了解的越深入，你的面谈效果就越好。离职面谈可以从这些方面进行，和面试有点像。也可以用 STAR 的模型。你可以问问对方，为什么想离开？什么时候有这个想法的？有犹豫过吗？现在是否已经决定辞职？

其实有时候员工是很犹豫的，有的员工可能还没想清楚。如果你可以解开他的心结，不离职这样的可能性也不是不会有。辞职后有什么计划？之后想做什么工作？在公司感觉怎么样？可否提三个建议？什么方面你觉得有点接受不了？其实这些问题问过之后，对方基本的想法你都可以掌握了。然后我们需要把这些信息记录在离职表上，便于作分析。问你个问题，员工提离职，会第一个找谁？"

"直属上司，应该是第一个找的对象。"乐乐脱口而出。

"是的，基本都是这样。所以我们除了多和员工进行沟通了解外，更需要和部门的主管经理保持密切的沟通。王新的离职，按流程应该是他一提出，部门主管就会第一时间告诉我们。但却到员工办理离职手续的那天才告诉我们，这就有问题。即使员工中间可能有回心转意的念头，现在也来不及了。这个主管是刚刚晋升的，对流程还不太熟悉，看来得好好培训一下才行。"

提 高 篇

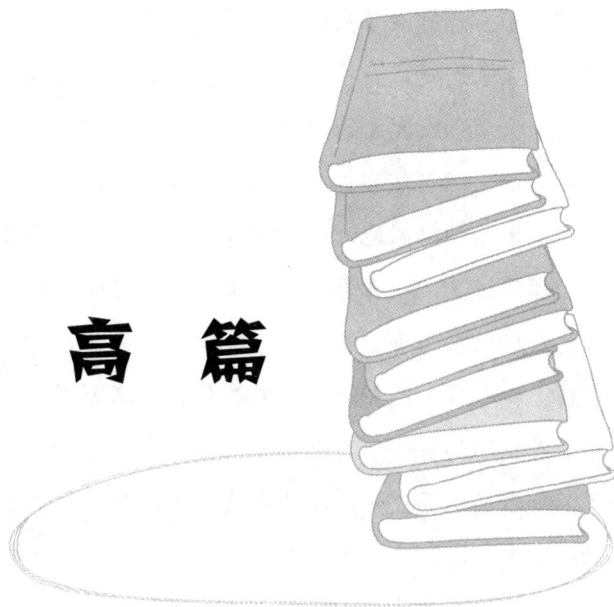

日子一天天过去，乐乐对人力资源工作的基本流程也基本了解，工作也越来越得心应手了。师傅突然和乐乐说晚上要请她吃大餐。乐乐开心极了，但又有点不好意思。师傅教了自己这么多东西，还请吃大餐。

晚上来到一家西餐厅，两人坐下后。师傅说："祝乐乐入职一周年开心快乐！"

乐乐嘴张成大大的O字，"师傅，这你还记得啊？我都没想起来。"师傅眯着眼睛笑着说："当然啰。日子过的真快，你在这都工作一年了，这一年很辛苦吧？"

乐乐精神抖擞地说："我学到不少，也没帮上师傅什么，有时候还帮倒忙。"

师傅说："人力资源这个工作需要时间慢慢体会，慢慢学习。一年的时间，你把一些基础的东西都了解了，也基本可以操作了。接下来会有一些新的东西需要你接触、了解。例如有一些招聘项目的工作、员工制度类的培训、员工关系的处理等，可能你都会有接触的机会。所以接下来的一年，你会觉得自己要学的东西更多，也会觉得自己不知道的东西更多，压力会更加大，但这样你会成长的更快。你也看了，公司发展的很快，人员扩张的也很快。也计划有新的人力资源同事加入。你愿意接受挑战吗？"

师傅话音刚落，乐乐就表决心了。"我就想多学东西，现在我就只知道了一点点皮毛，还有很多很多东西需要师傅指点。"

师傅会心地笑了，师徒两人非常愉快地吃完了这顿庆祝餐。在回家的路上，乐乐像打了鸡血一样有一种新生的感觉。一想到接下来会学到更加深入的知识，乐乐忍不住笑出声来。

第九章　Excel 在人力资源中的运用

Excel 应用之人事信息表

　　把人员调动手续弄好了，就需要做人事信息的更新了。其实人事表是什么样的乐乐之前也没见过，只知道公司是用 Excel 做人事信息报表的。之前也了解过 Excel 功能很强大。师傅说："乐乐，你要准备把新员工的资料录入到人事信息表里了。我们打开人事信息表一起来看看(见表 9-1)。"

表 9-1　人事信息表

序号	工号	部门	岗位名称	姓名	性别	户口性质	身份证号码	学历	毕业院校	入职时间	转正时间	调动时间	调动原因	调动岗位	合同期开始	合同期结束	个人联系方式

"别小看这个 Excel 表，很多地方还容易出现问题呢。我先告诉你几点注意事项。首先你看到有工号这列吧，我们公司是把每个员工的工号作为唯一的标识，工号是所有数据的核心。一旦工号发生错误，很多数据将无法匹配。因此需要重点检查工号是否准确无误。注意工号不要重复，也不要有空格出现。如果想检查是否有重复的情况，可以按照这个方式操作。

先将整个表格全部选中，点击菜单栏中的'数据'→'排序'进行排序(见图 9-1)。

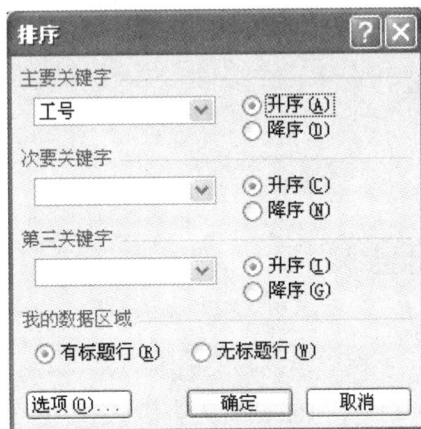

图 9-1　排序工具栏

排序后在右侧插入一列，输入公式：A2＝A1，并下拉(见图 9-2)。

图 9-2　排序后插入列

如表中出现'TRUE'(见图 9-3)，则说明有工号重复。

	A	B	C
1	工号	姓名	
2	AA0001	王一	FALSE
3	AA0002	王二	FALSE
4	AA0002	王三	TRUE
5	AA0004	张一	FALSE
6	AA0005	张二	FALSE
7	AA0006	张三	FALSE
8	AA0007	李一	FALSE
9	AA0008	李二	FALSE

图 9-3　查看结果

户口性质这一栏，我们现在会有本地、外地；城镇、农村之分。这些在购买社会保险某些险种的时候会有一些区别。所以在输入这栏的时候，需要仔细核对区分户口本中户主页上的户口性质。

身份证号码这一块，主要是掌握检验输入是否正确的方法。例如检查数字是否为18 位，可以在身份证号码一列后面新增一列，使用'len'函数得出身份证号码的位数，如不是 18 位，则可能身份证号码报错。检查出生年份的合理性：在身份证号码一列后面新增一列，使用 mid("身份证号"，7，4)函数截取员工出生年份，如出现极端数据如'1900'、'2035'等则是身份证号报错。"

师傅一边说，乐乐一边输入资料信息。入职时间那栏本来想输入 2013-5-13，可惜怎么输都是 41407，乐乐愣在计算机旁傻了。头上冒汗，心里着急，这是怎么回事。"这就是格式不对造成的。所以在输入日期的时候，要选择单元格格式为日期，日期类型统一使用第一种(*2001-3-14)。如果要检查的话，在表格做完以后，选中需要输入日期的列，将格式改为常规，如果日期没有变为数字，则说明格式不正确。其实输入身份证号码的时候如果格式不对也会出现 '4.40502E+17' 或出现身份证号码后面的尾数都是 0 的情况，你在输入的时候在数字前加一个 '' 符号，就肯定不会出现这样的情况。输入结束后，在单元格里会出现 4 小三角符号，就说明输入的格式是正确的。"

乐乐照着师傅的说法做，真的没出现过问题。师傅又接着说："其实做人事报表需要细心，也需要掌握基础的 Excel 操作方法。例如输入数字后点击右键，设置单元格式等。我考一下你，如果在整个人事表的填制过程中因手误输了空格键，导致数据出错。怎样去除整个表格中的空格呢？"

乐乐想了想，又看了看 Excel 上的各种功能键，突然眼前一亮，用替换功能应该可以吧。"我想到了，用替换功能应该可以实现。"乐乐像发现了新大陆一样开心。

"说的对。"师傅用鼠标点到表格中的替换功能，使用"替换"，在"查找内容"一栏输入空格，选择"全部替换"，就可以完成了(见图9-4)。

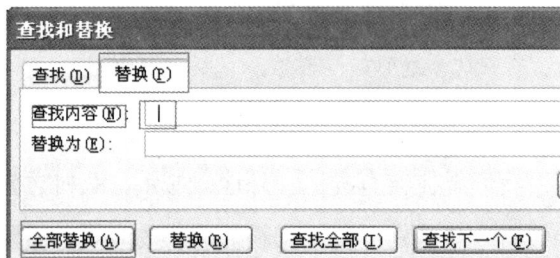

图9-4　查找和替换功能栏

Excel 应用之函数的运用

"乐乐，你觉不觉得 Excel 是一个非常重要的工具？是不是功能很强大？随着工作的需要，你会发现学好 Excel 用处很大。很多数据类工作通过用 Excel 几分钟可以处理完，如果不会那可能就需要用几个小时才可以搞定。你看我们日常报表中会输入'入职时间'等，数据分析的时候我们需要做很多司龄段(司龄段：在公司工作的时间)分析、数据统计等。"师傅一边说一边打开 Excel 表(见图9-5)。

A	B	C
入职日期	司龄	司龄范围
2008-7-11	58	>=12
2008-3-17	62	>=12
2012-11-24	6	3<=&<6
2013-1-10	4	3<=&<6
2012-7-6	10	6<=&<12
2013-2-18	3	1<=&<3
2010-4-9	37	>=12
2013-5-10	0	<1
2010-7-19	34	>=12

图9-5　司龄段分析、数据统计表

乐乐突然很有感触地说："师傅，这个表我之前用过好多次。每次我都傻傻的一个个地算，是相当的麻烦。我想肯定有快捷的方法，对吧？"师傅哈哈一笑："确实是有一些函数可以运用，这样统计起来就会方便很多。你看这几个函数都是平时经常用的。"

司龄(以月为单位，是指截止到统计时间为止，员工在公司工作的时间)：

=12*DATEDIF("开始日期"，"结束日期"，"d")/365

"举个例子，我们经常需要根据入职时间来计算司龄及范围，例如我们是 2013 年 5 月 13 日统计的，使用 12*DATEDIF(A2, "2013-5-13", "d")/365，就可以直接计算出司龄，记得输入日期时按日期类型的统一格式进行就可以了。"只见师傅把公式快速地输入到单元格里，一拖动鼠标就出现了员工的司龄。乐乐很高兴，恨不得立刻尝试一下。

师傅继续用鼠标点着 Excel 表，"例如我们日常经常会统计入职 3 个月以内、3～6 个月以内或 6～12 个月以内等等的员工。计算司龄段的时候用 IF(条件是什么，成立结果，不成立结果)可以相当快速地算出来。乐乐你看，可以直接用=IF(B2<1, "<1", IF(B2<3, "1<=&<3", IF(B2<6, "3<=&<6, IF(B2<12, "6<=&<12", ">=12"))))计算出司龄范围。"

"真的好快啊，以后我再也不怕做这些报表了。"乐乐快速地把公式抄在自己的小本子上。

"平时还需要记录员工的生日，方便我们为员工举行生日会的时候使用。你以前是怎样找出员工生日的？"师傅不动声色地问。

"师傅，员工的出生年月日我都会从身份证号码里提取，可以用 MID 函数。以前我用过。在单元格里输入=MID(提取区域，提取开始字符位置数值，提取长度)就可以显示出来了。"乐乐底气十足。

"嗯，不错。Excel 的函数运用很丰富，你可以多实践、多练习，对你提高工作效率很有帮助。"师傅笑着说。

Excel 应用之强大的 vlookup 功能

乐乐，今天我们要核对一下数据。这份表格里有一部分数据在另一份表里重复，需要你找出来。师傅交代完后就离开了。乐乐打开了这两份表(见表 9-2～9-3)。

表9-2 人员工号表1

工 号	姓 名
0001	张华
0002	王一
0003	白浪
0004	张新
0005	李新
0006	郑彬
0007	黄林
0008	王庆
0009	蓝翔
0010	钟欢
0011	李青
0012	黄兰兰
0013	张三

表9-3 人员工号表2

工 号	姓 名
0013	张三
0012	黄兰兰
0008	王庆
0007	黄林
0006	郑彬
0005	李新
0004	张新
0003	白浪

(续表)

工　号	姓　名
0002	王一
0001	张华
0011	李青
0010	钟欢
0009	蓝翔
0015	王琴
0017	林林
0019	梁静静
0023	杨阳兰

　　这数据还挺少的，可以一个个核对。但数据量一大怎么办呢？乐乐虽然很快把这个数据核对好了，但心里却很担心。这以后可怎么办啊？

　　"怎么样，对完了吧？你是怎么核对的？"师傅来验收了。

　　"师傅，我用的是傻办法，一个个对的。"乐乐硬着头皮说。

　　"嗯。那你觉得有没有什么方法可以快速解决这个问题呢？"师傅沉吟了一下说。

　　"我觉得肯定有简单的方法，但不知道用哪个函数。"乐乐很疑惑。

　　"有一个函数很好用，以后你要核对数据都可以用这个函数，再大的数据量都可以完成。这个函数就是 vlookup，其实是一个匹配函数，是查找并返回找到行的指定列的数据。日常可以用的范围有在相关表中找寻是否有相同的数值。需要注意的是匹配的数值格式不能是文本、不能有空格，否则就会出现匹配差错。上面的两个表，你可以这样去匹配。例如你要看第一个表里有多少数据在第二个表里，用这个函数就可以解决。在姓名旁边插一列，因为工号是唯一的，所以可以以工号作为筛选标准去匹配(见图 9-6)。"

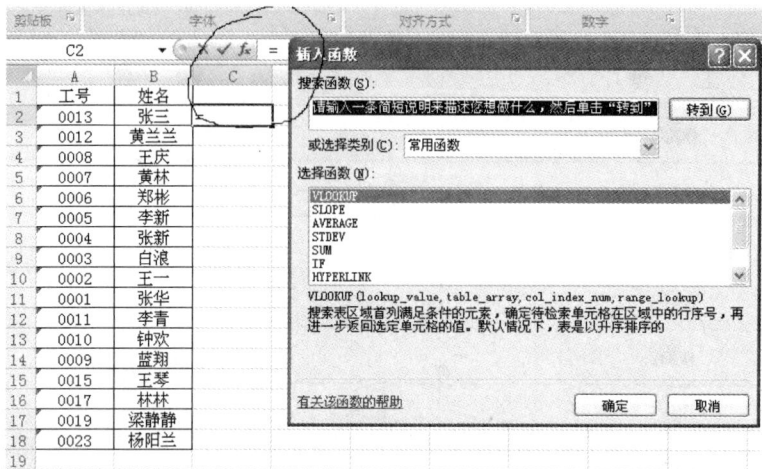

图 9-6　VLOOKUP 函数功能

"后面出现#N/A 符号的，就说明没有匹配上，用筛选的功能一下子就可以找出来 (见图 9-7)。"

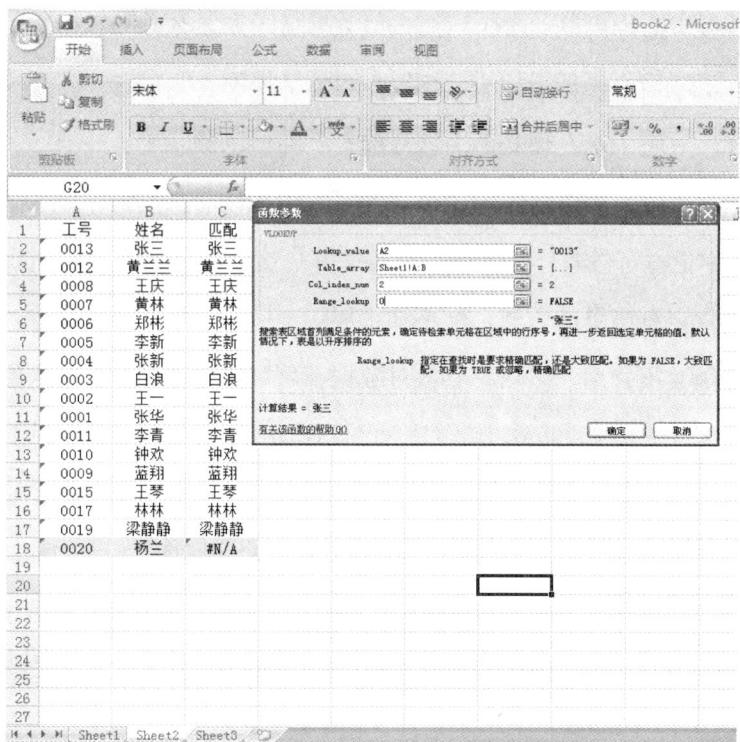

图 9-7　筛选功能

Excel 应用之数据透视功能

今天要上报一些数据，有一份表中大概有几百行的人事信息数据，需要做各个岗位的人数统计、学历情况统计。乐乐不假思索地说：“这个简单，2007 版本筛选的时候，可以选择需要统计的项目。师傅你看，我要统计客户经理的人数，这样一拉数字也就出来了，其他岗位也这样，很方便(见图 9-8)。”乐乐还挺开心。

	A	B	C	D
.00	60327	客户经理	女	大专在读
.06	60345	客户经理	女	高中
.14	60371	客户经理	男	本科
.16	60376	客户经理	女	大专
.17	60377	客户经理	女	中专
.18	60378	客户经理	女	大专
.19	60379	客户经理	女	本科
.20	60380	客户经理	女	大专
.21	60382	客户经理	女	大专
.23	60386	客户经理	女	大专
.27	60394	客户经理	女	大专
.30	60400	客户经理	女	大专
.31	60401	客户经理	女	本科
.44	60445	客户经理	女	大专
.52	60473	客户经理	女	本科
.53	60476	客户经理	女	大专
.55	60478	客户经理	女	大专
.58	60481	客户经理	女	本科
.59	60485	客户经理	女	本科
.60	60486	客户经理	男	本科
.80	60548	客户经理	女	大专
.81	60549	客户经理	女	本科
.82	60550	客户经理	男	大专
.83	60551	客户经理	女	大专
.84	60554	客户经理	男	大专

数据　Sheet4

就绪　在 288 条记录中找到 48 个

图 9-8　选择需要统计的项目筛选功能

“这个方法还可以，也算方便。我告诉你一个更快捷的方法，用数据透视功能。就以 2007 版的 Excel 为例，在插入工具栏里可以找到‘数据透视表’功能，点击后进入‘数据透视表’，然后可以选择一个表或区域(见图 9-9)。”

“点击‘确定’后可以看到这样的表格(见图 9-10)。”

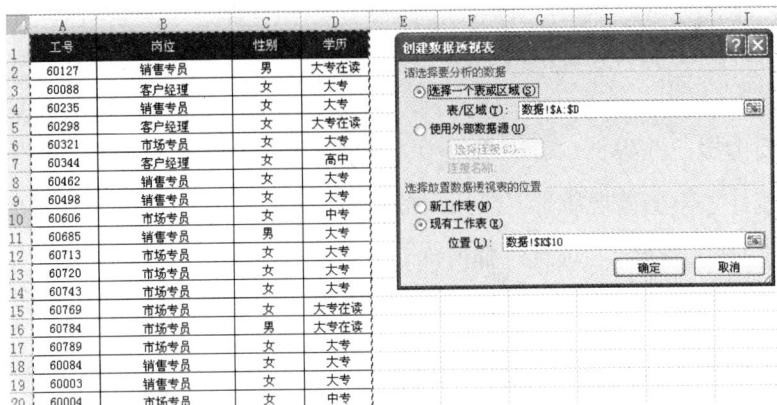

图 9-9　数据透视功能

图 9-10　数据透视字段表

"可以把左边报表中的字段拖动到右边的数据表中。例如我们要统计各岗位有多少人，可以把岗位拖动至'将行字段拖至此处'，其他任意一个项目都可以拖动至'请将数据项拖至此处'，很快就可以看到各个项目的统计数字(见图 9-11)。"

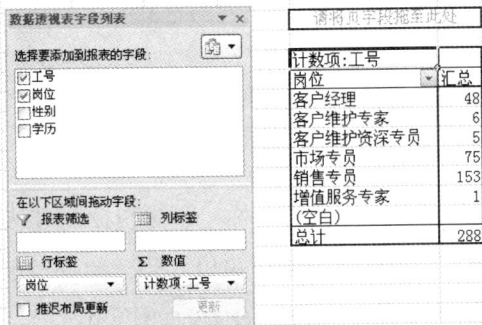

图 9-11　项目统计数字

"如果需要统计各学历的人数也是同样的道理。当然可以记数，也可以记平均数等。"

Excel 应用之邮件合并功能

"乐乐，有 15 个同事要开具在职证明，你等下按这个格式开一下吧。"

"好的。"接到任务乐乐就开始一个一个地粘贴姓名、身份证号码进行填写了。弄了半天总算弄好了。仔细一检查，还发现身份证号码填错了。"怎么弄会又准确又快呢？"乐乐带着疑问找到师傅。

"Excel 里有一个功能可以做到，就是邮件合并功能。

第一步：先将在职证明的 Word 版格式设置好。

第二步：以 Office2007 版为例，选择邮件，点击开始邮件合并功能，选择邮件合并分步向导。

第三步：按照接下来的指引进行。到浏览的时候选择需要资料的表格。

第四步：撰写信函之后点击其他项目，把需要的信息对应的插入到 Word 中。

第五步：预览信函，完成合并。

这样就把所有需要开具证明的信息全部准确地导入进文档中了，非常快捷方便。"

第十章　招聘高手是怎样炼成的

主动出击的简历搜索

　　新的一天开始了。师傅把乐乐叫到自己的电脑旁，指着屏幕说："你看我们这个月的编制，大概还有 20 人左右的人员缺口。这个任务交给你完成。"乐乐接到任务，又惊又喜，心想师傅对自己的教导方法开始转变了，开始让自己独立做一些工作了。

　　"好的，保证完成任务。"乐乐自信地回答。

　　之前乐乐也学习了不少招聘的渠道、面试流程方法。但以前都是师傅带着，遇到问题想着反正有师傅，总觉得没啥压力。现在不同了，自己负责这个招聘任务，很多东西需要自己去操心。这次需要招聘的人员有销售、数据分析人员、软件开发人员。之前做招聘乐乐就体会到不同类型的人员，招聘渠道还是有相对特色之处的。销售人员可以通过网络、现场、校园招聘渠道，而技术类人员的招聘仅仅从招聘网站上寻找是远远不够的，还可以通过一些技术论坛等方式。对于招聘广告的运用也是有一定的方法。

　　乐乐想先招较简单的岗位，然后个个击破。先把销售人员的招聘任务完成。刚刚学习做招聘的时候，乐乐就养成了习惯，每天都会在上班的第一时间登陆招聘网站，进行简历的收集和下载筛选，所以手里还是有一些资源的，可是一周过去了，只是勉强完成了销售人员的招聘任务，但其他岗位的人员招聘没什么进展。

　　乐乐最大的优势是有胆量，有勇气，也会动脑筋想方法。不足就是有时候遇到难题会把情绪写在脸上。

乐乐愁容满面，还有一个星期的招聘时间，招不到怎么办？乐乐不想这么快就找师傅帮忙，晚上回到家乐乐在招聘网站上乱晃着，希望找到点灵感。突然眼前一亮，我怎么不尝试搜索简历的方法呢？之前师傅也提过这个方法，只不过我有点懒，一直也没用过。现在人才竞争这么激烈，不主动出击怎么能找到优秀的人才呢？乐乐赶紧按照条件搜索了两个月内更新过的简历。有 12 份合适的呢！乐乐满心欢喜。明天我就打电话联系。

第二天，九点半刚到，乐乐就迫不及待地联系昨天晚上主动搜索的那批简历。可连续打了几个都是无人接听。

乐乐把桌子上的纸翻的啪啪响。师傅轻轻走过来关切地问："乐乐，招聘情况还好吧？我看到上周的招聘情况，还不错。销售类人员的招聘都完成了，其他岗位现在情况怎样了？"

乐乐有点抱怨地叹气说："好烦啊。还没什么头绪，收到的简历太少了，也不合适，我就用了搜索简历的方式，可是联系了几个都说没时间，连让我说话的机会都没有。还有几天就到月底了，还没找到人。好担心。"

师傅理解地点点头说："这种情况其实很常见。但我们要去找原因，招聘渠道可以多样化一些。有的岗位招聘要用多样组合的方式才能完成。刚才你说联系了几个搜索到的简历，别人都说没时间。那你是怎么说的呢？你又是几点钟和对方联系的呢？"

乐乐一本正经地回答："我是九点半联系对方的，而且我是照着之前预约话术的方式讲的。那些人一点都不感兴趣，好奇怪。"师傅哈哈哈笑了。

"师傅，你怎么还笑啊？我是很认真地打电话的。我现在很着急，怕完成不了任务呢。"乐乐把这句话咬得很重。

"我是笑你做事没有经过思考。这些简历是你主动搜索到的，但你却还按照以前求职者主动投递的情况进行预约。效果当然不好。你想想，是不是这样？"

乐乐恍然大悟："我真傻了，怎么这么简单的问题我都没想到。"

"是啊，所以做事情要经过思考，遇到问题要去想办法找原因。如果两个月内更新过简历的人员应该还是有一定的求职意向的。对于主动搜索到的简历，先说明公司和我们的身份后，了解对方方便沟通的时间。今天这些人员都说不方便，有可能你联系的时间太早了，不一定是对我们的岗位不感兴趣。九点半刚刚上班，一般都是最忙的时候，这个时候肯定不方便。既然目前有几个岗位我们的简历量都不够，也不合适，那可以保持每天至少进行一次简历的搜索。根据以前的经验，在每周一、二这两个时间段会涌现出不少质量高、刚更新的简历，可以将所有认为可以进行下一步沟通的简历下载后进行排序，并且初步了解对方目前公司的大概情况、岗位的情况，这些信息在网上都可以大概了解到。"网上？乐乐心里嘀咕着。"招聘网站上都可以呀。对方公司也会招聘吧？你仔细了解一下岗位招聘要求，也就会了解不少了。

接下来，就需要把筛选到的简历安排在两天内完成沟通。第一次电话沟通或许只能预约到对方可以方便沟通的时间，有个小技巧就是如果你可以用对方方便的沟通方式进行，对方应该会给你的表现加分。例如很多技术类人员、互联网的人员更喜欢在网络上进行沟通。在沟通的过程中，最重要的是需要详细介绍我们公司的规模、目前的发展状况、现在招聘这个岗位的要求。

如果在沟通过程中发现对方和我们招聘的岗位很匹配，那就需要你对对方心理的把握了。对方真正想要什么？什么才是最可以吸引到他的关键点？再和对方约定时间进行面谈。以后你会逐渐发现用主动搜索的方式进行招聘也是非常有用的。可以第一时间主动出击，更快、更准确的了解候选人。是不是有点猎头的味道了？

当然对于专业技术类人员的招聘，专业论坛也是一个非常棒的渠道。更需要做的是定期维护招聘信息，充分和网友进行专业性的反馈。所以除了常规的渠道方法外，主动搜索和论坛招聘是可以重点运用的方法。现在人才竞争还是很激烈的，要多一点主动出击，才可以在人才大战中取胜。"乐乐点点头，师傅又说道："再问问你，日常的招聘信息发布有没有进行维护呢？"

"日常招聘信息发布也要维护啊？"乐乐惊诧地问。

"当然。"师傅迅速打开招聘网站，用鼠标点了点职位列表，看到职位刷新日期还是三天前，"乐乐，你看你的职位刷新日期是三天前喔。"

"喔，这个没关系吧？反正求职者都可以看到招聘信息的。"乐乐淡淡地回答。

"你觉得刷新职位有没有好处呢？"师傅严肃地问。

"应该有吧。我看到网站上也可以设置自动刷新职位，应该可以让求职者看到刷新的职位在同类职位中排在较前面的位置吧？那是不是要每天刷新呢？"乐乐似懂非懂地回答。

"我觉得每天刷新职位可以作为常规工作。你刚才说得很对，确实，刷新后可以让职位排在同类岗位中较前的位置。按照以前的经验来看，在每天下午四点左右刷新效果比较好，可以增加简历投递量。这些都是一些经验，也不是一成不变的，所以希望你可以在做的过程中不断总结经验，找到更好的方法。"

师傅语重心长地说。乐乐也觉得自己在做的过程中，需要更努力地思考和总结，这样才能进步。从那天起，乐乐形成了规律动作，每天先处理完其他人事手续等方面的事情，然后开始搜索简历，看简历，选择下载。十点左右开始进行人员的预约、沟通；每天下午三点左右与上午未处理完的人员继续进行沟通；下午四点开始职位的刷新。

在各种招聘方法的运用下，师傅也不断的给予乐乐指导和支持，其他岗位的人员也基本找到了。终于觉得有一点小小的成就感了，乐乐心里长呼了一口气，这下可好了，任务可以完成了。把计算机里通过面试的人员进行了整理，乐乐打算赶紧联系他们，进行下一步的入职资料准备等相关的通知。不知道是好事多磨还是怎么了，联系了几个销售职位的候选人都说已经找到工作了。乐乐心里一阵疑惑，这不对啊，才两个星期而已，这么快就找到工作了？但电话里那些候选人确实是这么说的。心头一阵阵冷汗袭来，这可怎么得了，人都不来了，是不是出了什么问题？正在想着怎么办，就听到师傅的召唤。"招到的人员大概什么时候可以入职？给我个时间表吧？"

"喔，好。师傅，我在联系他们。等下整理好了发给您。"乐乐有点惊慌失措，不知所云的感觉。

定了下神之后，乐乐又继续联系其他的人员，还好，听到候选人在电话里的声音还挺开心，也答应会很快准备好资料。乐乐在电话里和他们确认好需要准备的资料和相关信息，放下电话后乐乐决定再和刚才已经找到工作的候选人联系一下，了解一下具体原因。

清了清嗓子，乐乐重新拿起电话："您好，我是××公司人力资源部的李小姐，刚才我联系过您。您现在是否方便说话呢？"

对方很配合地说："您请说吧。"

乐乐继续："之前您应聘过我们公司的岗位，但我今天通知您的时候您说已经找到了新的工作就放弃了我们这个岗位。可否告之一下原因呢？因为我们这个岗位在同类岗位中有比较明显的优势，之前面试的时候您应该也了解过，对不对？为什么还会选择放弃呢？"

"主要原因确实是你们中间的流程时间太长了，都过了半个多月才通知我。我也曾经打过电话想了解一下是否通过面试，但不是不通就是没人接，所以最后我就放弃了。你们以后注意一下这一块就好了，别的方面做的挺好的。"候选人很诚恳地说。

"非常感谢您。如果以后还有机会，希望与您合作。"乐乐很想快点结束这个电话。

乐乐心里虽然很感激这个求职者，但感觉很尴尬，脸红一阵白一阵，心里不断责怪自己。为什么连求职者都明白的道理，自己都没做好。明明知道人才竞争激烈，可自己还是不知道去做到快速反应。越想越难过，乐乐打着电脑，眼泪却刷刷忍不住地流下来。

"乐乐，准备入职的人员信息资料可以给我了吗？"师傅又催促了。

"嗯——嗯——快——好——了。"乐乐一抽一抽地回答。

师傅感觉不太对劲，赶紧跑过来。看到乐乐眼睛红红的。"有啥心事？还是谁欺负你了？"师傅想逗乐乐笑。

"我觉得这次招聘自己做得很失败。开始有的职位总招不到人，后来招到了又让人跑了。"乐乐边哭边擦眼泪。

"失败是成功他妈，泄气是成功他后妈，总结是成功他亲妈嘛。好好总结一下，没事的。况且总的来说你还算很顺利地完成了任务。虽然可能还有些问题，例如你刚才说的有的求职者放弃了我们这边的岗位。可以避免的问题我们努力去做好就可以了。面试通过的求职者，确实需要在一定的时间内，如三个工作日或五个工作日内联系，让对方了解进展情况及接下来需要做的准备。面试后的跟进及细节确实也很重要。这次招聘是你第一次独立负责完成，我已经挺满意了。不要给自己太大压力了，下次会做的更好的。"师傅不断的鼓励和安慰乐乐。

乐乐心里很温暖。当然她也知道，自己确实做得不够，暗暗下决心，下次要做到更好。

恰到好处的招聘广告

逐渐适应了独立操作招聘任务，乐乐在网络招聘这块也积累了不少经验。遇到新的招聘岗位，乐乐也学着主动和用人部门沟通，了解需求，也会在网上找到类似岗位，了解同行的需求。遇到问题，她会先自己想一想后再找师傅讨论。乐乐对招聘渠道怎么使用都有一定的想法和方法，但对招聘广告的使用还是有些没谱，似乎没啥章法。乐乐也知道不是多砸钱效果就好，但不知道用什么样的广告最合适。

"师傅，我想学习一下招聘广告怎么用才是合适的？每次我打算用招聘广告的时候，心里都没底。"

"其实网络广告是增强招聘效果的一种宣传方式。但其实并不是广告用的越大越好，花的钱越多越好。你有没有发现，有的公司长期在网站上挂广告，你会有什么感觉？一年到头招聘广告都在网站上，到底是人员流动快还是其他异常状况？所以什么时间用广告、用什么样的广告吸引目标人群这些首先需要根据招聘的数量、费用的预算、招聘周期确认广告使用的时间。

根据我曾经的经验，建议一次连续的广告上线时间不超过两周为佳。我曾经做过广告上线时间与简历分析，其实在第二周开始简历数量及质量是属于逐步下降的趋势。另外广告的上线时间最好选在一周的中间开始，并且需要特别关注广告上线前三天的效果。比如说对于单个职位需要大批量的招聘，可以选择搜索排名这样的广告类型，前程无忧的搜索排名广告效果就挺好。根据求职者目前找工作的操作习惯，都比较喜欢直接搜索职位信息后进行简历投递，所以这样的招聘广告效果是不错的。还可以让招聘网站把所有广告点击率情况列出一个详细信息，我们可以根据这些数据进行恰当的选择。按钮、紧急招聘广告等效果都是很理想的。

其实招聘广告的运用很多时候还需要自己在实际工作的过程中根据当时的情况进行调整，很多情况下还需要组合搭配进行。但不管怎样，除了传统的招聘渠道，怎样在招聘的过程中建立好人脉来拓展自己特有的招聘渠道也是非常值得考虑的，我们暂且就称其为招聘的副作用吧。"

招聘的副作用

"我们每半个月安排一次人力资源知识的分享吧。"师傅提到这个。

"太好了。师傅。我非常想好好学。这个机会好难得。"乐乐开心地跳起来。

"正好今天是星期五，以后每半个月的星期五我们就进行一次分享，主要内容以工作中的问题为线索。怎么样？"

"那就叫相约星期五，好不好？"乐乐赶紧冠了个名字。

"好的。今天开始第一讲，就讲讲昨天提到的那个招聘副作用。以前我刚从事人力资源工作时，周末的时间就会去参加一些人力资源沙龙活动，经常参加就积累了一些人气和人缘，因为大家都来自不同的行业，经常见面就会很自然的分享不同行业的故事和人才。这段经历对我后来进行招聘工作起了很大的作用。认识的人多了，人脉关系也就逐渐建立起来了。你可能会问有哪些方面可以建立维护人脉关系对吧？你自己现在有没有建立一些人脉关系呢？"师傅望着乐乐。

"呃……呃，还没有。"乐乐吞吞吐吐地回答。

"人脉关系的建立是需要时间和精力去维系的，可以多参加同行交流活动，建立起人脉关系。每年有很多机构组织一些同行交流活动，有很多招聘网站也会举办学习交流活动，会有很多同行参加，这个时候你可以多认识结交一些朋友。你可以和周围的朋友打声招呼，交换一下名片等等。在交流学习的过程中，你可以更多的主动发言让同行愿意主动和你进行互动。每次交流会结束，你可以将交换到的名片进行分类记录。如果有必要，最好在活动结束一周左右的时间和对方进行一次联系。另外呢，可以维系好招聘网站人员、猎头的人脉关系。

乐乐，你可能会想招聘网站、猎头这些都是为我们服务的，还需要维护关系？其实不然。如果和他们维护好关系，很多时候会有一些意外收获。例如招聘网站这一块，如果和对方的关系维护的很好，日常的简历搜索、筛选、发布等很多琐碎的工作可以交给网站完成。当你的招聘广告效果不是那么理想的时候，对方会主动帮你想办法提升效果。有时候你在找寻的一些人才，他们手头都有匹配的简历，这个时候信手拈来就可以了。猎头也一样，有些我们招起来不太容易的岗位，猎头手上的资源却很丰富，让他们友情提供几个也不是不可以的。所以日常和招聘网站人员、猎头等关系的维护是很有意义的，不仅可以帮我们快速达到效果，有时候还省了成本。那我们可以用什么方法维护关系呢？

我们可以选用日常和对方多聊聊天的方法进行关系的维护。其实招聘网站、猎头的工作压力都是很大的，我们可以和对方聊聊解压的方法等与对方拉近距离。人与人之间的感情也就是这样慢慢建立起来的。记得有一次我被派去外地支援工作，人生地不熟的，真是两眼一抹黑啊。幸亏朋友介绍了当地的从事人力资源工作的朋友给我认识，后来还帮了我不少忙。"师傅说到这里露出了幸福的笑容。

"真是美好的记忆啊！"乐乐感叹道。

"是啊，有人脉关系真的用处很大。还有一种是在招聘过程中的人脉关系的建立，这种情况就会出现你曾经认识的候选人会非常主动推荐合适人选给你。记得以前公司需要做一个新项目，当时开发人员急缺，碰巧在一个专业论坛上找到了一个候选人。因为对方在外地，还在职，所以刚开始一直在网上沟通，而且每次沟通都是在对方有空的时候。那段时间我都是找机会和对方保持沟通，而且也让项目的负责人抽空和他保持联系。可能候选人觉得我们非常重视人才，所以对我们公司的感觉很不错。在这个过程中，他主动为我们公司推荐了两个朋友，为这个项目的进行铺平了道路。

还有一次有趣的经历就是在我还没正式入职新公司，当时只是到公司提交资料的时候碰巧遇到一个员工也是去提交资料。就是在等待的过程中，我们聊了很多，也非常愉快。我了解到那个同事在行业中有非常多的人脉，我顺口就说以后招聘可要麻烦你多帮忙喔，后来还真的得到了很多帮助。所以人脉关系无处不在，只要你用心去把握，就可以一切尽在掌握。乐乐同学，听了这么多的故事，理解了招聘副作用了吧？"乐乐已经听呆了，完全进入了故事之中，师傅问话后好一会儿，乐乐才回过神来，"如果我也有这么多人脉就好了。师傅有空你也带我去参加一些活动好不？"乐乐撒娇卖萌。

"肯定有机会。"师傅拍了拍乐乐的肩膀。

招聘离不开沟通

招聘工作基本告一段落，招聘的副作用也了解了。师傅这段时间因外地项目，被公司派去外地出差。乐乐心里暗自祈祷：上帝保佑，希望别出啥事。几天过去了，还算平静。人无远虑，必有近忧。其实还有一个岗位一直没招到合适的人选，之前推荐了二十多个候选人，但结果都没通过。

乐乐想：这个事师傅也知道，师傅总是让我主动去找用人部门沟通，可我总是担心被别人拒绝。或许是师傅想考验我吧，完全放手让我自己想办法解决。乐乐一直在反思，怎么回事呢？是自己的影响力不够还是什么原因呢？

记得以前师傅做的时候没出现过一个多月还没有决定人选的事。虽然这个岗位不着急，但总是这样拖着也不行。乐乐觉得还是自己没弄清这个岗位到底需要什么样的人。看来掌握如何向用人部门推荐候选人的方法也很重要。想在网上找到答案，但无果。既然用人部门总是觉得推选的人员不合适，而且每一次都有不同的理由。到底有什么根本原因呢？看来还是得硬着头皮去主动找用人部门聊聊这个事。

乐乐怀着忐忑的心情打电话给用人部门负责招聘的同事："您好，张经理。我是李乐，您现在有没有空？"

"李乐，你好。我现在有空，有什么事吗？"对方很客气地回答。

"想和您沟通一下关于销售主管的招聘事宜。之前推荐了不少人选，都没有通过，我挺着急的，不知道自己是不是什么方面没了解清楚，所以总找不到合适的人选。觉得挺对不住您的，拖了这么长时间。"乐乐诚恳地表达歉意。

"没有没有，这个岗位目前也不是太着急，我们要找就找个好的。其实你推荐的人选也有不少不错的，但是我很担心他们的适应性和个性，所以就一直没定下人选。"感觉得出张经理的纠结。

"要不这样好不好。您说之前也遇到过不错的人选，我把之前曾经面试过的人员简历都一起拿过去给您看看，可能有合适的人员，您觉得怎样？"

"行，你过来吧。"张经理很爽快地答应了。

很快乐乐把之前推荐过的人员简历都带到张经理办公室。开门见山，乐乐把每个人的情况都给张经理介绍了一遍，记录详细就是有这个好处。同时关于张经理的疑虑，乐乐也做了解析还给了一点自己的建议。经过半个多小时的讨论，终于定下来接下来可以进一步面试的人员并确认了最终选出人选的时间。"张经理，非常感谢您。我这就去准备一下，确认好时间就告诉您。"乐乐起身准备离开。

"别这么客气，大家互相帮忙。欢迎以后多交流。"张经理满面笑容。

走在回办公室的路上，乐乐在想很多事情不要没做之前就担心害怕，主动积极的沟通可以更好地解决问题。推荐合适的候选人也是和用人部门磨合的一个过程，最终让大家达成共识。

回到办公室，乐乐觉得要把整个过程记录下来，首先，遇到难解决的问题自己并没有逃避，虽然还是有点担心害怕，但还是很主动的直接面对用人部门，而且自己通过各种渠道详细了解这个岗位及相关信息。了解岗位的特点，这个岗位需要什么样的人，需要具备什么样的能力。了解这个岗位的应聘者的个性特点及这个岗位所在部门的整体风格特点。不足的地方是自己没有非常好的了解用人部门的面试官。

其实现在回想起来觉得了解这些可以直接和用人部门做面谈沟通，也可以和用人部门面试官一起参与面试。之前因为太忙，初试结束后就把候选人交给用人部门了。应该在共同面试的过程中，记录面试时间的问题。面试结束后和面试官进行交流，具体了解他对候选人各项能力的要求和侧重点。多进行几次，应该就可以基本了解了。乐乐边写边想，忍不住打电话给师傅。

"师傅，今天那个拖了两个月的岗位终于有结果了。我跑去找张经理沟通了。哈哈。"乐乐兴奋的有点手舞足蹈，"我还总结了一下，以后我觉得自己要更主动一点沟通，而且还要多和用人部门一起面试。"

"不错不错，说得很对。你觉得这次招聘为什么会拖那么长时间呢？你有没有想过？"师傅话锋一转问道。

"呃……呃……"乐乐哽住了，不知道回答什么。

"你有没有发现其实用人部门觉得不少候选人都挺不错的，但他们似乎不知道如何选择或者总说再看看，可能下一个更好？"

"是啊。今天去找张经理的时候，他还说之前有不少候选人都不错呢。但我想不错为什么不选呢？"乐乐不解地说。

"确实，有时候用人部门经常出现这样的状况，而在这个过程中也错过了很多优秀的候选人，而且也浪费了我们的时间。处理这样的情况不少人的方法是再给用人部门一些简历，最后大家都没耐心了就随意定下人选了。其实招聘岗位都有时间限制，例如基础岗位基本是两周到位、基础管理岗位是一个月左右到位、中层管理及以上岗位是2～3个月到位等。我发一个以前曾经用过的进度表给你，你现在接收一下可以看到。"

乐乐很快打开了邮件。师傅接着说："你可以根据这个时间做招聘进度表给面试官。同时对岗位的能力要求，把需考察量化指标表发给用人部门，在面试的过程中进行量化评分，首先需要每周将面试过的候选人的信息做一次汇总。可以按照以下的表格进行汇总(见表10-1)。

表 10-1　面试信息汇总表

面试时间	面试官	候选人	性别	学历	工作经历	面试评价	优势	不足	与目前在岗人员对比

让面试官对已经面试过的人员进行一次回顾和对比，特别是对一些犹豫不决的人选再进行一次考量。在所有人选面试完一轮之后，需要和面试官一起把所有候选人做一个优先级排序：哪些人可以放在第一层级的备选人员中；哪些可以放在次之等。

在这个过程中，你也可以结合组织和现有在岗人员的特点做一个人员分析，和面试官进行交流。例如我们现在缺一个什么样的人，那如果招聘这个人选进来，需要怎样的人和他搭配，他需要什么样的辅导等等。在这个过程中还可以显示出你的专业性，最终可以准确选到合适人选。而且这样做，用人部门也会觉得我们的工作很专业，很多时候用人部门对候选人的选择很疑惑，这个时候我们给的专业意见就更加重要了。如果根据你给的意见选择到了非常棒的候选人，用人部门就会更加对你刮目相看了。乐乐，加油，你可以做到的！"

"师傅，我会加油的。您啥时候回来？"

"下周我就回来了。下周我们的工作任务有点重，不少事情等着我们去做。周五咱们还要分享呢！"师傅逗趣地回答。

与职场怪人的沟通

做人力资源工作也有不短的时间了，乐乐觉得要打交道的人越来越多，感觉职场中的人各式各样，形形色色。例如有的人看起来就很和善；有的人看上去就不容易接近；有的人行为与众不同，有点怪，还没真正接触就听到各样的说法和"传说"，让人望而却步。

但人力资源人员本身必须是个沟通高手，无论对方是什么样的人，都需要打开沟通之门从而高效工作。最近要招聘的一个岗位就不得不和一个很特别的部门经理打交道，他个子很高，脑袋经常碰到门框，每天穿一双凉鞋，见到人似笑非笑，他经常神龙见首不见尾，但对工作很执着。例如对于一些有外语要求的岗位人员吧，之前的同事帮他找过，他都不满意，非要自己找，他每天一个想法，找了一个多月也没找到一个，他自己也烦。乐乐一直都想攻克这个难关，虽然早就听到过各种各样关于他的说法，但乐乐还是想试一下，况且师傅很支持乐乐的想法。这是一个什么样的人呢？为什么找了这么多个候选人都不满意呢？到底他想要什么样的呢？招聘前，乐乐与之前了解他的人做了些沟通，知道了一点他的事。大家都觉得他挺怪的，似乎又很高傲，也不敢和他多说话。听说他在国外呆了很多年，后来才回国的。他对国内的情况还是不太了解和理解。他对英文水平的要求很高，但具体似乎也没标准，也不知道他到底想要什么样的。

乐乐问前辈："那您和他沟通过吗？他到底想要什么样的？如果要求太高的话，应该外面也找不到了，干脆内部培养了。"

前辈说："谁知道啊，当时和他说了很难找了，但他还是坚持啊。烦死了，一直找不到翻译，他总是怪我们。他每次考察应聘者都会出一道必考题，就是他出一篇文章，让应聘者翻译，如果通过了，才会进入下一个对话环节。他习惯性的让应聘者加SKYPE，然后发一大段英文，说不限制时间、不限制方式，让对方翻译。如果翻译错了，他还会纠正，三次后如果还不 OK，才抱歉对对方说笔试未通过。他的方式真的很特别，真的可以考察到对方的英文水平、学习能力还有其他很多方方面面。却相当费时间，他也没那么多时间去专注完成这个招聘工作。"

乐乐仔细想了想，他这个必考的环节是一个筛选率极高的环节，但可以让我们帮他进行，这样可以省去他的时间，同时也可以让我们帮他了解一下对方。虽然大家都说不知道他的标准是什么，可因为他性格很奇怪，也没人敢问他。乐乐心想反正也是为了工作，即使他再凶，也要去尝试一下。一个偶然的机会，乐乐试探地问了他一下，开始问的时候他也不太理解，后来乐乐和部门经理说："其实我想知道您最不可接受的翻译是什么样的，您写几种情况给我，这样我可以帮您进行筛选。也可以更快、更省时，您觉得怎样？我们会把所有符合硬性条件的人员全部约到公司，进行统一笔试，这样既节省时间也可以达到效果，您看要不要试一下。"

他想了想，很认真地写出了绝对不可以通过的三种情况，乐乐根据他的要求进行了筛选，终于这个寻觅已久的翻译在半个月后出现了。后来这位部门经理还主动表扬了人力资源部帮他解决了难题。

市场部经理也是个很奇怪的小伙子，他从来不会主动和人打招呼，也从不笑，听说他好像是大学没毕业就出来创业了。他每天上班比较晚，来了之后最多在前台打个卡就钻进了办公室再也不会出来了。后来知道他每天钻研产品到很晚。乐乐入职了几个月，也没有和他说过几句话。

一天他突然来到人力资源部，和乐乐说他想找个助理，其他啥也没说。和他熟悉的人交流了一下后，乐乐决定还是先自己做一些工作，将自己可以想到的方面都列举出来，然后再去问问他的需求。第一次去找他，他说没空。第二次去找他，他正好出差。后来直接打电话问他，他说你们自己定吧，这方面你们更有经验。这种说随便但实际上心里很有标准的情况是最可怕的。乐乐觉得没办法只好把符合条件的候选人都见了一下，抓住了几个关键标准并在个性、思维等方面做了重点考察后选出了几个候选人。最后他选了一个，还笑着说其他的可以储备。

经历了这些之后，乐乐觉得对于职场中似乎有点另类的人，首先不要给自己设心理障碍，给自己很多想象的场景，躲着、藏着自己，不敢主动交流。另外和另类的人交流之前需要先了解清楚对方的特性，再进行深入沟通。乐乐给自己写了一句话：只要善于思考、敢于尝试、抱着真诚的心，其实沟通高手，大家也可以做得到。

内部招聘的用处

师傅风尘仆仆的从外地回来了，听说外地的项目进展还挺顺利。"乐乐，我们这个星期有两件很重要的事情要开始做。一件事是需要在公司内部招聘两名营销管理人员；另一件事是开发工程师的紧急招聘项目。我仔细和你说说细节。公司计划在两周内内部招聘两名营销管理岗位人员。你按照招聘广告的形式写好招聘信息，然后接收简历及咨询，最后就是安排面试及后续跟进。在宣传那块你要多想想。紧急招聘项目应该问题不大，你全程把握就好了。但这次有一个要求，做完之后你要做个总结，周五的分享人是你喔。"

"好的，师傅。那我去干活了。"乐乐的执行力一直不错，很快就确认好了招聘广告。确认内部招聘广告很容易，但宣传是关键。做内部宣传可以用内部招聘邮件、网络公告栏、招聘微博的方式。那宣传广告怎么写呢？就把传统的岗位要求、岗位职责一条条地列出来吗？这样的宣传内容难以吸引眼球。宣传广告虽然肯定要有岗位要求、职责之类的必备内容，但可以配以图片、风趣幽默的语言。例如，"挑战英雄帖"、"非您莫属"等字眼吸引更多符合条件的同事愿意参与进来。

宣传到位后，会收到很多简历和咨询电话，在回答的过程中，不用过多的涉及细节，只需要回答招聘岗位具体的工作内容及关键能力要求。关于岗位具体的汇报对象、岗位级别等都可以在具体面试的时候谈及，在电话咨询的时候就不必太过详细。在规定的时间内将收集到的所有内部人员简历进行分类和汇总，将所有人员信息(包括绩效、上级领导的评价)进行收集录入。

从收集的过程中进行初步筛选，确认是否可以进入初试阶段。在这个过程中要保持和各业务处相关接口人的沟通，如经与上级沟通允许可以将进入初试资格的门槛适当放宽，让大家积极参加类似的竞聘。在确认好初试名单后和面试官进行沟通，确认面试的流程后即通知相关人员进行面试。接下来的步骤可以这样进行：发放恭喜函给所有参加面试的人员；在邮件中提示大家需要做的准备。

如果有可能，可以和大家做一个简单的面试前沟通，讲一下面试注意事项。面试时间安排确认后发给所有参与者，如因工作原因不能如期进行者可进行临时时间调配。在面试结束后三个工作日内邀请一位面试官与未通过面试的人员组织交流会。引导其总结在面试中表现出的优势和不足，并让大家找到自己急需提高的方法和做下一步的计划，面试官对其做出评点。其实通过内部竞聘的方式不仅可以激励员工不断地朝更高的目标进行努力和发展，同时在参与的过程中也让员工颇有收获。所以作为伯乐不仅仅是去发现人才，而且更需要在人才还没有真正凸显潜在能力的时候，用各种有效的方式去培养挖掘他们。

乐乐又开始计划在招聘周期内的每个阶段怎样达到目标。根据过往面试通过率、最终到岗率等指标，测算出预计需要的人数目标。前期准备及职位发布、内部招聘宣传等相关工作，这个阶段最重要的是确认好招聘渠道，是否需要发布招聘广告。如果确认确实需要发布广告，需要立即联系好招聘网站的人员，做到当日下午可以发布。所以需要平时做好广告内容的版面设计，遇到紧急情况可以立即进行上挂广告内容。11～12日可以进行简历的收集及初步筛选合适的简历。安排13～14日的面试流程。安排4～6场面试活动。两天预计需要有25～30人通过面试。15～16日进行第二阶段的面试。

根据可预约人员的数量进行面试安排。如果前期通过人数已达到目标，可按照既定计划进行；如果离目标有一定差距，需要紧急请求其他相关部门资源，进行候选人简历支援，同时可以运用之前曾经学习过的招聘渠道和方法进行补充。

第一阶段的招聘效果非常重要，直接影响整个后续招聘的结果。

对前期所有面试通过的人员进行背景调查等工作及通知可参加培训的人员。

乐乐的招聘如火如荼地进行着，师傅问："如果在招聘周期中遇到周末的时候，会觉得郁闷吗？有的人可能会觉得挺烦恼，因为不想因为招聘工作而周末加班，但周末有两天时间，如果没用上，招聘任务如果完成不了怎么办？"看乐乐不解，师傅继续说，"我曾经经历过很多次周末进行招聘的情况，总体评估来说效果非常不理想，而且周末招聘到的人最终的入职率偏低。所以综合评估后其实周末用来招聘面试并不是好的选择。但不意味着没面试，周末就啥都不做，如何利用招聘周期中周末的时间呢？因为周末的时候简历的投递量还是相对比较大的，正好可以在周末两天的时间内大量地收集和浏览简历。如果正好招聘任务已经告一段落，但还不知道最终是否达到目标，那仍然不要浪费后续的简历，在周日的晚上，用十分钟的时间把简历筛选出来，以备后续使用。

整个招聘工作环节完成后需要对各渠道的效果对比、简历数量、有效简历数量、初复试通过率、录用比率等指标进行数据的统计，最终做到紧急招聘不紧急。"

周五的分享乐乐把这次招聘的心得用 PPT 的形式展示了出来，效果很好。

完美招聘的准、快、稳

乐乐周末在家无事，写下了这样一篇总结——

大家都知道，世界上没有完美的事，即使暂时觉得完美，过段时间再重头回顾的时候还是会觉得有点缺憾。或许因为这样，很多人努力追求达到完美。招聘工作也是如此，即使到了最后拼体力的阶段，回顾起来还是有值得改善的方面。但我发现其实招聘工作万变不离其宗，掌握了招聘三部曲，肯定可以让您完美招聘一把。我们一起看看吧！

1. 准

准包括两层含义：第一，对所需要招聘的岗位定位要准；第二，对候选人的心理把握要准，即对方想要什么？

(1) 对所需要招聘的岗位定位准确。做人力资源的都知道，岗位说明书是岗位招聘的依据，但实际上是否只要依靠这个就可以达到标准呢？其实不然。岗位说明书上写的是一个标准，但实际上在找符合这一标准的人时，要考虑企业的文化、领导的风格、上级对这个岗位的关键需求点在哪里等相关因素。所以有时候岗位的适配性显得更加重要。记得以前一个负责招聘的同事需要为一位市场总监招聘他的助理，那同事很努力地在一周的时间里找到了一堆符合条件的简历，经过连续几天辛苦的面试，她将自己觉得合适的人选推荐给总监复试，但结果是无一命中。问题出在哪里呢？这些被推选的人员都符合岗位说明书的硬性要求呀？后来经过了解，其实市场总监想要的这个助理最关键的一个要素是希望其有一定的项目跟进和管理的能力，如果满足了这个条件的人选基本就可以定下来了。通过这个事例，我们了解到实际上确认具体招聘岗位的时候需要做一个沟通，了解对这个岗位的实际要求。

(2) 对候选人的心理把握要准，抓住对方想要什么？记得有这么一个例子，一个求职者以前的工作单位在他们当地来说是相当不错的(虽然处于较偏远的地区)，而这个候选人也确实非常符合岗位要求。但我们企业在薪酬、福利等方面并不能给到诱人的条件，怎么办？经过深入的沟通(包括和他的家人)，了解到虽然他现在的单位很不错，但他的小孩快考大学了，他的妻子希望他带子女到我们企业所在的这个城市发展，这方面我们可以帮其解决户口等方面的问题。所以就这一点，候选人很愉快地答应愿意来我们企业。

2. 快

快代表效率和决断。那在准的基础上，是否就可以达到快呢？什么才是快呢？可以把招聘项目分阶段进行，例如在第一阶段：

(1) 在接到招聘任务一天内快速浏览总结所有同行企业的招聘广告等信息可能对我们造成的影响，并据此再次总结我们企业的最大优势。

(2) 三天内找到目标简历，至少进行一次电话沟通。

(3) 电话沟通后在两天内进行面试和评估并将所有信息和上级进行沟通和确认。

招聘开始的第一周非常重要，决定着后续阶段和结果。

在第一阶段的基础上，再去安排后续阶段的工作和进度。

3. 稳

在经过准确的定位判断和高效的项目安排后，应该会有一点成果和收获了。很多人力资源人员在这个时候开始有点沾沾自喜了，有的人或许在面试过程中见到心中合适的人选时就会喜形于色，如果人力资源人员表现出这种状态，首先会干扰自己对候选人的判断，同时也容易误导候选人。所以稳的一层含义是面试官本身要稳重。另一层含义就是需要稳住求职者。

(1) 面试官本身要稳重。其一就是不能在面试环节中喜形于色。其二是决定最后准备录用谁时要稳。这个时候背景调查显得尤为重要，了解候选人过往的工作情况、离职原因、与上司及同事的关系等。通过背景调查得到的信息比较，我们会有一些意想不到的收获。

(2) 稳住求职者。隔两三天进行一次电话联系和沟通是最好的方法，当然您也可以针对对方的情况进行针对性沟通。通过这些可以了解对方是否对我们的岗位意向强烈，另外也可以让对方感觉到企业对他的重视。

当您跳完准、快、稳三部曲后，完美的招聘就完成了。

来源于工作的面试题目

公司正在进行内部人才库计划，需要选择一定数量可培养的各岗位储备人才。需要用到很多案例讨论题。乐乐感叹真是案例到用时方知少啊！虽说公司有现成的关于无领导小组的面试题库，不过为了体现与时俱进的精神和理念，师傅希望乐乐可以协助一起进行更新。

乐乐问："师傅，该怎样来出无领导小组的面试题目呢？需要做些什么工作呢？"

师傅不紧不慢地说："首先当然是要了解岗位核心部分，通过面谈沟通等多种方式了解拟任岗位所需人员应该具备的特点、技能。根据岗位的核心特点及技能来进行有关试题的收集和编制。

其次是广泛收集案例。可以和目前的在岗人员建立良好的沟通和合作关系，通过定期的谈话跟踪了解收集拟任岗位的相关案例，所收集的相关案例应该能充分地代表拟任岗位的特点，并且能够让应试者处理时有一定的难度。

最后对所筛选出的案例进行加工和整理，使其符合无领导小组讨论的要求。主要包括剔除那些不宜公开讨论的部分或者过于琐碎的细节，相应的应该根据所要考察的目的，补充所需要的内容，尤其是要设定一些与岗位工作相关而又符合讨论特点的情况或者问题。

一般而言，由于是对内部的员工，所以所用的讨论题，在内容上应与拟任岗位相适应，是一个独立的、高度逼真的、与实际工作有关的问题，即要求讨论题的现实性和典型性都要好，以达到最大程度的情景模拟，不但能够检测应试者对本职岗位的了解状况，而且能够检测应试者从事拟任岗位的胜任度和适合度。

讨论题一定要一题多义，一题多解，有适当的难度。无领导小组讨论这种测试方式，重在'讨论'。通过讨论，来观察和评价应试者的各项能力素质。这种讨论的目的不在于阐明、捍卫某种观点或思想的孰是孰非，而在于过程。

为了能让应试者依据其所学所能而讨论、争辩起来，论题的结论不能过于简单，更不可以显而易见，在每个案例的分析与判断中，均应有几种可供选择的方案和答案，每一方案和答案均有利有弊，让应试者的主观能动性得以充分发挥，讨论之中仁者见仁、智者见智。另一方面，编制的题目也不能过于困难，使应试者们无法讨论下去。所以，讨论题一定要难度适中，以促使应试者必须经过周密分析和仔细推敲，才能理出头绪，才能进行争辩，才能说服别人，也才能最终使能力强者崭露头角，从而从'无领导'状态下产生出能操纵讨论的真正'领导者'，才能使不同应试者的不同水平和特点真正自然而然地表现出来。"

乐乐觉得自己平时应该做个有心人，多收集身边的事例。

师傅又接着举了个例子："例如以下的这个案例就是根据实际的工作情景编制出来的。

A是刚通过内部竞聘晋升的一位主管，接手的团队组有五名人员，其中有三位是年资一年以上的老员工，其他两位是入职不到三个月的新员工。A刚上任第一个月面临一些困惑，例如几个旧同事对A的晋升表明不支持的立场，而且平常跟她沟通的态度比较冷淡。团队中的老员工普遍没有激情，得过且过。有一位同事业绩一直较好，最近由于失恋无心工作，绩效下滑严重。如果你是A，将如何处理以上问题，请说明处理次序和具体的处理方法。看到这个案例，是不是觉得日常有很多情景都可以按这种思路编制出合适的试题来呢？"

乐乐心想这个案例确实曾经发生过，看来以后要多做有心人。"那题目有了，怎样主持面试的方法也会了，但是怎样可以在这么多候选人中选出合适的人呢？师傅传授点高招给我，好不？"乐乐调皮地朝师傅眨了下眼睛。

无领导小组面试中的看、听、记

师傅清了清嗓子，摸了下乐乐的小脑袋说："你这小机灵鬼！其实之前也谈到过，在众多场无领导小组面试中，作为面试官更多时候需要仔细地倾听和观察。那我们需要听什么、看什么、记录下什么呢？同时面对形形色色、风格各异的参与者，我们对他们应该如何判断和把握呢？

根据不同类型的岗位我们需要侧重把握的方面有所不同。但总的来说，主要是对于参与者解决问题的能力、人际沟通能力、领导能力、团队合作能力、抗压能力进行重点观察和了解。在设计好的观察记录表中将所有需要考察的能力点列出来，在无领导小组面试的过程中记录参与者的正面及负面的行为而不是你对参与者的评价。我们先谈谈怎么记录这个行为，还记得 STAR 模型吗？你需要按照情景、任务、行为、结果四个方面进行记录。

例如对于领导能力(见表 10-2)，参与者做了什么，同伴怎么做、他又如何做，最后结果如何。最后根据记录的情况进行评分，选择可以进入下一轮的候选人。"

表 10-2　领导能力评价表

领导能力	1.恰当的让别人卷入，例如，询问想法和信息
	2.通过安排合理地分派任务，并对分派的任务进行指导，关注任务进程
	3.当时机恰当、理由充分时，果断地行动(例如时间压力)
	4.适当地允许别人参与提出解决方案

"经历无数场无领导小组面试，会发现总有这样的四类人：(1)沉默不语型。大家都在热火朝天地讨论，他在一旁听着但不参与。对于这种类型的人，需要在无领导小组面试最后，面试官单独对他进行提问。(2)精神紧张型。连自我介绍都无法连贯的进行。对于这种类型，面试官可以进行提问，从最简单的问题入手、从对方最擅长的方面进行。例如讲讲以前获得过什么奖？最有成就感的一件事等。(3)滔滔不绝型。不管是自我介绍还是小组讨论，他都说不停。对待这种类型的人，面试官需要随时温和而坚决地打断说话者。例如你可以用封闭性的问题总结对方的回答，让对方确认后就可以继续下一个问题了。例如'我可以理解为您刚才的意思是……对吗？'(4)自命不凡型。用 STAR 工具进行层层深挖应该还是有用的。可以增加问题的难度，给予更多的压力。例如对方说自己就是我们的唯一选择。你可以说'我不这样认为，其实做过大型项目的候选人很多，您觉得自己与众不同的优势在哪里？'你可以不断地用否定和提问与候选人进行互动，当然你自己确实要有足够的能力去 hold 住对方。

无领导小组面试对面试官也是一个全方位的考察，你的一言一行也影响着所有在场的人员。善于观察、记录行为、把握细节、果断决策是成功的关键。"

观察者快速指引

一、目的

帮助观察者迅速学习在小组面试中观察面试者的基本行为判断标准，有理有据地支持其评估结果。

二、范围

仅适用于一线销售人员行为表现能力测评，无领导小组能力测试中使用。

三、内容(见表 10-3)

表 10-3　面试者基本行为判断标准表

能　　力	行为表现描述		
	1 分	3 分	5 分
个人仪表及自信 个人外表及形象气质，使用文明礼貌用语，能给人留下较深的印象；主动与陌生人接触，不让人厌烦，能自信地交流，使他人关注其言谈；有亲和力；举止得当，充分的眼神接触，配以得体的身体语言交流	外表一般；穿着邋遢；精神萎靡；身体表现紧张,如腿、脚、眼神等	大众外表；穿着干净；健康的精神面貌；懂文明礼貌；身体语言交流一般,如眼神给以了关注,但没能给以适当的鼓励,有手势表达,但稍显稚嫩等	形象气质佳；穿着得体；积极乐观的精神面貌；举止端庄,文明礼貌；适当的手势或肢体语言、充分的眼神交流；表达清晰、有条理、逻辑性强；能够主动问候或邀请小组中的陌生人或未发言的人,同时不激进、不个人英雄主义

(续表)

能　力	行为表现描述		
	1分	3分	5分
抗压能力 在高压环境下，保持有效率的工作；在复杂、困难的状态下，能控制好情绪，平和的处理；在繁忙的工作与个人生活中保持平衡；保持积极乐观的工作态度；对于批评和建议能都妥善处理，并从中学习经验	精神不够集中；眼神不敢主动接触提问者；被提问时，表情紧张，回复问题杂乱没有头绪；随着压力问题逐渐深入时，害怕甚至逃避、不再发言；听到不同意见和建议时，表现不耐烦或者直接给以拒绝	在提问时，给出回复；能够保持正常心态，去应对不同的问题；提问逐步深入时，能够正常组织思路，进行回复；不同意见出现时，愿意倾听	乐观、积极的精神面貌；主动应对提出的问题；面对压力性问题时，能都保持正常的仪态，泰然自若地应对；当层层挖掘问题时，能够逐一进行回复，有组织、有针对性地回复；有足够的耐心去倾听不同的意见或建议，并给出自己的判断
沟通及说服能力 清晰的逻辑思维能力，充分理解客户的需求；能够抓住复杂问题的核心，给与言简意赅的回复；在言谈中，能充分有效利用自己所掌握的知识，给以专业引导和解决	不专心倾听，没法总结他人的话题重点；无法陈述自己的观点；表达信息或观点散乱零碎；答非所问，不知所云；听到不同意见和建议时，不能抓住重点，进行有力说服	愿意倾听，了解他人谈话的内容；能够清晰表达个人观点；能够总结，必要时给予回复；经过思考后，能够对提出不同意见的人给出个人观点，偶尔能让别人接受自己的建议	认真仔细倾听，抓住他人谈话的核心；非常有逻辑组织思路；重点突出、语言清晰地表达个人观点；快速总结，寻找出问题关键点，及时给以适当回复；听到不同意见和建议时，能够利用自身所长进行有力说服

(续表)

能　力	行为表现描述		
	1分	3分	5分
灵活性 充分有效利用自己所掌握的知识，抓住有限的机会，给以专业引导和解决；当环境发生变化时，如信息、人员，能够迅速调整自己，并及时接受新的观点或者给出自己独特的建议	对不合理的想法，仍坚持己见；无理的固执；完全听从，不做任何判断	经沟通，能够适时调整自己的想法；能够处理矛盾或差异；愿意接受新观点	面对变化时，能够迅速抓住核心，评估状态，及时调整自己；灵活、独立地处理矛盾和差异；对于不同的意见或建议，首先能够耐心倾听，其次能够在差异里寻找共同点，必要时，进行有理有据的说服；举一反三；积极主动提出创新观点
学习能力 大量信息涌入或者面对新环境时，都能迅速调整状态，投入精力，认真学习及掌握；同时，将所了解的知识或专业进行分享	不能接受新事物；无法抓住核心整理信息；隐藏或者不愿意和他人分享自己的经验和所长	经过提示及训练能够接受新事物；能领悟基本信息并提出建议；愿意尝试新鲜事物，能讲出自己的新想法；能取长补短	大量信息下，能迅速抓住核心问题，进行分析，给出合理的解决方案；主动学习新鲜事物，并愿意分享；主动与人探讨，进行问题解决
客户服务服意识 理解、预估及关注客户需求及满意；基于客户的需求，能灵活地给出一致的解决方案或者建议；以客户为主，遵守承诺，时刻提醒自己提供更高的服务标准；对于客户的反馈，给以及时行动或者反应	不能理解客户需求；曲解客户需求，给出错误的指引；拒绝客户需求的变化	理解客户需求，给出方案；客户需求变化时，可以调整方向，给出新的合理方案；客户愿意与其沟通	主动询问客户的需求；充分考虑客户的意见，给予更贴心的方案建议；帮助客户、引导客户，获得客户信任，使客户愿意与其主动沟通

能　　力	行为表现描述		
	1分	3分	5分
团队精神 尊重团队、他人和自己的意愿；适应团队需求，尽个人能力维持/建立团队精神，从而提高团队绩效；对于团队其他人员的帮助，给予认可和鼓励；倾听、咨询、沟通，及时了解团队状态，给予支持，从而使个人及团队能更为有效地工作，达成共同目标	不尊重他人；不乐于接受不同建议；对与自己有不同意见的人进行排斥或排挤；小团队意识，只关注极有限的人；不能理解团队目标，仅关注个人利益；不融入团队，特立独行	关注团队成员及团队；与他人合作，完成目标；执行组长指令；帮助团队达成目标	乐意接受不同建议；关注他人，主动关心团队和个人；主动给予帮助、认可、感谢或鼓励；充分合作，积极努力共同完成目标；认真执行组长指令，主动向组长反馈，提醒团队；努力帮助团队达成目标，维护团队利益

(续表)

深入挖掘的压力面试

今天晚上没啥特别的事要做，打开电视发现有一档节目，讲的是职场面试方面的内容。看到节目中面试官们的问题很尖锐，给人感觉很有压力。乐乐边看边想，其实公司不少岗位对候选人承压能力这一方面有一定的要求，而且最近也听说一些员工因为承受不了工作压力而选择离职。如果可以把类似的面试方法运用到某些工作岗位的招聘中，应该可以看到一些冰山下的东西。想到这些，乐乐突然觉得很有动力，恨不得立刻大显身手，但又觉得自己还没有魄力做压力面试。该怎么做呢？需要注意些什么？要咄咄逼人吗？

带着这些疑问，乐乐周一一早刚到公司就抓住师傅赶紧请教了："师傅，我看到电视节目里的面试官好有范儿，面试的时候让人感觉好有魄力，问的问题很尖锐，让面试者觉得很有压力。我啥时候可以做到那样啊？"

师傅说："小家伙，你想让面试者有压力啊？压力面试也要运用恰当，否则就变得像审问犯人似的。我们先了解一下什么是压力面试。其实所谓的压力面试，是指在面试过程中，招聘人员提出一些具有困难性、挑战性、非常规性的问题或设计类似的场景，通过追问甚至质问的方式，有意制造出紧张而有压力的气氛，观察应聘者的反应与回答，来探测应聘者深层次的素质与个性。压力面试除了可以考察到应聘者的承压能力，还能考察应变能力、处理问题的能力、人际关系能力、情绪稳定性、智慧、个性等。"

乐乐接着问："没想到压力面试可以考察到这么多方面的内容，那我可以从哪些方面进行呢？每次当我问对方问题的时候，我觉得自己很容易顺着候选人的思路进行。"

师傅笑了笑说："其实是要善于从对方的方方面面找到问题点。通过从简历中、从求职者写的求职表中找出的一些疑点，在面试的过程中有针对性地进行提问。例如有一个求职者在写求职登记表的时候工作经历时间和简历上有明显不符的情况，你可以把两份表给他本人看，让他说出为什么不同。同时可以对他说'我可以认为您工作并不认真仔细对吗？'看对方是如何回应的。

当然每一场招聘面试都是个性化的，招聘过程的突发性因素也是千变万化的，从现场捕捉提问点，通过追问的方式制造压力与障碍，可以更深入地了解应聘者。例如有一个求职者强调以前的工作加班不多，而且工作内容也很有趣。现在对正在应聘的公司非常有兴趣，很想加入。这时候你可以直接对对方说他应聘的这份工作加班是非常频繁的，同时工作内容较重复，看对方的反应。有的应聘者听说后其实心里已经打退堂鼓了，嘴上却说换工作主要是想多些个人的时间，工作内容太重复虽然不太喜欢，但也可以考虑接受；有的应聘者迟疑了一会儿才说加班问题不大，但最好不要超过一定限度，但还是比较喜欢有趣的工作；还有的人会听到你说各种情况的时候全部都说OK，但其实他心里早已经有了答案。

从这些种种状况你可以做一个权衡，做出正确的选择和判断。有时候在面试过程中，有意地质疑应聘者的观点，然后观察其反应，也是一种压力测试方法。你可以问'您应该不是广东人吧？在广东地区不会说广东话，您应该很难比会广东话的人做到更好的业绩吧？''您对自己的评价是踏实肯干、认真仔细，但在刚才的面试环节中我没有看到您有这方面的表现。您看您还写了一个错别字。'根据对方的语言及情绪的反应，可以帮助你迅速作出一些判断。

我们之前谈到无领导小组讨论的方法，当然在无领导面试中也可以加入压力测试的内容，特别是想通过无领导面试最后选出管理人才的时候。例如在团队讨论结束后，你可以问应聘者'在刚才小组讨论过程中，您不会选择谁继续作为您的团队成员？''如果只允许您选择三个伙伴，您会选择谁？'等类似的问题。

当然压力测试也是需要有度的，如果整场面试都是处于压力下那真的不像是面试而是像审问犯人了。

要充分利用好压力面试手段，在与应聘者进行思维碰撞的时候，深入洞悉应聘者的真性情、真能力，寻觅到真正的人才。"

营造最自然的面试

很快一周过去了，这周五的分享讨论主题是关于如何让求职者展示最真实的一面。毕竟面试的时间这么短，要在这么短的时间内看到求职者的方方面面确实也不容易。大家都说出了自己的想法。师傅抛出了一个话题："我们想让求职者放松，展示最真实的一面，最终的目的是希望真实的了解到求职者的情况。那人在什么时候才会说真话呢？"

乐乐抢先回答："我觉得求职者感觉最放松的时候最容易说真话，还有就是说的东西有破绽但被我们点破了，他没办法也就说真话了。有点像审讯的感觉，哈哈。"

师傅继续说："有点道理。虽然我们不能像审犯人似的，但有那么点异曲同工。人一般在完全放松的状态下敏感度会降低，还有就是你说的露了破绽，就是对方的防御机制被打破了也会说真话。完全放松的状态很容易出现在面试环境很优雅、舒适的情况下或者是我们对面试者所讲的内容非常感兴趣，不断给予赞赏的时候，有的面试者会有点忘乎所以，这也就是他最放松的时候。这个时候他会说出最真实的想法，也就是我们想了解的。那我们了解了这些，在面试的时候就可以采取一些问话方式。我还很喜欢在面试结束后求职者站起来准备离开的时候，顺便问上一个问题，这个时候对方也是最放松的，可以将对方了解得很深入。在放松的时候可以更多的以聊天的方式进行。对于中层以上的管理类人员的招聘可以做到更好的把握。那我们怎样做好中层以上的管理类人员的招聘呢？可以好好思考一下。

在面试中除了进行面对面的对话了解，在对方的肢体语言方面也有一些了解方式，特别是如果候选人有异常状况，他的肢体语言更容易暴露他的内心所想。例如有的人喜欢把双手抱在胸前；有的人坐下来就喜欢往椅子的背后一靠。记得有一次有一个候选人，一直将身体靠后和我进行沟通，虽然我不太喜欢，但还是和她做了深入沟通。聊了很长时间，发现她在很多方面和岗位的匹配度都是很高的，只剩下一个方面的问题就是关于跨部门沟通方面的。刚开始问的时候，她还是背靠在椅子上，后来当我问到有没有解决得不太理想的情况发生，她突然直起腰板，似乎很重视这个问题。后来经过背景调查发现她曾经在这一块出现过比较多的问题。所以面试时观察到对方的微动作和表情也是非常重要的。

像做访谈一样做面试

乐乐想，基层人员的招聘工作已经做了不少，也总结了一些经验。下一阶段应该着重锻炼对中高层人员的招聘，据说中高层人员的招聘应该更加注意操作细节。师傅曾经说过："首先在电话面试阶段，需要重点对候选人的工作职责进行描述，阐述日常工作的重点是哪些？候选人的工作胜任要求重点在哪？还需要了解候选人对自己的评价。在这个过程中可以让对方举例进行说明。这个时候我们需要重点了解对方行为后面的想法、思想动机。也就是说为什么会这么做？做的时候是如何思考的？在面试的过程中，需要重点了解候选人在处理事情的过程中的方法、经验、教训等方面，可以从正反两方面进行深入挖掘。

在正式面试沟通的过程中，努力去寻找思想的交汇点，例如和对方进行交流前，你会从对方的背景资料里找到一些共同话题点。面试时，像做访谈一样，一步一步地了解对方。特别是当对方感到你对他所从事的领域虚心请教的时候，对方会很自然地进入更加真实的状态，反而让你更加了解到他真实的一面。同时你需要重点去了解候选人的核心竞争力及经历、思维方式、职业素养、工作态度等。另外还需要重点了解候选人动力适配性。例如对方的个人价值观、求职的动机、对企业文化的融合和建设能力等。在了解的过程中，不断地让对方以实例描述出当时的状况，其实也就是讲故事。我们需要做的是判断故事中的真实性、有效性，这个时候又需要运用到面试方法中的工具。"

做了这么多面试，乐乐总在想面试的最高境界是什么样的？曾经听说其实世间任何事情都是从有形到无形，从手中有剑到心中无剑。以前上学那会儿也都是从基本概念开始，理解之后开始学习计算方法，熟练之后拿到题目就开始在脑子里寻找模型，到最后拿到题目的那个瞬间基本知道大概的解题方法和思路。人力资源工作也不例外。就说最初学习面试方法的时候，就是从结构化题目开始，然后逐渐了解每类岗位具体需要具备什么能力；哪些能力可以用哪些题目问出来；面试时如何开场、寒暄、STAR面试、结尾等。虽然觉得自己现在对面试套路都比较熟悉了，但总觉得自己和师傅在面试的时候有差距。

师傅总会运用一些个性化的方法进行面试，让人感觉特别舒服。这个是怎样做到的呢？乐乐觉得要好好向师傅取取经。师傅说："其实这是一个过程。或者说是必须要经历的阶段。从结构化到半结构化、无结构化，三种方式各有特点。

结构化面试基本就是固定的模式、流程、问题，总的来说相对比较固定，包括寒暄、自我介绍、目前状况、离职原因等问题。

半结构化面试相对来说会有略微的变化。流程基本不变，但流程、问题都会有一定的转化。会更加的个性化，会根据候选人简历的特点进行，提的问题、问题的顺序都会有一定的变化。

无结构化的面试看名字似乎可以随心所欲，似乎可以想啥说啥，但就像人物访谈节目一样，看似聊天，实际上逻辑层次清晰，达到访谈的目的。所以即使是无结构化的面试，也不能是闲聊，不是没有逻辑。无结构化的面试，更要有逻辑性、有内在的结构并且根据候选人的特点进行，类似人物专访一样做到手中无剑，心中有剑的人剑合一境界。相对高阶一些的候选人，如果还是死板套用固定的模式，会让面试效果打折，未必能问出你想了解到的内容。对每一个候选人都需要用不同的方法进行个性化定制的沟通模式去深入了解才能收到真正的效果。"

"我什么时候才可以达到这种水平啊？"乐乐好羡慕。

"只要你用心，不断地实践加总结就一定可以。"师傅拍了拍乐乐的肩膀，乐乐顿时觉得信心百倍。

师傅停顿了一下继续说："总理答记者问你有没有看？不知道你有没有注意到有

一名记者向总理的提问，他面带笑容，'总理您好。刚刚我注意到一个细节，您在回答所有媒体同业问题的时候，您的双手打手势超过了 30 次。这一幕让我印象深刻，想起了 11 年前，当时采访时任河南省省长的您展现出来的自信和睿智。另外，我要特别说的是，我也是安徽省籍的人，但我是一个出生在台湾、工作在香港、在过去十多年来一直穿梭在两岸三地的华文媒体人。我身旁的人万分渴望对您本人有进一步的了解，能不能借这个机会，谈谈您从政生涯一路走来从最基层到最高层您个人的情怀，谢谢总理。'你觉得这个提问怎么样？"

乐乐心中思索了一下，大概说了一下自己的想法。"我觉得这个提问挺有特色的。抓住了细节特点，而且很自然的拉近了与总理的距离。"

"你说得很对。首先用'刚刚我注意到一个细节，您在回答所有媒体同业问题的时候，您的双手打手势超过了 30 次。' 这句话做引子吸引住所有人的注意力，让总理很有兴趣的想仔细听接下来的问题。其次用'这一幕让我印象深刻，想起了 11 年前，当时采访时任河南省省长的您展现出来的自信和睿智。'快速拉近和总理的距离，为后面的提问做了充分的铺垫。最后借用他人的想法'我身旁的人万分渴望对您本人有进一步的了解，能不能借这个机会，谈谈您从政生涯一路走来从最基层到最高层您个人的情怀。'水到渠成达到提问的终极目标。

这个提问有如下的特点。条理清晰、层次明确。从细节入手，有理性的内容及感性的描述。其实作为人力资源人员，如何提问、怎样提问更有效是极其重要的一件事。很多人在提问的时候较生硬，只是按照需要考察的能力点一板一眼、按部就班地进行。如此的提问，很容易让对方提不起精神和兴趣，就像一场没有看点的比赛，确实是一局一局正在进行，但比赛的双方没有任何兴奋点，当然也没有任何亮点可言。也有很多人在面试时提问很唐突，虽然非常理解开放式、封闭式的提问方式，但问到具体问题时，只会机械性的死板的进行，不知道运用一些过渡性、赞许式的表达方式进行转折和过渡，让对方心里感觉很不舒服。

我觉得可以在中高层人员的面试中尝试借用类似人物专访的提问方式。例如对方的个人价值观、求职的动机、对企业文化的融合和建设能力等。例如有的人会问'您之前管理过不少团队，有遇到过不好管理的老员工吧？请详细描述一下当时的情况。'但如果你这样问的话，是否感觉会好一点？'××先生，您好。从您的简历中看到您之前团队管理的经验非常丰富，想必您肯定有不少心得体会。以前您也和不少同行交流过团队管理经验，很多管理者在老员工的管理上遇到过不少走不过的坎，您曾经经历过吗？能否详细描述一下当时的具体情况呢？'你觉得这个提问方式是否会感性自然不少呢？其实用一些口语化、流行的、时尚的词语会让你的提问更有趣味，更加让人愿意去回答、想去回答你的问题，自然达到双赢。

理性的思维加上感性的词语会让你的提问别有一番味道。如何提问是一门技术也是一门艺术，我们一起寻找提问的魅力吧。"师傅说的很兴奋。乐乐觉得很在理，但想做到自如运用还是需要一些时间。

招聘计划可以这样做

下周一有一个会议，主要议题是关于公司明年的战略规划。乐乐最近也经常听到业务部门的主管在讨论明年公司的发展方向。到底明年人力资源部门这边会有哪些新的方向和发展呢？领导在会议上讲述了新的一年业务发展的主要思路和策略，除了保持发展现有的业务以外，新的一年会在现有的基础上新开拓三个大的项目，同时也讲到新的一年人力编制、预算及需要增加的人员类型。

在会议的最后乐乐接到一个任务，安排乐乐在下周一前提交新的一年其中一个项目的招聘计划，虽然以前没具体做过招聘计划，但乐乐希望自己可以独立进行这次的任务。翻开了这一年招聘工作方面曾经写过的总结及相关资料，思路似乎打开了一些。这一年的招聘过程每一次都像在战场上进行作战，这一年几乎每天都像在战斗中，而自己在战斗中逐步成长。乐乐决定把撰写这次新年度的招聘计划作为一个完美的年终收尾。经过认真的准备，乐乐准时提交了自己的方案，并且做了总结。

1. 知己知彼

俗话说："知己知彼，百战不殆"。做任何计划都需要深入了解具体情况，掌握正确方向后再开始行动。当接到需要撰写招聘计划任务的时候不要急着动笔，首先需要收集以下信息，做好准备工作：

(1) 本年度人员数量及结构盘点；

(2) 本年度各月份各层级司龄段人员流失情况；(司龄是指员工入职公司到现在的时间。例如：员工是"2013 年 7 月 1 日"入职，截止到"2013 年 8 月 1 日"。司龄就为 1 个月。)

(3) 本年度各岗位人员招聘渠道使用情况及效果评估;

(4) 本年度招聘费用及招聘成本;

(5) 本年度曾进行计划以外的招聘人员数量及职位类别;

(6) 新年度预期新项目的开展时间及进度安排、人员预期到岗时间及数量;

(7) 新年度需要新招聘的岗位、新岗位的岗位说明、招聘渠道选择;

(8) 新年度各月份人员流失情况预期比例;

(9) 新年度招聘关键时间点(金九银十未必是黄金时间)。

2. 运筹帷幄

掌握了以上具体数据后,需要开始思考新的一年战略目标的变化可能会导致招聘方向及策略的变化,编写具体的实施计划。

(1) 根据新的年度人员编制具体数据、项目开展的时间进行分解,具体到每个季度、月份需要到岗的人员及数量,编制表格(见表 10-4)。

表 10-4　新年度招聘计划表

招募时间	职位	招聘人数	预期入司时间	招聘渠道	招聘费用

(2) 根据职位类型及外部可提供的资源分析确定招聘渠道并制订重点需要新开拓的招聘渠道。

例如可以试用以下的表格(见表 10-5)。

表 10-5　招聘渠道表

序号	项目	岗位	编制	××××年编制人数	2012年在编人数	编制缺口	新增人员到岗时间(人数)											
							1	2	3	4	5	6	7	8	9	10	11	12
1																		
2																		
3																		
4																		
5																		
合计																		

3. 决胜千里

确定各招聘各项目的负责人及协助人员。除了完成基本的招聘计划外，还有非常重要的一点是需要在计划中对可能出现的特殊情况或变动情况制订应对措施。总的原则是抓大放小、目标明确、随时调整。整个招聘工作环节完成后需要对各渠道的效果对比、简历数量、有效简历数量、初复试通过率、录用比例等指标进行数据的统计。例如公司突然需要在计划外临时招聘一大批人员，你会怎样做应急方案呢？首先确定每个阶段怎样达到目标。根据过往面试通过率、最终到岗率等指标，测算出预计需要招聘的人员目标。当然前期准备等相关工作阶段，最重要的是确认好招聘渠道、是否需要外部发布招聘广告等。如果确认确实需要发布广告，需要立即联系好招聘网站的人员进行。所以平时需要做好广告内容的版面设计，遇到紧急情况可以立即进行上挂广告内容。根据可预约人员的数量，进行面试安排。如果前期通过人数已达到目标，可照常按照既定计划进行；如果离目标有一定差距，需要紧急请求其他相关部门资源，进行候选人简历支援。

乐乐把自己的总结发给师傅看。邮件中写道："师傅，这个总结是我的一点想法，请您有空再给我些指点和建议。谢谢您一直很耐心地教我，让我学到了很多人力资源内在的知识和为人处世的道理，非常感谢您。新的一年，我会继续努力，做到更好。"

管理培训生项目的招聘

之前养兵这么久，现在正是大练兵的好时机。乐乐接到一个新任务，需要给公司管理培训生项目招聘做一个计划。招聘计划需要包括几部分呢？具体需要用什么样的面试方式呢？乐乐仔细想了想。

"师傅，管理培训生项目的招聘计划我大致安排了以下几个部分，您看怎么样？"

管理培训生招聘计划

一、招聘基本情况

招聘实施时间：××××年×月×日—×月×日

招聘人数：共 30 人

候选人要求：本科学历，专业不限，立志从事管理工作

二、培养方向

中基层管理人才。

三、招聘工作流程图(见图 10-1)

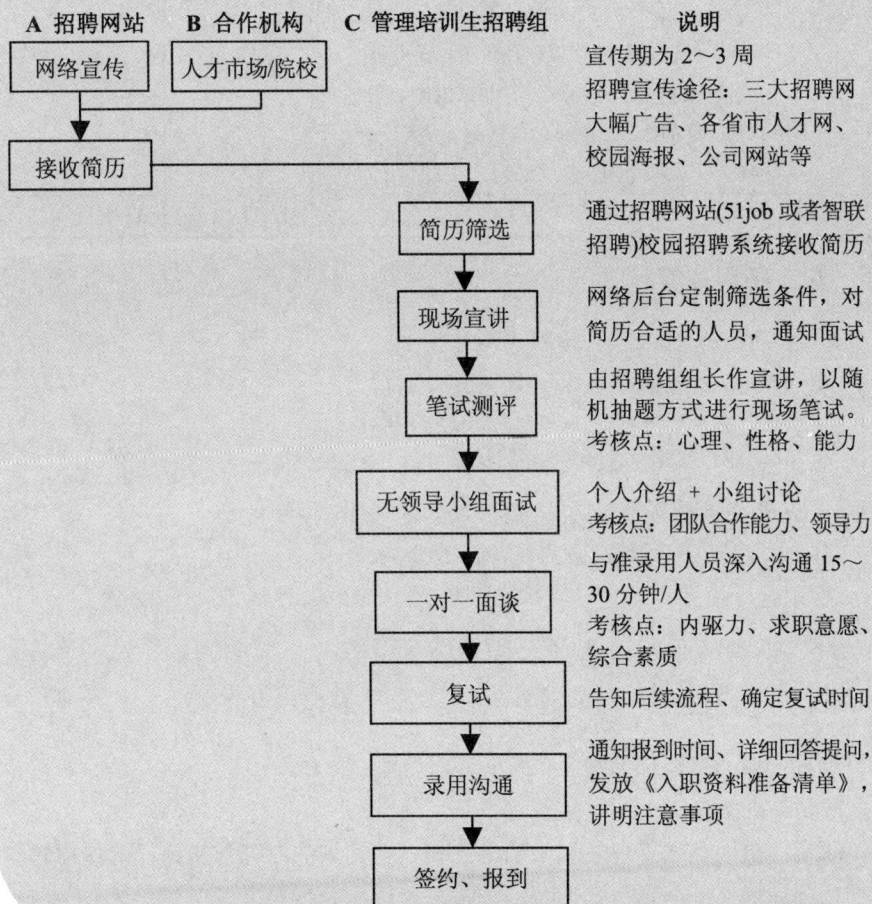

A 招聘网站	B 合作机构	C 管理培训生招聘组	说明
网络宣传	人才市场/院校		宣传期为 2～3 周 招聘宣传途径：三大招聘网大幅广告、各省市人才网、校园海报、公司网站等
接收简历			
		简历筛选	通过招聘网站(51job 或者智联招聘)校园招聘系统接收简历
		现场宣讲	网络后台定制筛选条件，对简历合适的人员，通知面试
		笔试测评	由招聘组组长作宣讲，以随机抽题方式进行现场笔试。考核点：心理、性格、能力
		无领导小组面试	个人介绍 ＋ 小组讨论 考核点：团队合作能力、领导力
		一对一面谈	与准录用人员深入沟通 15～30 分钟/人 考核点：内驱力、求职意愿、综合素质
		复试	告知后续流程、确定复试时间
		录用沟通	通知报到时间、详细回答提问，发放《入职资料准备清单》，讲明注意事项
		签约、报到	

图 10-1　招聘工作流程图

四、招聘日程表(见表10-6)

表10-6　招聘日程表

项　　　目	具　体　实　施	项目启动	项目完成
网络发布招聘信息/校园推广	1. 在招聘网站首页及城市频道发布广告,宣传两周以上 2. 将招聘信息发布(含网上的简历投递地址)在集团网站、相关学校的就业指导网站、学校论坛及相关人才网上	11月5日	11月18日
接收简历	在招聘网站系统上接到电子简历,进行筛选并安排面试	11月5日	11月18日
招聘准备	物料准备(当地人力资源人员):招聘横幅、易拉宝展架、PPT、笔记本电脑、宣传广告片、面试评估表、复试评价表、工作牌、小组讨论案例、提问列表、面试规则、复试规则、草稿纸、双面贴、白板笔、钢笔、相机、U盘、测评网址与序列号	11月15日	11月18日
招聘实施	在各个城市进行	11月19日	11月30日

五、费用预算

广告费(前程无忧/智联招聘等网站):约×××元

交通费(按2人计算):××××元

住宿费(按2人计算):××××元

场租费(场地、展位):××××元

评鉴费(综合素质测试题):约×××××元

其他行政杂费(用品、茶点):约××××元

费用合计:×××××××元左右

六、招聘的组织、人员及职责分工

1. 招聘工作组

组长:人力资源部经理

成员:人力资源部招聘主管等

职责:全面负责管理培训生招聘工作具体计划的制订与实施,确保招聘工作顺利完成

2．各地招聘支持组

成员：各地人力资源工作人员

职责：协助各地招聘工作的开展，主要负责前期简历筛选和候选人联络工作，与招聘工作组成员一起负责各区域的个人展示、笔试、无领导小组讨论等招聘环节

师傅看完后说："思路还不错。接下来就需要落实了。具体的细节在准备过程中再进行补充。加油！"

第十一章　非典型的培训工作

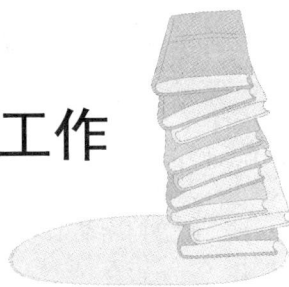

磨刀不误砍柴工的准备工作

人员配置基本完成了，乐乐突然觉得身上的担子轻了不少。招聘这活儿确实不轻松，但在整个过程中学到了很多东西。想起之前师傅说人员在组织中流动，招聘只是万里长征的第一步，后面的路还很长，作为人力资源人员可以做的事情还有很多。

正在神游之时，听到师傅叫了一声："乐乐，明天咱们要给 20 名新员工做一个入职培训。你先把培训室布置一下吧。"

"好的，师傅。"乐乐满口答应，还没问清楚就跑去培训室，一到培训室却傻眼了，要布置成什么样呢？以前见过分组式的、会议式的、U 型的。新员工培训按理应该要分组进行，先按分组式的方式安排应该可以吧？我还是和师傅确认一下这样对不对再开始干。乐乐心理活动还不少。

"可以，就按分组式。要不要帮你？"师傅关切地问乐乐。

"不用不用，我自己能行。"乐乐回答完就一溜烟跑去干活了。

每组四个人，分为五组。乐乐就开始摆起桌子来，每个小组摆放了一个长桌，一排分别放了两个小组，每排桌子相对，中间间隔一定的距离，然后把放电脑的桌子摆在正前方并装好电脑及投影仪。整个弄好后乐乐感觉很开心，又完成了一件事，让师傅过来验收一下吧。

师傅很快就来了，可是眼神却怪怪的。"乐乐，你觉得摆放的是不是有点奇怪？"

"现在从后面看好像是有点，感觉两个桌子之间的通道太窄了，有压迫的感觉。"乐乐回答的倒是快。

"你觉得中间的通道是做什么的？"师傅继续问。

"通道是大家互动的时候可以用的地方。还有……我想不出了。"乐乐有点不好意思，觉得自己回答得不好。

"你说的没错。但其实这个通道对于讲师来说很重要，讲师经常会与学员互动，会走到学员的中间来，如果通道太窄，讲师无法行走，互动就减少了，效果也打了折扣。赶紧把桌子调整一下，让中间的位置宽阔起来，另外讲师讲台离学员的桌子至少要有一米的距离，投影仪的开关也要注意顺序。关的时候一定要先关投影仪再关电源，如果直接关电源很容易损坏投影仪。现在培训时都会用 PPT，用激光笔进行控制，记得在准备的时候要看看是否可以正常使用。"师傅停顿了一下，"乐乐，你觉得还有什么要准备的？"

乐乐想了一下回答："培训老师还需要板书，所以还得准备白板笔和纸。"

"那准备什么颜色的笔呢？"师傅不动声色地问。

"黑色呗。"乐乐不假思索地回答。

"黑色用的确实比较多，但红色、蓝色的也可以准备一支。"师傅顺手从抽屉里拿出三种颜色的笔。

"颜色也有学问啊？"乐乐很好奇。

"是啊，黑色有一种权威的感觉，蓝色是一种逻辑思考，红色代表一些重点。以前上学的时候我们都喜欢用红色画重点吧？所以我们用黑色板书的都是规定、规则的内容；而当我们想让学员和我们一起推理思考的时候，可以用蓝色的笔；而红色很显眼，有重点和疑问的时候可以用。当然在实际用的时候也未必要分得这么清楚。好了，我说了这么多，你再检查一下还有什么方面要去准备的。"师傅笑着说。

"好的，我再想一下。对了，还有名牌要准备。"乐乐恍然大悟。

"嗯，名牌不仅可以写上学员的名字，还可以加上培训中的注意事项。我们现在用的名牌上就打印了：为了让我们更好地完成本期的培训课程，请您注意以下事项。(1)请您将手机关闭或者调为振动。(2)不迟到、不早退，严格遵守课堂纪律。(3)尊重讲师，积极参与课堂学习和课堂讨论。这也是给学员们一个温馨提示。"

"好的，我这就去准备。"乐乐很期待明天的培训。

师傅笑了笑说："以后你也有机会走上讲台呢！"

新员工来了，我们要培训什么

乐乐一直认为新员工培训应该没什么内容，不就是讲讲制度、大概介绍一下公司情况，办好手续，领到部门主管那就万事大吉了。

"说说看，要是新员工来了我们要准备些啥？"师傅问。乐乐把心里的想法说了一下，师傅不太满意地摇摇头，意味深长地说起一个故事。

"记得以前发生过这么一件事。有一个员工来公司，还没有了解公司的制度等就稀里糊涂的被部门主管拉到部门工作。开始他对工作怀抱着热情，经常主动向同事请教问题，但很多时候其他同事也没有太多时间教他。在来公司一个多月后，他逐渐抱怨工作做不来，请教时同事常不理不睬。他的上司又因工作忙碌常开会，没有关心及指导他，于是他开始后悔，觉得这间公司环境不是他想要的，最后他提出辞职。挺可惜的。所以新员工入职指引和培训显得非常重要。乐乐，你当时刚来的时候是不是对公司很多方面都很好奇，对工作也有不少疑问对吧？"

"是啊，好多方面都不明白。但我很幸运，师傅教得很细致。"乐乐扮了个鬼脸，笑着说。

"因为你的感受好了，才能让员工有更好的感受。我们来看看新员工来公司可能遇到的问题吧。是不是会觉得陌生的脸孔环绕着他？会不会怕新工作做不好而感到不安？会不会对新工作有力不从心的感觉？会不会担心与上司的磨合？

所以我们在新员工准备入职公司前一周，需要提前和部门主管知会以下的事项。了解新人的背景资料，确认是否安排好导师、座位，配好相关办公设备，确认新员工三个月内的绩效目标，让所在团队的成员知道即将加入新成员。在新员工入职当天，我们人力资源部人员可以简单介绍部门的组织结构与功能，部门内的特殊规定，绩效考核制度，新员工的工作描述、职责要求。更加详细的培训可以放在新员工培训课里进行，第一天只是做一个简单的指引。介绍完之后，还有一个环节也很重要，带员工进行参观，主要让新员工了解公司的全貌，知道哪个地方是做什么用的。员工来到新环境，对很多方面都会有好奇和不适应，需要我们进行引导。我们可以通过和员工的沟通互动让员工更快地了解公司的情况。而且在这个过程中，还可以多了解员工的想法，建立和谐的关系。"师傅讲了不少。乐乐不住地点头。

"乐乐，这次新人培训中关于考勤等相关制度的讲解，由你来负责，怎么样？"

"好啊好啊，我一直都非常想站在讲台上讲课。谢谢师傅。"乐乐爽快地答应了，但心里有点打鼓，该怎样讲才好呢？之前听师傅讲过几次，非常恰到好处，举了不少例子，互动也挺好。

"师傅，我心里还是有点没底。对于制度类的讲解怎样进行会比较好呢？我觉得制度类的内容员工们自己看都可以明白，而且讲起来容易枯燥，我担心自己讲不好，下面的员工起哄。"乐乐眼巴巴地看着师傅，希望有好的方法。

其实师傅也理解乐乐的担心，自己对制度已经非常熟悉，但要让别人明白，还是很不容易的，但每个人都需要跨出自己的第一步。师傅安慰乐乐："别担心，好好准备需要讲的内容，你讲的时候我会在下面为你打气的，大胆讲就可以了。"乐乐使劲点点头，赶紧去准备了。晚上乐乐把第二天需要讲的制度部分又熟悉了几遍，也把例子好好想了一下，还把关键的内容写在讲稿上。觉得一切就绪了，乐乐才满怀信心的进入梦乡。

看花容易做花难的培训讲授

第二天一早九点师傅准时进行了开场，接着讲解了公司组织结构、企业文化，接下来乐乐要对所有的新员工进行制度的讲解。"下面有请李乐为大家讲解公司的规章制度。"师傅铿锵有力的话音落下，乐乐起身走上讲台。不管准备了多少次，乐乐还是有些两腿发抖，看到这么多双眼睛注视着自己，乐乐的嘴唇都有点颤抖了，不断地深呼吸，鼓起勇气走上台。简单的自我介绍后，乐乐就开始了制度的讲解。

可能是太紧张，或者还没有接受过正式的培训师训练，乐乐还没有介绍会讲哪些制度、重点是什么就开始竹筒倒豆子似的噼里啪啦开讲了。课程刚开始不到十分钟，就发现下面的学员有的开始互相说话聊天，有的学员开始打哈欠想睡觉了，好像什么情况都开始出现了。乐乐看到了这些状况，心里有点不开心，在讲台上也开始有点不知所措了，只能以一种求助的眼神朝师傅的方向看。

正好制度讲解也基本完成了一部分，师傅站起来环视所有学员，语气坚定地说：

"大家觉得这考勤制度重不重要？是不是有很多大家最感兴趣的问题？大家想不想知道啊？"

只听见学员说："重要、是啊、想。"

"既然想，那大家还记得在培训刚开始的时候我们的约定吗？有几种行为大家是承诺不会在课堂上出现的，大家可不可以做到？"学员说当然可以。"好，那我们继续。"

乐乐继续讲了，下面有的学员似乎对这些内容还是不太感兴趣。乐乐好不容易讲完了所有内容，也把针对制度曾经出现的问题进行了举例，终于结束了这次课程。乐乐满身大汗，后背都湿透了。"好紧张，一看到学员好像不感兴趣就有点担心，又怕学员问的问题解决不了。做培训也非常不容易啊。"乐乐很有感慨地说道。

师傅沉吟了一下说："掌握了方法就不会觉得难，熟能生巧是一个过程。做培训和做招聘不一样，培训是需要把你知道的东西通过各种方式让别人明白理解，更需要你的准确表达。而且更多的时候，作为培训师是需要让学员说出你想要表达的意思，你是一个引导者，如何带动学员是关键。"师傅继续说，"我们来分析一下，在培训开始前需要和学员定一个规矩，但你会发现虽然定了规矩，还是会出现不少状况，例如玩手机、打瞌睡、聊天的情况都有出现，所以怎样控场是一个需要掌握的基本技能。

以一个半小时的课程为例，开头 5 分钟是最难掌握的，学员的注意力难以集中；10～30 分钟的时候，学员们慢慢进入状态，这个时候你除了讲述还需要配合眼神、肢体语言的交流，也可以用更多的方法进行，例如互动提问等；当 30 分钟到 1 个小时的时候，学员们会开始有些疲劳，这个时候可能需要配合游戏、故事等有意思的内容让学员尽量集中注意力，当然这个时候也可以选择休息 10 分钟缓解；1 小时到接近课程结尾 5 分钟的时候，可以再次集中学员的注意力，这个过程中可以继续讲课程的重点，文字性的也可以；在课程最后的 5 分钟，也是看功力的时候，如何结尾，如何总结都是有技巧的。

课程的开场奠定了课程基调，所以开场、结尾都非常关键。而且成年人特别注重课程的实用性、针对性。如果你讲的课程很久没有进入内容主题，很多人估计就开小差了。"

"是啊，我感觉学员很容易开小差。怎么说呢，我觉得自己的培训太平淡了，没什么亮点。"乐乐苦闷地说。

　　"这些是需要慢慢积累的。你看那些小品或相声表演，是不是经常有些包袱、高潮的内容。所以做培训也一样，先把开场做好。你有没有想过怎样开场会比较好？"师傅开导乐乐。

　　乐乐说："我觉得自己也算是个有趣的人，应该用一些幽默的方式、自嘲的方式开场，应该效果会不错。或者也可以用自我介绍、课程的重点内容开场，不知道怎样会更好？"

培训的龙头和凤尾

　　师傅笑眯眯地说："想法很好，开场要有自己的特色。你刚才说的几种方式都是不错的。例如幽默开场，有的人不是一个幽默的人，如果硬要用幽默就有些勉为其难了，所以一定要结合自己的特点进行。我总结了以下几种方式都是可以参考的。

　　第一种方式是开门见山，从自我介绍开始，直接进入今天培训的主题。例如我是××，在这个行业有××年的经验积累。今天我主讲的内容是关于××的主题。

　　第二种方式是以故事开场，例如我曾经讲过一个关于员工心态关注的课程，就是用故事开头。'记得有这么一则小故事，有一位病人到医院看病，经医生诊断后开出药方，但医生并未对症下药反而使病人更加痛苦，在临终前病人对着这位医生唱了一首歌——其实你不懂我的心。虽然这只是个小故事，但因医生抓不住病人疾病的关键而导致病人面临死亡，同样，如果企业管理者不关注员工的心态并采取及时的措施调整心态，后果同样不堪设想。我今天要和大家分享的主题是员工心态的有效关注与应对。我是今天的分享嘉宾××。'要注意一点，引用的故事和主题的联系要有相关性，可以顺其自然的过渡到主题才可以用这个故事，否则宁可直接用开门见山的方式。

　　第三种方式是个性开场，这种方式需要联系个人的实际情况，还需要结合培训现场的情况随机应变进行。例如有一次培训正好是讲心态方面的课程，下面的学员全是男生，就我一个女性。我站在台上望着下面的学员说，俗话说男女搭配，干活不累，我们今天是男女搭配，培训不累。正好今天我也是万花丛中一点绿，非常开心，大家感觉是不是一样呢？下面的学员很开心，都感觉心情不错。那情绪好了，做事情是不是也觉得得心应手呢？所以阳光心态很重要。当然刚开始做培训，选择比较保险的开门见山套路化的方式比较合适，慢慢再去练习其他的方式。

记得以前有一个同事，想用个性化的方式开场，却起到了相反的效果。就像上面那个开场，她说自己心情不错，问大家觉得是不是心情也很好？下面的学员有捣乱的，就直接说不好。她非常尴尬地站在上面，不知道怎样应对了。那我考考你，如果你是这个培训师，你接下来会说什么？"

乐乐想了想，猜测了一下说："我就说，所以你正好来听我的课了，听完之后你的心情就会和我一样好了。"

"不错，挺灵活的。所以个性化的开场方式一定要结合自己的实际情况，不是所有人都适合，还需要灵活应变才可以。乐乐，你也想想以后做制度类的培训用什么样的开场？"师傅又提问了。

"师傅，您觉得用这句话怎么样？'俗话说，没有规矩不成方圆。每家公司也都有自己的制度和规矩，那具体有哪些呢？我会一一和大家分享，也会讲讲制度背后曾经发生的故事。'"乐乐一股脑地说了出来。师傅竖起了大拇指，赞了她一个。

乐乐歪着小脑袋得意地笑了一下，然后接着问师傅："师傅，开头重要，结尾应该也非常重要，我觉得结尾是对整个课程的总结和延伸。我以前听到很多老师在结尾时只是常规性总结，按部就班，把之前所讲的内容做一个回顾，但不能留下深刻的印象。您刚才说在课程最后的 5 分钟也是看功力的时候，怎样给大家留下深刻的印象呢？有没有什么套路呢？"

乐乐眼睛瞪得圆溜溜地望着师傅，想从她的脸上找到自己想要的答案。师傅抿起嘴来，莞尔一笑说："和开场一样，也是三种类型。用常规的方式进行总结后可以提出一些疑问，让大家带着问题继续思考。当然也可以用打油诗词的形式作为结尾，这个就比较考个人的功底了。我们之前曾经做过一次职场新人的分享会，有一个主题是讲'如何面对上司的批评'。我们每个人都分享了自己如何面对上司的批评的经验和故事，整个过程还是有很多亮点的，但在结尾大家觉得没什么内容可以更好的突出这个主题内容。有个同事灵机一动，写出了一首打油诗，'不管东西南北风，努力工作不放松，批评责骂都是爱，内心平静记心中。'大家都记住了这首诗，而且记住了核心内容。面对批评，要记住内心要平静。怎么样？"乐乐哈哈笑，太有才了。

培训者的几招几式

"乐乐，你再想想那天你做制度培训的时候，你的一举一动有没有培训师的感觉？如何开场结尾我们都聊过了，也都讲了。我们再了解一下作为培训师的一招一式，怎样有那个样子呢？曾经听过这么一句话：平庸的老师是叙述；较好的老师是讲授；优异的老师是示范；伟大的老师是启发。培训老师需要具备的知识、技能都不少，还需要掌握心理学的知识。

讲台上的技巧对培训会有一定的帮助。例如眼神，眼睛是心灵的窗口，可以传递、接收信息。培训师的眼神运用很重要，当你走上讲台的那一刻，环视全场，一个初步的眼神交流会给你和学员带来信心；当和学员互动的时候，眼神会帮你看到可以回答问题的学员；当你想了解学员是否有疑问时，也可以通过眼神的交流去感觉了解到。

今天我观察到你的眼睛看学员的时候比较闪烁，不够自信，是不是了解到下面的个别学员工作经验比较丰富，担心自己讲的内容别人不感兴趣？"

乐乐委屈地点点头说："我看到他们的时候突然觉得自己没底气了。"

"其实每个人都有自己的专长，这个课既然是你来讲，你肯定比别人都清楚，所以根本不用担心，可以大胆和学员们进行交流。我还发现你培训的时候基本只看前排的学员，后面的人员似乎没怎么顾及到。培训的时候最好要记得顾及所有人，因为培训是针对在教室里的全体人员，如果没有顾及，后面的学员可能思想都开小差了。你可以走到后面，或者用眼神关注后面的学员。"师傅一针见血地点到要害。

"嗯，我确实忘记去关注全部的人员了，怪不得后面的人都开小差了呢。"

"你还有一个习惯动作，喜欢看天花板，是不是在想要讲什么内容呢？以前听说过三板老师，看白板、天花板、地板，你还是一板老师喔。"师傅调侃乐乐。

乐乐害羞地笑了："我对课程内容准备得还是不太熟，所以有些转折的地方会忘记。"

"如果真的忘记了，可以把语速放慢一点进行思考或者先跳过忘记的内容直接讲下面的内容，等想起来再补充。还有一个很聪明的做法，如果你把准备要讲的内容忘记了，你可以用提问的方式让学员帮你回答，回答完成后，你好好地总结一下，也可以得到很好的答案，还进行了互动，一举两得。"师傅又教了个小窍门。

乐乐一拍脑袋："是啊，这么多方法可以运用，我都不知道。今天培训的时候我真是太囧了。"

"其实每个人第一次都有这样的体验，然后慢慢就掌握了方法。再讲讲在讲台上的肢体动作，自然与讲话配合是最好的。你觉得在讲台上手放在什么位置比较好呢？"师傅想考一下乐乐。

乐乐说："背在后面或者像立正的时候自然放在两边应该可以吧？"

"你说的两种方式不太适合在培训中运用。最好的方式是两手掌心相对交叉轻握，自然放在腰际附近。一般情况左手握右手，右手握左手，累了可以交替。有时候需要拿激光笔或者白板笔，这些物品也是可以安排你的手放到哪个位置的好工具。当讲解到某些内容的时候，还可以配合肢体语言。

如果请学员回答问题，可以伸出手臂，手掌45度角朝上请学员回答。如果有内容需要板书，可以侧身对着学员，边板书边和学员进行互动。适当运用肢体语言会让学员觉得你有亲和力和感召力。还有就是声音的运用对培训是锦上添花的，但关键是语速、停顿的运用，如果一直以连珠炮的方式进行讲述，估计学员们会很难接受。需要强调的地方一定要注意停顿和提高音量。今天你的声音始终是在一个水平线上，缺乏抑扬顿挫，时间长了，学员就会感觉疲劳开始开小差。

最后一点就是在讲台上要适当进行移位。如果一直像锥子一样定在一个位置，自己会感到很累、很紧张，也不容易让学员集中注意力。但如果前后晃动或者左右晃动也是不恰当的。"

"如果乱晃动就会像个不倒翁吧？"乐乐差点笑出声来。

"是啊。在台上移位如果前后左右的摇晃，就像个不倒翁了。移位是指坚定地迈出步子，朝一个目标方向移动。在台上移动有不少好处，例如可以吸引学员的注意力，也可以消除自己的紧张，更好地融入学员中、强调重点等。但要记得退回讲台的时候要倒着走回原位，可别出现背对着学员的情况。

还有就是上场的时候可以静场起音，从容不迫，启动注意，下场做到专注全场，享受掌声，再次致礼。我说的这些都是平时一点一滴练出来的，记住这些原则多加练习就好。准备讲课的时候只要把需要讲述的内容逻辑记住，每一个需要转折的地方记住就不怕忘记了。其他的就是台下准备的工夫了。今天我讲了这么多，你要好好琢磨琢磨。从知道到熟练运用还是需要很多次的实践机会才可以实现的，所以也不要太着急，一步步来，欲速则不达。"师傅确实讲了不少自己的经验之谈。乐乐也感觉到师傅对自己寄予了厚望，一定要争气呀！乐乐暗自鼓劲。

乐乐细心地把师傅讲的所有内容分门别类地记在了笔记本上，每天晚上回到家中对着镜子进行练习，练眼神、表情、声音等等。慢慢地，她也觉得自己有点培训师的范儿了。有时候在公司，乐乐也不自觉地把培训师的感觉拿出来，师傅都看在眼里，准备给乐乐多安排些实战机会。

正好又有十多个员工需要进行新员工培训，师傅准备让乐乐全部尝试一次。按照规范做好了培训前的所有准备工作，乐乐还特意准备了培训中可以用到的音乐。因为她觉得培训需要气氛来进行烘托，乐乐选了不少激励性的歌曲打算在培训前和课堂中播放。培训前乐乐对学员的基本情况也都做了一些初步了解，因为有的学员也是乐乐亲自招聘的，所以乐乐更觉得成竹在胸。晚上将所有需要培训的内容又练习了几遍才躺下。第二天，乐乐比平时提前了半个多小时来到公司，到培训室把所有器材都调试就绪，播放着音乐就打算九点准时开课了。

学员们基本都准时到场了，只有一位到了上课时间还迟迟未到，同事们说已经通知了，但还是没到，乐乐已经准备开讲了，这个同事才急匆匆赶过来。乐乐很不高兴地对学员说："怎么回事，怎么迟到了，不是通知了九点准时上课吗？"这个学员红着脸，低下了头。其他学员赶紧让这个学员回到座位上准备听课。乐乐一脸不高兴地说："迟到了要给些惩罚，下课了来找我！"

教室里的气氛一下子有些凝固。师傅有点着急，急忙在旁边使了使眼色，乐乐才匆忙进入了上课状态。课程开头还是很精彩的，看得出乐乐是进行了充分的准备。乐乐联系实际情况讲了些例子，但讲到快一个小时的时候，看到有些同事开始有点打瞌睡了，有个别同学开始在下面私聊起来。看到这些情况，乐乐快速地走到有状况的学员旁边，"××，请把刚才说到的什么样的情况是旷工告诉大家。"打瞌睡的同事一下子惊醒了，吓了一跳，自然也没说出个所以然。

"大家需要认真地听，虽然很多东西发给你们的培训资料里有，但有些内容大家未必都能正确理解。等会还会有考试。"乐乐响亮地说出了这些，像是和学员们示威了。后来学员们确实更认真了一些，但感觉氛围比较紧张，每次乐乐提问，没人敢回答，频繁出现冷场的情况，乐乐站在台上也感觉比较尴尬。

师傅在台下经常帮她活跃气氛，有时候还抢着回答问题，整个培训还是很顺利的。从课后测试来看，同事们对相关培训内容了解的还是比较清晰的，但乐乐心里也清楚，这次培训自己的表现并不理想，还存在不少问题。乐乐在收拾培训器材时，师傅也走到了乐乐旁边。"师傅，真是很感谢您帮我救场。今天我都快死好几次了。"

"李老师，今天迟到是我的不对，下次我肯定提前到。"那迟到的学员站在乐乐旁边，低声说了一句。

"好的。希望下次培训准时见到你。"乐乐开心地回了一句。

"这样多好，刚才上课的时候，你那么一句把我也吓住了。总的来说，今天你在讲台上的表现都还好，基本都是按照之前说的要求，看来你确实下了不少工夫，但是呢，有几个突发状况你觉得自己处理的怎样？是否需要好好再想想，如何对待迟到的学员？如何对待上课不认真的学员？遇到冷场的情况，你觉得自己做的怎样呢？"师傅很坦诚地说了这些话。

"我也觉得自己在这些方面没处理恰当，一看到有迟到的就生气了，情绪没控制住。今天晚上我要好好想一想，明天把想法告诉您。"乐乐好像有点愧疚。

晚上乐乐做了一番反思，回忆今天上课时自己的一言一行，今天为什么会这样对待学员呢？其实不管发生什么情况，如果连自己的情绪都控制不好，自然会影响大局，学员们又会怎么想，会不会都吓跑了。虽说没有规矩不成方圆，但也需要恰当的方法。迟到固然是不对，但我的处理方法确实太欠妥当，应该让学员先回座位学习，课间再找她问问原因，或者对迟到的人员定下规则等等，其实方法还有很多。在学员有困顿的反应之前我就该改变一下方式，例如让同学们抢答问题或者小休五分钟都是没问题的。

看来我还是经验不足，虽然手中有工具，但运用的时候还是不够自如，有时候想不到，还需好好努力啊！第二天下午的空闲时间，乐乐主动找师傅分析了昨天的情况。乐乐把自己的想法和师傅充分交流了一下。

"迟到固然不对，但不能因为这个影响了整个课堂氛围。你让迟到的同事表演个节目都好，课后再了解清楚原因，一个人迟到，让其他同事都跟着受影响确实没必要。再上课的时候可以和学员们讲清楚参加培训的要求。例如有意外的情况，可提前和培训老师沟通。其实这个员工是部门突然发生紧急事情，她在那边帮忙处理所以来晚了。

另外，课堂中的学员也是各种各样，形形色色。要记住一点，成年人来上培训课的目的就是想学到有用的东西，他们最渴望多得到老师的表扬、鼓励，他们也喜欢课程紧密联系实际、趣味性强、有多参与的机会。如果这些都没有，他们就会觉得没意思。这堂新员工培训课，他们最关心的是如何请假、怎样的情况可以提高薪酬、怎样才可以晋升等，你抓住了这些，就抓住了关键。那个打瞌睡的学员，你直接叫他，他觉得很尴尬，如果你让他旁边的学员回答问题，对他其实也起到了一种警示作用，旁敲侧击也不错啊。"师傅有些嗔怪。

"是啊。我当时太急躁了，以后处理问题需要更加巧妙一点。"乐乐心领神会地点点头。

"乐乐，你有没发现昨天在课堂上有一个学员不住地望着你点头，还有一个学员经常打断你的话。一般学员分为三类：一种是超级配合的，当然表现也有不同，有的是不住地点头同意你的说法，有的是一直望着你给你信心，还有你只要问了问题，就会非常配合的地回答；当然也有不配合的人员，和你唱反调的；还有就是沉默不语，一言不发的。不管哪一种人，只要你懂得尊重他们，给他们被重视的感觉，你都可以和他们建立很好的关系。

我发现你一直很想吸引学员的注意力，其实你可以用一些方式，比如游戏、故事都是不错的。我们重点讲讲小组讨论和案例教学的方式吧。

小组讨论需要把背景交代清楚，确认学员都能理解所讨论的问题。在讨论中为防止学员走神或离题，需要邀请所有成员发言，培训师这个时候需要保持中立。在引导的过程中需要观察学员的反应。在最后需要给予合适的总结和回顾，导出学习的重点。小组讨论的时候特别需要注意话题要清楚，分组需要合理，宣布讨论时间，分享总结。

怎样讲故事呢？讲故事注意要用到描述性的词语。可以用 STAR 方式进行。怎样做到绘声绘色？用形容词、语气词。对人物用性格、动作、语言、神态进行表达。"师傅用很丰富的肢体语言讲述着。"记得你简历里提到以前得过故事比赛二等奖呢，所以你肯定很会讲故事。"师傅兴奋地说。

乐乐不好意思地说："师傅，别夸我了。我要向您学习。"

培训工具——PPT

"在培训的时候，有一个工具的使用方法必须要好好掌握，那就是 PPT。PPT 的用处在哪呢？它是一种提示性的工具，可以显示你所要讲述的重点，也可以让学员了解你会讲述的重点内容。

PPT 的作用不小。但怎么运用好这个工具呢？会有一些原则和方法。"

师傅拿出了几个 PPT 给乐乐看。"你看看这样的 PPT 怎么样？"乐乐一看，第一个就是关于制度讲解的 PPT(见图 11-1)。

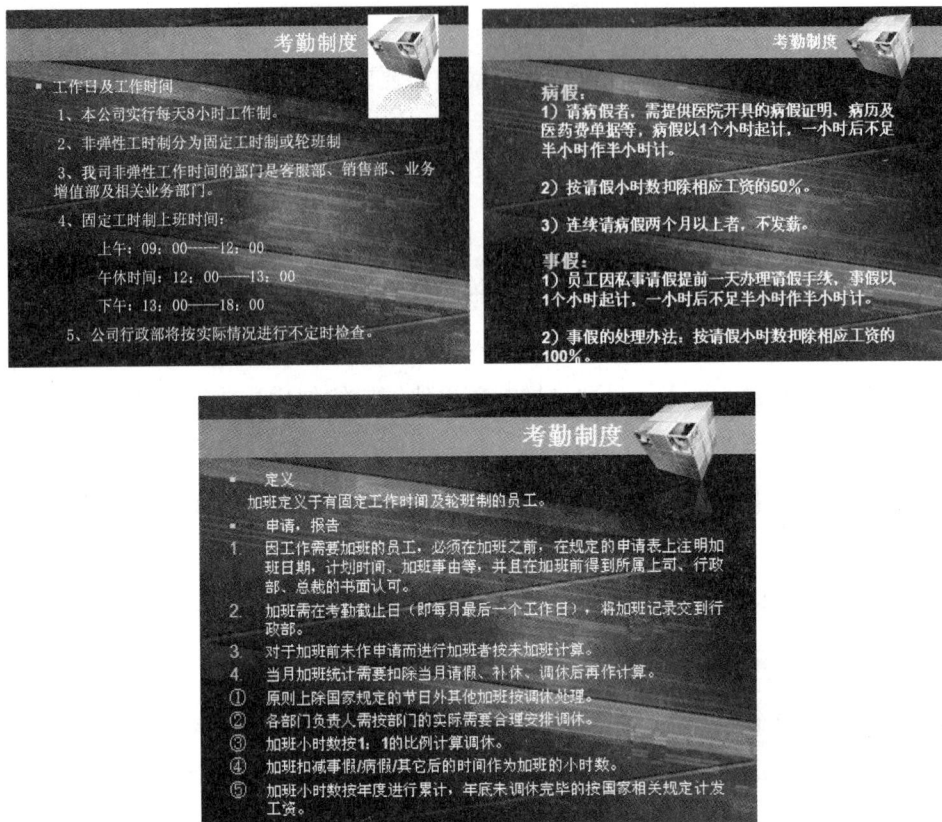

图 11-1　PPT 样板 1

"我觉得这个 PPT 还不错。思路很清晰，而且需要让员工掌握的内容都有提到，挺全面的。"乐乐评价着，"嗯，总的来说还行。"

"那有什么不足呢？"师傅继续问。

"我觉得文字偏多了一点，有点密密麻麻，估计学员看了也会觉得有点眼花。另外，每一页的内容多了点，一页一个主题内容可能会好点。"乐乐继续评价。

"你说得不错。其实 PPT 的制作是本着简单、有效的原则，既不是文字的堆积也不是简单的不知所云。记住这几点，首先，PPT 要有一个目录，让人了解会讲述的基本内容。其次，每一页 PPT 最好只讲一个主题，能用短语就不用句子，可以用图的就不要用太多文字。我们再来看看这个 PPT(见图 11-2)，咱们一页页地分析一下，你觉得怎样改才会更好？"

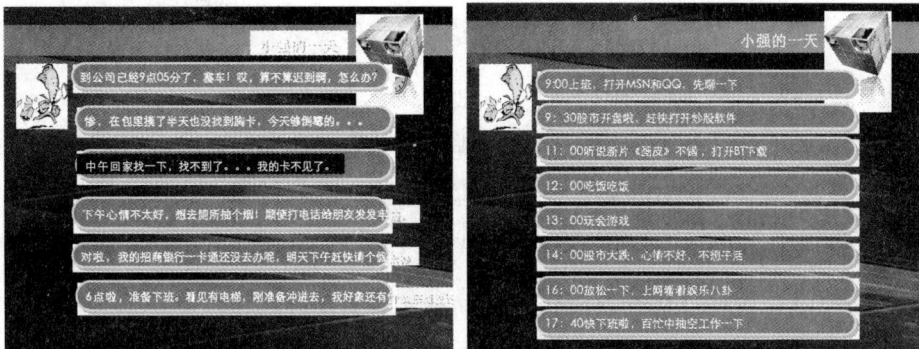

图 11-2 PPT 样板 2

"我觉得可以加一些具体的实例。例如可以把一个员工的一天用文字展示出来。有正确的，也有不符合考勤制度的行为。让学员印象更深刻。"乐乐突然冒出了这样的想法。

"确实，用平铺直叙的方式进行讲述无法给大家留什么深刻印象。用故事的形式进行描述，把大家可能出现的问题放在故事中，既有趣又让大家了解了知识，也是一种很好的方法。做 PPT 是有模板可以用的，我们公司也有很多，你可以选择。模板有了，背景是否要用一些图案或者什么会显眼呢？其实用白色或淡纯色反而最好。选择优质的图片，如果有原创的最好，没有的话可以到网上的图片库里面去找。字体的大小要保证坐在最后一排可以看到。其实讲 PPT 工具的书非常多，但关键是要有逻辑，言之有物，慢慢练习就会了解。"师傅指出了方向。

培训的升华——书香季

新员工培训开展得很顺利，乐乐应付自如。晚上下班路过书店，看到不少人在里面认真地读书，原来这里在举行"书香节"活动，感觉城市中到处都是书香。乐乐有点沉醉其中。这时，乐乐脑海里突然冒出一句："品一杯茶，阅一本书，徜徉在书海之中，感悟知识之美，与书结缘，妙不可言。"记得《第五项修炼》一书中提供了一套使传统企业转变成学习型企业的方法，使企业通过学习提升整体运作"群体智力"和持续的创新能力，成为不断创造未来的组织。许多企业也都把成为学习型组织作为企业建设的一项重要内容。乐乐也感觉到在员工管理的过程中发现不少员工具备一定的知识、能力，但往往在个人心态成长、成熟度方面会出现一些不足，公司也非常想通过一些活动让大家在业余时间多看书、多读书，形成学习型的氛围。正好趁着书香节这个东风，可以开展更深入的培训。

乐乐把自己的想法和师傅说了说，师傅觉得这个想法不错。通过讨论和分析，最终确定以读书分享会的形式进行，确认了总体思路，沿着梦想、起伏、选择、快乐、向他人学习的主线进行五期读书分享会。我们以海报、宣传栏、内刊、微博、邮件等多种宣传手段进行前期宣传并且进行读书分享会活动宣讲。宣传内容主要包括：分享会带给你什么、你从中可以感受到什么、分享会的时间计划安排、分享会会评选出什么奖项等。

经过五期读书分享会及后期的跟进活动，大家感受颇深。更多的同事逐步开始主动寻找自己需要的精神食粮进行自我补充。

分享活动宣传

继第一期乐分享读书会关于"把梦想照进现实"的主题交流和分享后，相信很多参与分享会的同事都被主人公那份执着于理想的坚持而感动。而更多同事分享的关于如何坚持梦想、实现梦想的心得更是让我们记忆深刻！在充满希望的新的一年，相信您也有很多美丽的憧憬。而面对现实中的困难和挑战，您是否已经做好了迎接的准备呢？接下来请关注：×年×月×日举行的乐分享读书会——"迈出成长之路"。这是关于如何在逆境中学习和成长并转化为内在力量，及如何在顺境中持续自我激励，保持前进动力的探讨。

在分享会中，我们以辩论问题"逆境可以摆脱吗？"作为开始。通过"回想您过去某段低谷，当时您的感受如何？您是如何渡过的？您做了哪些行动？如何从低谷中迅速崛起登上高峰？怎样尽量延长高峰期？低谷在人生中很重要，您是怎样利用您的低谷的？"让大家进行深入思考。在最后让大家认识其实峰与谷是人生正常的状态。无论是个人还是组织要想长时间的保持成功高峰的状态就应该不被外在的赞誉或嘲笑迷惑，要把注意力放在对事实的研究和判断上，保持谦虚的工作风格。在高峰的时候不要志得意满，在低谷的时候不要自暴自弃，坚持努力走向成功。

　　我们在陆续的读书分享会中从最开始指定阅读的内容到后期的自选阅读内容，自开始由培训老师主导到后来由同事主导，将分享点提炼出来后带着大家一起进行思考。

　　爱读书、乐分享成为我们的一道不可缺少的精神大餐。

　　附：《峰与谷》简介

　　这是一则关于超越与发展的寓言。最善于为复杂问题提供简单有效的解决方案的著名作家斯宾塞·约翰逊博士，在书中与我们分享峰与谷理论，可以帮助我们诚实地面对客观事实——无论顺境还是逆境；如何从低谷中迅速崛起，登上高峰；如何尽量延长高峰期，以及如何攻克下一座高峰。大家有空可以看看喔，相信会有不少收获。

第十二章　跑步"钱进"的
绩效与薪酬

绩效是可以评估的

记得以前听过一些关于绩效、激励方面的课程，乐乐一直觉得有目标，才有动力，才会有更好的绩效。

今天梁经理过来，还没坐下，就听见她对着师傅说："我们部门有的同事就是不给力啊，绩效总是不理想，而且出错的情况很多，屡教不改。有什么法子可以让这些同事进步点啊？"

乐乐在一旁听了心里暗想，绩效管理应该可以解决这个问题吧？只听师傅笑着对梁经理说："梁大美女，您说的这个正好是我们部门准备开展的绩效管理项目。您说到我们心坎上了。您只要和这个同事定好目标，做好绩效沟通和反馈工作就可以慢慢解决这个问题了。"

梁经理爽朗地大笑起来："是嘛，看来我还先知先觉了。绩效管理具体是啥？好好给我讲讲。"

"好啊，我们准备做一次管理层宣讲，在宣讲前会先和您多沟通沟通。"师傅很谦虚地说。

"我很期待啊。您先忙，等着你们的大作品。"梁经理起身离开了。乐乐赶紧凑到师傅跟前，"师傅，我们要开始做绩效管理了？早上我刚好想到这个，好巧。"乐乐得意了一下。

"是啊，现在是时候做绩效管理了。像刚才梁经理讲的问题，通过绩效管理肯定会起一定的作用。"师傅胸有成竹。

"师傅，那您可以先和我讲讲吗？"

"好啊，我们先来初步了解一下。绩效管理其实是将集体和个人的努力与组织目标相连接的过程。通过上级与员工之间就工作职责、工作绩效和员工发展等问题所作的持续的双向沟通，帮助上级和员工不断提高工作质量，促进员工发展，确保个人、部门和中心绩效目标的实现。绩效管理是包括绩效目标与计划、绩效辅导与沟通、绩效考核与反馈、绩效奖励与改进四个环节的管理循环。每一个环节都很重要，优秀的管理者在这个过程中可以起到很重要的作用。你看看初步的制度流程是这样的。在整个环节中，有两个环节刚开始容易把握不好。"

"师傅，是目标制定和计划、绩效辅导和沟通这两个部分吗？"乐乐试探着问了一句。

"是的，很多时候部门的领导不知道怎样给员工设置目标，或者设置之后不知道怎么与员工沟通确认。对于员工存在的问题不知道如何辅导从而提高员工的绩效。部门的主管一定要善于与下属共同制订合理的绩效目标与计划，关键是达成一致，其实这也是个谈判的过程。同时需要关注下属绩效指标执行进程并给予及时的指导，例如保持必要的绩效沟通(除正式绩效面谈外，每月至少进行一次绩效沟通，如走动式管理、开放式办公、工作间歇沟通、非正式会议等非正式的辅导与沟通形式)，及时发现下属工作中的缺点与不足，帮助下属制订改进措施并指导实施，客观公正地评价下属的工作业绩和工作表现。"

"沟通真是无处不在。太重要了。"乐乐感触到。

"确实。那我们先讲讲第一个环节：绩效目标与计划。就拿我们人力资源岗位来说，你觉得我们可以定的指标有哪些？"师傅开始提问了。

"师傅，我觉得可以有招聘配置率、人员流失率、员工档案的完整性、员工关系处理及时性等。"乐乐脱口而出。

"嗯，可以从这些目标来看。那你自己今年对工作有目标吗？"师傅看着乐乐，期待有精彩的答案。

"每年都有。我今年的目标是深层次掌握人力资源几大模块的知识。特别对于招聘、员工关系等一些深入的知识要知道怎么处理。"乐乐讲了自己的目标。

"那你觉得这个目标可以实现吗?"师傅笑着问。

"应该可以吧?"乐乐有点底气不足。

"那我想问你什么叫深层次掌握呢?"师傅似乎有点不满意。

"这个……"乐乐哽住了。

"目标的制订是有一个原则的,就是 SMART 原则。我分别解释一下——

S 是指 Specific,就是要明确。要用具体的语言,清楚地说明要达成的行为标准。举个例子,例如你说要深层次掌握人力资源的几大模块。那深层次掌握具体是什么样呢?例如在招聘时以前你会按照常规流程进行招聘,但遇到特殊情况就不知道怎么办了。那你指的深层次掌握就是指遇到招聘难题知道如何处理。

M 是指 Measurable,就是衡量性。衡量性就是指目标应该是明确的,而不是模糊的。应该有一组明确的数据,作为衡量是否达到目标的依据。

A 是指 Attainable,就是可实现性。目标是要能够被执行人所接受的,如果上司利用一些行政手段,利用权利性的影响力一厢情愿地把自己所制订的目标强压给下属,下属典型的反映是一种心理和行为上的抗拒:我可以接受,但是否完成这个目标,有没有最终的把握,这个可不好说。

R 是指 Relevant,就是相关性。目标的相关性是指实现此目标与其他目标的关联情况。如果实现了这个目标,但与其他的目标完全不相关,或者相关度很低,那这个目标即使被达到了,意义也不是很大。

T 是指 Time-bound,就是时限性。目标特性的时限性是指目标是有时间限制的。例如,我将在 2005 年 5 月 31 日之前完成某事,5 月 31 日就是一个确定的时间限制。没有时间限制的目标没有办法考核,或带来考核的不公。"师傅一口气说了很多。

"那我赶紧按这个方法设定一下自己的目标。到时候师傅您帮我瞧瞧。"

绩效是可以沟通的

最近,人力资源群里很多人都在讨论绩效方面的知识和案例。一个群友说起关于绩效沟通的故事:一个同事的上司把他的绩效评分中的个别指标评为 0 分,而且没有任何解释。其他同事敢怒不敢言,担心提出来后被"穿小鞋",但这个同事说不管怎样，希望死也要死的明白，他觉得如果哪些方面做得不够好，上司可以提出来共同解决，如果直接打 0 分，却不告知理由的话，这样不服。后来才了解到是有一项指标整个组因为各种原因没有按目标完成，这个上司就直接给下属打了 0 分，而当初制订这个目标的时候上司也没有和大家提及过。这个指标的波动性很强，是需要其他部门共同配合才可以完成的，但现在把这个指标所有的权重都放在了部门同事的身上，所以自然合理性需要考量。最后结果如此，上司不敢面对下属，他担心自己不能自圆其说、担心无法面对下属、担心不知道如何安抚下属、担心如果被质问该如何回答，所以他干脆就选择了不面对。

大家在群里讨论得很热烈，都觉得其实这样的做法会更加激化矛盾，到最后想解决的时候已晚。如果领导自己都觉得不合理，不如直接和员工坦诚讲出来，毕竟有些指标是需要一段时间的试验才知道是否真的合适。在这个过程中建立更充分的沟通会提升工作效率，员工也会理解领导的苦衷。

乐乐把这个故事也讲给了师傅听。师傅说："其实在现实中，这样的情况也挺常见。在日常的绩效沟通中还会遇到各种各样的情况，看看这些例子，你会不会有一点启发？"

1. 打断谈话

试图中断谈话，在还未得到解决方案时就表示出赞同。应对的关键是请对方说出自己的想法。

被面谈者："你是对的，下次我会更努力的。"

面谈者："看起来你不是很赞同我刚才对这个问题的看法，你能帮我指出来哪里说得欠妥吗？"

2. 勾起上司的负罪感

利用上司对下属的关心或是领导者的觉悟，表现出受伤、失望和情绪低落。应对的关键是肯定员工做得好的方面，同时要敢于给员工更高的目标和更好的方法。

被面谈者："我已经很努力了，但你从来都不满意！你为什么从来不说些好的方面呢？"

面谈者："我知道你为了这个问题做了……(行为)，而我们这次谈话的目的是使你在以后的工作中有更出色的表现，所以我们一方面要看到做得好的地方，同时也要分析还有哪些地方可以做得更好，你说是不是？"

3. 揭自己的伤疤

员工说一些让上司感觉很难受的话，使上司想尽量缓和自己的语气。应对的关键是直接指出面谈的目的。

被面谈者："我知道我又把事情搞砸了，我很抱歉。我最近老是做得不好，我感到很难过，我觉得好对不起上司对我的关心，好抱歉未能完成任务。"

面谈者："我们今天面谈不是为了道歉，而是分析事情到底是怎么发生的。为什么会做得不好，下一次怎样做才能做得更好，你说呢？"

4. 攻击上司

对上司或其管理方式发动言语上的攻击。应对的关键是保持冷静，寻找其他合适的时机。

被面谈者："我没见您怎么投入到这件事情中来，当我们手足无措的时候您为我们提供过什么帮助吗？"

面谈者："我听出了你的不满。可能在这个项目实施的过程中，我给你们的支持确实不多。如果我给的帮助更及时，你们应该会比现在做得更好，是吗？除了这点，你觉得还有哪些原因，造成现在的问题？"

5. 推脱责任

转向指责其他人或事，如同事、其他部门或政策等，避免承担责任。应对的关键是摆出被面谈者具体的绩效状况。

被面谈者："您为什么要和我谈？应该去找张三谈谈，他才是业绩总是不达标的人。"

面谈者："我会另找时间跟他谈，但除了张三，我们也需要谈谈，我在一些工作习惯、分析报表上看到你也有一些状况，如果得到改善，你的情况会有一个较快的提升。让我们现在开始，可以吗？"

绩效目标是可以变化的

"既然要定目标，那如何确认定什么样的目标呢？"乐乐没想明白。

"其实首先可以以一定阶段的历史数据作为参考，然后按照公司下达的整体目标、参考同行的目标来确定。员工绩效目标与计划的目标值应能支持上级管理者绩效目标的实现，并具有一定的挑战性。定量指标的目标值可根据历史数据、行业标准、同业标杆、市场预测数据、可获得性等进行设定；定性指标的目标值以职位职责常规要求为依据，明确具体工作数量、工作质量、项目成果、实施效果、成本控制要求以及工作完成时间等标准。

绩效目标与计划一经确认，一般不作调整。如遇经营目标变更、职位或工作调整等情况，确需进行调整的，可在个人申请的基础上，由上级管理者提出调整建议，报上上级管理者审批。

人力资源部负责搭建 KPI 指标管理库，用作岗位设置及绩效考核的依据。该指标管理库每半年定期回顾一次，业务处如增加、修改或删除 KPI 指标管理库的指标需报人力资源部备案。

对于同类职位的人员，根据司龄、经验值制订不同的目标。设定目标后，肯定会有一些人不乐意接受。该如何让大家接受呢？关键是如何解释目标带来的好处，鼓励下属设立自己的工作目标，向下属说明你所能够提供的支持，循序渐进。

第一步：分解团队工作目标到各成员；

第二步：让下属为自己制订初步的目标；

第三步：审核下属制订的目标计划；

第四步：与下属就目标进行沟通，其内容包括上月目标达成情况、下属本月的工作重点、下属需改进和提升的方面等；

第五步：明确下属目标任务完成的时间、数量、质量或成果等要求；

第六步：与下属就目标计划达成共识；

第七步：协助下属制订具体的行动计划；

第八步：最终形成书面目标计划，作为下属本月目标考核的依据。"师傅恨不得一股脑把自己知道的全部说出来。

"那确认的目标是否就是固定的呢？什么情形下目标可调整呢？"乐乐的小脑瓜转得很快，一下子想到这个问题。

"其实目标并不是一成不变的。例如任务量调整的时候，业务处需提前申报，经公司领导审批同意后方可调整。重点业务项目推广的时候，在任务量未发生变化时，在业务处指导下，根据业务需要，需调整原 KPI 的相关内容或占比时，可调整。岗位调整、人员调动时，业务处指导，营销部门参考相关岗位职责，根据营销部门实际情况、员工在原岗位的工作表现等因素，在岗位变动签报审批获批后，可调整。

需要记住的是直属上级与员工沟通后，确认员工理解目标内容以及需要的支持，相关岗位人员需签署调整后的绩效目标清单，并存档。"师傅强调。

"绩效目标与计划是上级管理者与员工在新的绩效周期(一般为自然年度)开始时，就员工绩效期内的绩效目标和计划及其衡量标准达成共识的过程。每个职位的绩效目标与计划通常为 4~6 个，一般不超过 8 个，每项目标与计划的权重不低于 5%，不高于 30%，所有指标权重之和等于 100%。"师傅提到了一些经验值。

"绩效辅导与沟通是上级管理者与员工在绩效期内，围绕绩效目标进展情况和核心能力情况，交流信息、分析差距、解决问题的过程。绩效辅导与沟通主要指绩效面谈的正式辅导与沟通形式，以及走动式管理、开放式办公、工作间歇沟通、非正式会议等非正式的辅导与沟通形式。

出现下列情况时，上级管理者应及时对员工开展绩效辅导与沟通：员工未按照规定的标准和时限要求完成阶段性绩效目标；员工绩效目标因故需要调整；员工工作遇到困难和障碍；员工需要学习新技能、接受新任务；员工取得阶段性业绩成果。

上级管理者应持续关注员工的绩效表现情况，并记录和收集员工绩效信息，主要包括关键事件记录和绩效目标完成情况的数据记录等。上级管理者至少每季度要与员工进行'一对一'、'面对面'的绩效面谈，并进行一次正式的辅导与沟通。绩效面谈主要围绕员工绩效目标的进展情况、表扬其优点及取得的主要成绩、指出存在的问题与不足以及下一步的改进计划等进行。

上级管理者应对正式的绩效辅导与沟通情况做好书面记录，双方还应就绩效面谈有关情况进行确认，以此作为员工绩效考核和绩效改进的重要依据。

采用百分制的评分标准。定量维度绩效目标得分按实际完成率进行评分，即：绩效目标得分＝实际值/目标值×100(四舍五入，保留 2 位小数)。

定性维度绩效和核心能力按如下评分标准进行：

员工绩效考核结果确定后，上级管理者应如实向员工进行面谈反馈，反馈内容包括绩效考核结果、绩效改进建议等。面谈反馈后，由上级管理者指导员工填写绩效沟通确认书，并由双方签字确认。

员工对绩效考核结果如有异议，可自考核评价结果反馈之日起三个工作日内向上上级管理者提出书面申诉，逾期视为同意；申诉受理人员应于收到申诉之日起五个工作日内给予答复，如在规定时间内未答复或对答复不满意的，员工可向人力资源处提出申诉，人力资源部将在五个工作日内从公开、公平、公正的角度出发，给予相应解答与协调并将双方意见整理报该员工所在业务处的主管领导，由其给出最终裁定。"师傅把绩效沟通、辅导、结果反馈方方面面讲述了一遍。乐乐听得入神了。

"当然，在绩效考核中也有一些特殊情况，例如员工直属上级离职，由接任人或间接上级负责考评；员工在考核周期晋升或调岗，一般对该考核期内工作时间比例大的岗位进行考核(如在各岗位中工作时间比例相同，则在现岗位上进行考核)。

进行绩效考核时，下列情况可不参与考核：工作时长(按工作日计算)未达到一个月的新入职员工；休假时长(按工作日计算)达到或超过考核期一半的员工；当期离职人员。"师傅补充。

绩效管理的延伸

"师傅，绩效管理制度也推行了一段时间，不少员工反馈挺不错的。但员工绩效考核结果可以具体运用到哪些方面呢？"乐乐很关心这个问题。

"其实它可以作为职位聘任、薪酬调整、个人绩效奖金、岗位轮换与交流、培养开发、职业生涯规划、监督改进、强制退出等的重要依据。在做职位聘任、薪酬调整、岗位轮换与交流、培养开发、职业生涯规划等工作时，应在同等条件下优先考虑绩效考核成绩优秀的员工。对绩效未达到要求的员工，应通过实施诫勉谈话、在岗或离岗培训等方式，监督其改进绩效、提高能力；对连续两次绩效未达到要求的员工，公司将发警告函并设置三个月的绩效改进期，提出明确的绩效改进计划和目标，在绩效改进期内，上级管理者必须至少每月与员工进行一次书面或口头的沟通(如采用口头方式沟通，必须作出书面记录)，跟踪其绩效改进情况，三个月后，员工绩效没有明显改进的，公司可选择依法解除劳动合同；在三个月期限内，员工签字确认绩效改进计划，态度良好，且绩效有明显改进的，可暂不解除劳动合同，鼓励其努力改进，以观后效。很多时候问题出在没有后续的跟进辅导反馈。"师傅若有所思。

"看来后续的延伸工作很重要。"乐乐附和了一句。

"其实沟通是贯穿在整个绩效管理的过程中的。"师傅把"沟通"两个字咬得格外重。

薪酬沟通的艺术

昨天是公司发工资的日子。虽然之前薪酬讲解很详细，但还是会有员工不明白，需要咨询。咨询的、需要改电话号码接收短信的人还不少，中午就来了几个刚入职不久的同事。

有一个还没毕业的应届生，对收到的工资短信非常不解，来人力资源部门咨询，"我想问一下，为什么我扣了这么多税呀？"同事有些不满。

乐乐回答："因为你还没有毕业，所以扣税比已经毕业的人多一些？"

"为什么会多嘛？"同事继续追问。

"因为还没有毕业，所以就多一些呀。"乐乐有点不耐烦了。

"没毕业扣税就多啊？好奇怪喔！"同事的音量开始增大。

"是啊，没毕业就会多扣税，正常的。"乐乐应付了一句。

师傅在一旁看得着急了。觉得乐乐完全没解决对方的疑问，没有让员工满意啊。

"乐乐，你有没有觉得你刚才的回答完全没有解决问题？"

"是啊，我也觉得。但我一时也想不起用什么方式回答了。"

"你觉得如果这样回答会不会更好呢？因为您没有毕业，所以在国家规定的纳税范畴中属于劳务工纳税，个人所得税会比已经正式毕业的同事工资所得税起征点低，普通社会人的起征点是 3 500，而劳务工起征点目前是 800，所以用您的工资减去 800 再乘以征税比例就是您需要扣的税了。我们在做薪酬讲解的时候有专门做这一块的解释，如果还不清楚您可以抽空再查看一下当时的资料。我也可以现在帮您打印出关于讲解这一块的详细资料。"

"嗯，师傅我学习了。"乐乐认真记下。

"员工的疑问或不满可能会一点一滴积累起来，因此我们需要将所能考虑到的员工任何的疑问提前进行讲解和分析，让员工做到心中有数。同时，我们也可以将员工经常容易出现疑问的点做成员工沟通手册，让员工更方便快捷地进行自助查询。提高员工的满意度，想让员工开心工作我们就需要更加用心、细致，为员工多做一步，让工作更加出色。"

面试时薪酬沟通怎么谈

每个人入职的时候薪酬都有可能不同。面试前，先要看看求职者目前的薪酬及期望的薪酬情况。在进行面试的时候，面试人员也要主动了解对方的薪酬结构、目前的薪酬状况及相关福利等。正好乐乐手头上有一个求职者，薪酬期望比公司可以给到的高 15%左右。

阅人无数，成就感不言而喻，但其实乐乐有时候也会有遗憾，候选人和岗位非常匹配，但由于各方面的原因，例如薪酬等最终抱憾。

"薪酬谈判往往决定了招聘工作的成败，负责招聘的部门在与应聘者商谈薪酬时要把握一个大原则，就是企业利益至上，不要让个人情绪或其他客观因素左右。那怎样吸引住我们要找的'千里马'呢？薪酬的谈判有什么技巧呢？"师傅讲解了公司薪酬的结构体系，定薪的原则等。"而且根据面试的情况判断对方想要的是什么，例如他关注的是薪酬、发展空间、行业还是稳定的、个人可支配时间较多的，或者其他方面。

薪酬谈判也有一些方法和原则，可以仔细了解一下。对于不同类型的求职者我们需要用不同的方式进行薪酬沟通。我们首先需要深入了解求职者的薪酬情况，固定的月收入、奖金、福利、年终奖等。同时通过面试时对求职者的了解，和求职者进行沟通。

对于薪酬期望高于公司要求的求职者，但更重视个人发展的人员，我们除了将公司可以给到的薪酬福利告诉对方以外，重点将公司对员工的职业发展通道这一块进行详细介绍，并且我们需要对对方公司的情况进行了解，针对性地进行沟通。另外需要求职者提供收入证明和工资流水单。

"乐乐你还记得吗？有一个应聘者是在一家公司从事 IT 工作，还是一个基层主管的角色。薪酬待遇要求比我们公司目前可以给到的薪酬水平高10%左右。但对这个候选人总监非常满意，一定让我们谈下来。当时觉得似乎不容易，什么方面可以真正吸引到对方呢？仔细想了想之前的沟通过程，比较后发现我们公司的行业、知名度、丰厚的福利及自我发展的空间比候选人之前的企业会更具吸引力。最终经过反复沟通，候选人成功加入了我们公司。

其实在这个过程中的关键就是突出公司的优势和亮点，慢慢让应聘者对薪酬的关注度降低，同时也抓住了对方的真正需求点。对方其实很想找一家行业发展好、知名度高的公司进行长期稳定发展，所以抓住候选人的真正需求是谈判薪酬重要的一个方面。所以当看到候选人在薪酬期望那里填写的数字高于公司可以给到的薪酬范围时并不要急于否定，不尝试进行下一步的沟通。其实薪酬数字只是一个表面而简单的点，如果抓住关键还是有可以深挖的空间。

还有个例子，有一个候选人是做培训方面的工作。当时她的个人情况还是比较符合公司的岗位需求，但她写的工资水平比目前公司可以给到的薪酬水平高很多，根据市场薪酬水平她写的工资水平也偏高了，但是她非常想加入我们公司，所以我们和对方沟通了一下，通知她通过了我们的面试，但是需要走录用程序，需要她提供相关资料，例如收入证明等，让她准备一下。

从后来沟通和了解的情况上表明，这个候选人在薪酬上是夸大了一些。了解到她希望自己的工资更高些，所以冒险写了高于实际工资的薪酬。当然后来根据实际情况，我们按照公司的规定给她进行了薪酬评定，洞悉对方需求，准确亮出'利剑'。即您认为合理的底牌，让对方引以为傲的谈判筹码瞬间崩溃，以达到心态归零状态。其实薪酬的谈判无非就是抓住候选人真正的需求进行深入挖掘，找到平衡点。是否觉得和面试很相似呢？薪酬沟通也是一个博弈的过程，只要你清楚了解薪酬状况，沉着应战就没问题。"

薪酬＝心愁

乐乐也在琢磨自己的薪酬。其实对于薪酬，乐乐也不太明白是怎么算出来的。"师傅，我一直不明白个税是怎么扣的？"

"《中华人民共和国个人所得税法》是2011年6月30日通过了修改决定，并将于

2011年9月1日起施行。修改内容主要包括两个方面：个税起征点由原来的2 000元提高至3 500元；税率的修改。你看一下个人所得税税率表(见表12-1)。"

表12-1　个人所得税税率表

应纳税所得额	扣税比例	速算扣除数
<1 500	0.03	0
1 500~4 500	0.10	105
4 500~9 000	0.20	555
9 000~35 000	0.25	1 005
35 000~55 000	0.30	2 755
55 000~80 000	0.35	5 505
>80 000	0.45	13 505

"'应纳税所得额'这个名词其实是指以每月总收入额减去起征点3 500元，以及允许免税部分费用(如个人社保、公积金)后的余额。"乐乐这才恍然大悟。

师傅接着说："个税计算方法为应纳税所得额＝总收入额－社保公积金－个税起征点，个人所得税＝应纳税所得额×适用税率－速算扣除数。我们举个例子吧，张三每月的总收入额为6 500元，社保公积金合计缴纳700元，那么他的个税计算则为应纳税所得额＝6 500－700－3 500＝2 300元，个人所得税＝2 300×10%－105＝125元。这个可以理解吧？"师傅问。

"嗯，明白，很清楚。"

"很多员工对应纳税所得额没弄清楚，所以算出来的和实际扣的不一样。如果有员工问你，你就可以这样告诉他，就很容易明白了。"师傅很耐心地说着。

"原来扣税是这样算的，今天终于明白了。我应该早点问的。"薪酬是很重要的一个模块，如果了解一些基本概念和方法，面试谈薪酬就知道怎么谈了，调薪的时候也会知道如何和员工沟通了。想到了这些，乐乐突然对师傅说："师傅我可以再学一些关于薪酬方面的基础知识吗？"

"傻瓜，当然可以。爱学习是好事，我会一步一步讲给你听。"师傅很开心地答应了。

薪酬管理是科学也是艺术

"没有薪酬是万万不能的，但薪酬也不是万能的。薪酬需要统筹考虑公平性、竞争性、公司支付能力。"师傅一条一条地进行解释，"理想的薪酬体系是外部竞争性、内部公正性、可承受的、合法的、浅显易懂的、较易管理的、灵活的、对企业适合的。

我们日常会和员工做一些薪酬沟通，让员工能够知晓薪酬各部分的功用，对公司的薪酬政策有所了解，能够计算自身的薪酬，知道自己在什么样的情况下能使获得的报酬最大化，同时能够有效的预期自我薪酬、指导员工行为，使员工知道自己如何努力才能够获得更好的回报，并按照公司的要求去提升业绩，告诉员工什么是可以知晓的、什么是需要保密的，减少内部沟通成本。

就像你想了解的，调薪的时候如何和员工沟通薪酬。其实调薪主要会根据公司的盈利情况、员工的个人绩效、CPI 等这些综合方面进行。在沟通的时候要善于倾听，做一个聆听者，表示尊重的同时也给自己充分的时间思考。当员工倾诉完所有的意见后，逐条的解释与沟通。

面带微笑，由于薪酬通常比较敏感，面带微笑可以有效地降低对方的防御度。在做薪酬沟通之前，了解清楚员工过往的薪酬情况，在同类岗位中的薪酬处于什么样的位置和水平，这些信息对于薪酬沟通都是非常有作用的。"正说着，综合部的徐经理打电话过来了。

"您好，是 Kitty 吗？我们部门有两三个员工和我说对薪酬不满意，他们好像私下沟通过对方的薪酬情况似的。他们觉得薪酬比其他部门同类岗位的人员低，不合理。都是做类似的工作，如果真是这样，确实不合理，您帮我看看，谢谢啦。这几个人都是绩效很好的员工，如果因为这个而离职就太不值得了。"徐经理叹了口气。

"徐经理，这三个员工都违规了，薪酬保密他们应该很清楚喔。以后您要对他们严格管理喔。我查一下后给您答复。"师傅依然很平静，挂了电话准备查询。

"师傅，薪酬保密不容易做到。我也听到有同事在互相讨论各自的薪酬，也在做比较。其实我也不明白，同岗位的人员为什么也会薪酬不一样呢？"

"这里有一个宽带薪酬的概念，也就是说在同一个薪酬级别里也会有不同的级别之分。这个不同级别在准备录用谈薪酬的时候就有可能不同。"师傅查询了之后，发现其实徐经理说的情况确实是存在的，但主要原因是入职的时候就有不同，而且在后来调薪的时候，大家绩效不同，所以就拉开一定的差距。"徐经理，是因为年终绩效不同才导致目前薪酬不同，继续努力把绩效冲上去就是硬道理了。如果你综合评估了一下，大家的绩效情况都差不多，那可以通过年底的绩效考核让大家的薪酬处于较平衡的状态。"

第十三章 和谐就是一切的 员工关系

不胜任需要依据

员工关系的处理是一个永远的话题。经过一段时间的学习，乐乐也懂得了不少谈判的方法，也明白处理事情需要合情、合理、合法。一直认为员工关系的处理是非常难的一件事，总是很担心做不好，但员工关系的处理也是人力资源工作中很重要的一个部分。对于日常员工的入离职手续的办理、离职面谈等基本的流程，乐乐觉得自己操作起来也挺熟练，但遇到一些难处理的员工问题时，总觉得心里没底，在这一块要多学习学习。

"乐乐，今天完成工作后我给你分享一个故事。"听到师傅说要分享故事了，乐乐开心的不行，赶紧忙乎着日常工作，想着好好做完了就可以听故事了。

"师傅，快给我讲故事吧？"乐乐跑到师傅跟前。

"其实这个故事就是关于试用期的。前两年有一个人应聘了我们公司的市场专员岗位，公司与他签了三年的合同并约定了六个月的试用期，试用期考核合格后予以转正，但劳动合同中未特别约定录用条件。这个人非常重视此工作，除不迟到早退外，每天提前 30 分钟上班，按照公司的要求，积极支持市场处主管的工作，但主管对他的工作一直不太满意，因为他工作中经常出错，主管也想给他机会，一直也很犹豫。

后来可能真觉得孺子不可教了吧，在试用期即将结束前几天，突然通知他试用期考核成绩不合格，让人力资源部向他发出解除劳动合同通知书。这个人不服，向我们部门讨说法，人力资源部门向其出具了试用期考核评估表，表中明确了绩效未达要求。他又向劳动争议部门申请仲裁，经过审理，仲裁裁决公司违法解除劳动合同。你能想明白吗？"师傅问乐乐。

"我觉得奇怪，试用期解除还会出这样的问题啊？真想不通。"乐乐还是一脸迷惑。

"我们先看看关于试用期，劳动合同法是怎样说的。在试用期间若员工绩效不合格是否可以解除劳动合同呢？

第三十九条　劳动者有下列情形之一的，用人单位可以解除劳动合同：

(一) 在试用期间被证明不符合录用条件的；

(二) 严重违反用人单位的规章制度的；

(三) 严重失职，营私舞弊，给用人单位造成重大损害的；

(四) 劳动者同时与其他用人单位建立劳动关系，对完成本单位的工作任务造成严重影响，或者经用人单位提出，拒不改正的；

(五) 因本法第二十六条第一款第一项规定的情形致使劳动合同无效的(以欺诈、胁迫的手段或者乘人之危，使对方在违背真实意思的情况下订立或者变更劳动合同)；

(六) 被依法追究刑事责任的。

如果要证明试用期员工不符合条件，要根据劳动合同法第三十九条的规定。"师傅解释。

"原来试用期也不能随意解除劳动合同。但其实自己做得不好一般人都会主动走了，不会还这样继续做着吧？"乐乐小声嘀咕着。

"那可不一定喔，一般这样的人也不容易找到更好的工作，肯定想继续做下去。

所以我们需要用一些方式来处理，例如我们在招聘广告中对岗位要求、职责都需要明确，把录用条件作为劳动合同条款的有效组成部分，让员工签字确认；录用前做好背景调查，了解之前他的工作情况及是否有不良表现；每个岗位都有岗位说明书，也需要让员工在岗位说明书上签字确认；对于每个岗位都有考核指标，都需要员工签字确认，在入职的时候和员工都说清楚；在试用期间进行不间断的考核，每一次的考核都让员工明白而且都需要进行签字确认；在岗期间的每一次考试、培训也都需要员工签字确认，这些都是依据。

之前由于这些工作都没有完善，所以在处理员工的问题时没有依据。后来我们在这一块的工作就做得非常细致了，让员工签署岗位说明书、岗位绩效考核目标、岗位的录用条件文档，让员工清楚明白。"

乐乐说："现在入职这一块的资料不少呢，挺详细的。做员工关系真的是要认真细致，深入学习劳动合同法的条款。那后来这个事怎样了？"

"后来只能采用非过失性解除劳动合同了。劳动者不能胜任工作，经过培训后调整工作岗位，仍不能胜任工作，以此来解除劳动合同了。这个教训还是很深刻的。常见试用期可以零成本解除劳动合同的依据就是在试用期间劳动者被证明不符合录用条件。"

处理员工关系需要情、理、法

"师傅，我想好好把员工关系这块学习学习。是不是深入了解了劳动法就可以了？反正劳动法里有各种条款、依据，我照着用就行吧？"乐乐急切地问。

"确实需要深入了解劳动法，这是依据，非常重要。但处理员工关系却需要法、理、情。怎么说呢？需要法律为依据，但是要动之以理、晓之以情，真正建立和谐的劳动关系。"师傅把和谐两个字强调了一下。

"之前发生过这么一件事。原来我们有个员工是大专学历，经过入职各项审核都是没问题的。在职期间她也在努力地进修本科学历，她个人很上进，希望自己可以做到更高的职位。后来正好有一个内部竞聘的岗位，她通过了面试，但这个岗位需要的学历是本科，而在应聘当时她也拿出了本科学历证和学历鉴定表。

人力资源的同事可能是一时疏忽，没有在学历查询平台上再做确认，也就按正常流程让她做了新岗位的工作。大概两个多月后，在做人员档案核查的时候碰巧发现在学历鉴定平台上查不到她的学历，而更巧的是当时她提交的学历证复印件没有写上常规的一句话'本件与原件相符，如有虚假，本人愿意承担一切责任。'

这件事发生后需要进行处理，而处理的那个同事当时还没有什么经验，她和员工沟通的时候就直接拿着员工提供的没有签名的学历证复印件和员工聊这件事。这个员工其实之前可能也料想过公司终究会发现她假学历的事情，所以她很想邀请人力资源的同事吃饭，但被拒绝了。后来她们在沟通的时候，负责沟通的同事提到员工是假学历，违反了公司规定，直接说这个行为很严重，要辞退她等。

这个员工在谈之前是有备而来，所以自然有招接招。在后来的过程中，员工直接说学历证不是她本人提供，公司没有理由对她采取任何行动，而且她也不清楚新岗位需要这个学历条件，没人告诉过她，所以不知者无过。这件事最后直接上了劳动仲裁，当然最终是解决了，但给我们留下很多思考，也给我们敲了警钟。"乐乐听得入神，理解地点点头。

"真是细节决定成败啊！处理这些员工问题还真得谨慎小心，一个不注意就上法庭了，好严重啊！"

"是啊。员工的问题不是一个套路就可以应万变的，很多时候需要灵活运用各种方法。当然基础工作一定要做好，首先，日常工作要做扎实，制度流程上要不断强调员工提供的资料上必须有个人签名和日期。其次，在证据还没有理清楚的时候，不能提到任何敏感词汇来刺激员工，使其出过激的行为，针对不同的个体需要采取不同的处理方式。例如这个员工一直工作表现不错，虽然这个行为确实违反制度，但在谈的过程中应该有一些巧妙的说法和缓兵之计，而不是直接用辞退了事导致矛盾的直接激化。

处理员工关系的事情，需要把握好度。关于员工关系的事例还有很多，希望你好好体会。"

用人单位与三期女员工

"Kitty，有急事找你啊！"徐经理满脸愁容地走进人资办公室。

"怎么了？坐下来慢慢说吧。"师傅总是那么平和。

"公司关于销售职位的晋升降级制度是前两个月公布的，当时我们是给所有人做了宣讲，也按照你们的要求让员工都签名确认了，那时我本来还打算和她们电话沟通一下的，却忘记了，现在出问题了。这个月正好进行人员的晋升和降级考核，可能我也疏忽了，因为这几名员工累计业绩没达到新制度制订的标准，已经批为降级了。这次其实也有其他人员出现类似这样的情况，但我们和员工解释了一下，员工还算接受这个结果。但这三名孕产期的女员工都不认可这样的处理，还有一名员工情绪很激动，已经打了好几次电话给我，我都不知道怎么办了。"

"原来是这样，其实这也不能怪你，毕竟你的工作也很多，我们也有责任，应该要提醒你，我们现在想想办法吧？"

"其实以前，基本上所有的三期女员工从怀孕初期均有被告知其即使在怀孕期间，仍应该根据公司的考核目标完成业绩，基本上三期女员工都不会因身体原因对考核目标有意见，也不会对考核结果有异议。我们长期以来都是这么操作的，没有遇到问题。"徐经理继续说。

"目前员工的异议主要是什么呢？"师傅又问。乐乐在一旁认真仔细地听。

"首先员工觉得新制度的颁布是在她休假期间，她不知道这个制度，却按新的制度执行，员工觉得不合理。同时她们觉得按《女职工劳动保护规定》是不可以在女职工怀孕期、产期、哺乳期降低其基本工资的，现在执行降级之后，她的薪酬会受到影响，所以员工的情绪比较大。"

"嗯，明白了。新制度颁布时确实要签字确认。即使休假在家也应该让员工知悉。另外关于三期女员工的权益在劳动法中确实有一些的权益相关的法律规定。《中华人民共和国妇女权益保障法》第二十六条规定，任何单位均应根据妇女的特点，依法保护妇女在工作和劳动时的安全和健康，不得安排不适合妇女从事的工作和劳动。妇女在孕期、产期、哺乳期受特殊保护。

《女职工劳动保护规定》第七条 女职工在怀孕期间，所在单位不得安排其从事国家规定的第三级体力劳动强度的劳动和孕期禁忌从事的劳动，不得在正常劳动日以外延长劳动时间；对不能胜任原劳动的，应当根据医务部门的证明，予以减轻劳动量或者安排其他劳动。第四条规定，不得在女职工怀孕期、产期、哺乳期降低其基本工资，或者解除劳动合同。"

"原来是这样，那现在怎么办？有没有什么补救措施，我现在弄得都不敢接电话了。"徐经理很着急。

"我和员工好好沟通一下。关于三期员工这一块，日常我们应该多给予关心关怀。我们做得不好的地方改了就好，也别太担心，我处理好后就告诉你。"经过深入的沟通，师傅把这件事也处理好了。员工的情绪安抚了，矛盾没有进一步的升级。

这件事结束后，乐乐好好地向师傅请教了一下。"师傅，员工关系的事情一出现，我就觉得头皮发麻，心里发慌，很羡慕您的处变不惊。"

"呵呵，其实经历多了，自然就会处理了。其实遇到员工关系的问题时，先要了解事情的前因后果，找寻制度依据、了解员工的诉求点。日常加强沟通其实是很重要的，对这类因的确有一定客观困难而导致业绩未达标从而降级的员工，需要真正消除员工的思想顾虑、及时排解员工的不良情绪。人文关怀、引导工作必须充分。对公司任何制度政策，都需要充分与全体员工沟通，通过有效沟通渠道，确保员工清楚了解考核标准以及考核结果。"

"师傅，那我们之前举行的沟通会还有一些面谈也是为了更好地让员工反馈意见和想法，对吧？"

"没错。定期举办座谈会，邀请多层次的员工代表与管理层进行面对面沟通；充分有效地使用中心总经理意见箱，让有疑问、不满的员工能够及时、准确地得以排解；同时，广开各种沟通渠道，不断征集各级员工对公司的合理建议，并加强对各级员工的人文关怀，打造更加和谐的团队氛围。对业务类的员工我们还需要给以更多的关怀，尤其是工作满三年的员工，引导其以积极的心态面对每日的工作。"

"师傅，那接下来我们对三期员工会不会有特别的政策？"乐乐很好奇。

"嗯，会的。以前确实对这一块关注度不够，也是有疏漏。对于处于三期的女员工(孕期、产期、哺乳期)，我们会根据女员工的实际身体状况，对其考核目标酌情调整直至免于考核，当然这个调整需要经过员工申请、业务部门的核准、我们人力资源部门的共同审核。当然如果三期员工严重违反公司的规章制度，我们仍然可以依照劳动法和公司制度进行处理，所以又印证了情、理、法处理员工关系的原则。"

当员工不辞而别

今天师傅外出培训了，办公室里就乐乐一人。早上十点，乐乐接到梁经理的电话，"乐乐，我们部门有个员工到现在还没来上班，电话都打不通。"

"梁经理，昨天上班时他有什么异常状况吗？"乐乐问。

"好像没有啊，真的好奇怪啊，现在的孩子真是的，动不动就不来了，连个招呼都不打。"梁经理抱怨。

"我这边会紧急联系他，您也别着急，有消息我就告诉您。"乐乐胸有成竹。乐乐拨打了这个员工的手机，可手机一直处于关机状态，又拨通了他当地联系人的电话，也是无人接听，最后发了邮件给员工，也没消息。

下午的时候，梁经理过来说收到了员工的一条短信，员工说想申请离职。

"真是奇怪，昨天还好好的，今天就不来上班还要申请离职。"梁经理气呼呼地说，"这样吧，反正他要离职，你把离职表给我，我去处理一下。"

"梁经理，我再和他家人联系一下，想了解一下原因。如果他还是不肯回来，就根据制度处理了。您觉得怎样？"

"有啥好了解的。反正就是个不遵守公司制度的人，把离职表给我，我帮他填一下，让他赶紧走人好了。"梁经理有点急了。

"梁经理，这样是不行的。您别急，肯定可以处理好的，要不这样，我和师傅说一下这个事。看她怎么说？"乐乐安慰地说。

"好吧，你抓紧处理啊，把这个员工记入黑名单。"梁经理气汹汹地走了。

"师傅，不好意思打扰一下，刚才梁经理部门一个员工没来上班，梁经理说要帮这个人写离职表，我不让，她还急了，好像有点生气。"乐乐委屈地打电话向师傅诉苦。

"呵呵，乐乐你做得对，这个事要了解清楚再做处理。"师傅安慰乐乐，"这样，你还是继续联系员工，看看到底怎么回事，再发个短信和邮件给这个同事吧，看看有没有回信，再找找他周围的同事聊一下，看看有没有有用的信息。"

经过努力，终于联系到了员工的姐姐，在下班前，这个员工主动打电话过来了："我不好意思回来上班，我觉得没脸见同事，我知道自己不来上班不对,但实在是……"员工在电话那头停住了，让人感觉到他尴尬的表情。

"这样好不好？明天你直接到人力资源部，我们好好聊一下，不来上班肯定不对，但知错能改就是好同志。"乐乐安慰着他。其实乐乐也已经了解到员工不来上班的原因主要是和上级发生了矛盾。

第二天一早，员工准时来到人力资源部，乐乐接待了他。"来，咱们坐一下，好好聊聊。怎么了？昨天突然就不来了？"

员工不好意思地低下了头，"唉，真的非常不好意思，昨天我确实不该不请假就不来上班，但我实在是没办法，我觉得自己没脸在部门待下去了。"

"怎么了？什么事这么严重？"师傅也在一旁听着。

"我也不好意思说，其实是我来这个部门不到两个月的时间，业绩中等，之前还想努力做到更好，现在换了个新主管后，我觉得自己是没机会再做下去了。其实主管对我们也挺好的，但我就觉得自己在部门里挺没面子的，你看我也毕业了两年多，以前也做过销售这行，还算是有点经验。但主管总是问我，你觉得自己适合做这行吗？这不是面试的时候问的吗？怎么现在还在不断地问我呢？开始她问我的时候，我还觉得她对我比较关注，是关心我，后来连续问了好几次，我觉得是不是因为她觉得我业绩一般般，让我赶紧辞职走人啊？"

"呵呵，哪个主管不希望自己的成员做到更好呢？况且培养一个人也不容易。"乐乐笑着回应。

"那可能是我想多了。还有一次，其他人都可以下班了，主管让我留下来加班，我也没意见，加就加呗。把工作完成后，我就准备走了，主管又说我的工作做得不够好，还得继续留下来。

第二天早上开早会，主管又当着大家指出我工作的不足，我觉得真的太丢脸、太可怕了。这几天，我总在想这些，所以昨天没上班。我做得是不对，但确实没办法了。"员工一脸的困惑和无奈。

"你昨天一天没上班，看到你也给经理发了短信说要离职。你确定想离职？"乐乐问。

"是的，一定要走，我觉得自己不适合这里。有些方面我也做得不好，不怪主管，怪我自己，我也不好意思见主管、经理了。"员工说完就办了离职手续离开了。

"记得之前面试的时候，这个员工表现还不错。可能真的是没和上司沟通好，正好主管也刚上任，也需要积累管理经验。"师傅叹了口气。

"师傅，那如果我们一直联系不到员工，而员工也一直不来上班，该怎么处理呢？我记得公司考勤制度上有提到过如果旷工达到一定的时间，可以解除劳动关系，怎么操作呢？"乐乐问。

"像这种情况，例如我们发现员工不辞而别，应当在上班后没有见到人的第一时间通过电话等途径联系其本人，落实去向和原因。如果可以联系到本人，首先口头告知其必须在×天内返岗工作，否则按旷工处理。同时向其身份证地址和劳动合同约定地址发出特快专递，写明因其×年×月×日起无正当理由缺勤，必须在×天内返岗，否则按旷工处理，可以一并告知其工资发放的安排。并在信封表面注明'关于×年×月×日无故缺勤，须×天内返岗，否则按缺勤处理的通知'。当天寄出，之后等待邮局的投递情况和他本人的反馈。如果能返岗，则补办请假手续，并照章处理和继续工作；如果不返岗，则在出勤登记中登记为旷工，旷工记载的天数达到规章制度规定的解除劳动关系的天数时，按照违纪解除程序作出解除决定，然后进行送达，仍然采取邮寄的方式。送达的文书中，包括解除劳动关系通知等，完成送达后，解除手续完成。在完成前，社保关系不要停，留好快递单记录。"

督促回岗通知书

编号：×××

　　先生/小姐：

　　你自　　年　　月　　日起未正常出勤，也未办理任何请假手续。请收到本通知之日起×个工作日内回公司上班，按照用人单位/用工单位《员工手册》和规章制度规定，连续旷工×天者，视为严重违反公司规章制度，本公司有权解除劳动合同。

　　特此通知。

××××有限公司

年　　月　　日

回　执

　　我已收到××有限公司的督促回岗通知书，通知内容：你自　　年　　月　　日起未正常出勤，也未办理任何请假手续。请收到本通知之日起×个工作日内回公司上班，按照用人单位/用工单位《员工手册》和规章制度的规定，连续旷工×天者，视为严重违反公司规章制度，本公司有权解除劳动合同。

　　特此通知。

签收人签字：

年　　月　　日

解雇以事实为依据

　　经过一段时间的员工关系工作后，乐乐慢慢发生了一些变化，以前会有些小冲动的她，慢慢开始学着平和起来，遇到很紧急的事情，也会去多想一想，而不是接到任务就做。乐乐自己也觉得不再那么莽撞了，开始学会思考问题了。想想做人力资源工作也快两年了，感觉在日常的员工管理中有些头痛的问题自己还没接触到，例如员工违反公司的相关规定后，不但不肯认错误，且态度恶劣、拒写检讨书等；有时候听到同行的朋友说员工有意违反公司相关规定，以达到被公司解雇的目的；或者员工被解雇后，心理不平衡，找人打击、报复相关人员等。听起来挺可怕的。

之前曾经看过一部电影《在云端》，里面有不少是关于解雇人员的场景，什么时候可以有机会尝试一次呢？没解雇过员工的人力资源人员是不完整的，虽然还是挺怕的，不知道在解雇的时候会发生什么。"师傅，我那天看了部电影，叫《在云端》，里面有不少讲解雇人员的，我觉得好精彩啊。"乐乐讲着很兴奋。

"演得挺不错的，你可以好好看看。"师傅随口应了一声。

"听说最近公司要解雇一名员工是吧？我想了解怎么处理问题员工，用什么方法。"

"爱学习的好同志。目前来说公司员工总的情况还可以，但也发现个别员工会违反公司制度，要处理的这个员工就是一个典型，也是有点麻烦的，部门经理不舍得让他走，但老板让他立刻走人。这个员工偶尔会在上班时间睡觉，他工作是比较辛苦，晚上也经常加班，但趴在桌子上睡觉这个行为是违反公司制度的，之前也提醒过他几次，但这次他被大老板抓了个正着，说要辞退他。像这样的情况，我们要做的还是先调查事情的起因、经过、向相关人员了解情况，分析问题的原因，找到相应的管理规定作为依据，并找员工谈话，并加以教育，使员工清楚认识到自己所犯的错误以达到最终的目的。我们也需要做自我检讨，对各项制度的培训是否到位。当然对于特别顽固的员工，应和部门共同进行教育，且应充分利用见证人、通告、处罚升级的形式进行处理，从而使其从不符合解雇条件转变为符合解雇条件。

即使员工已不再适合留在公司发展时，也千万不要马上对他说'公司要解雇你，你走吧'之类的话。我们需要做的是找到依据，例如参照劳动合同法中第三十九条 劳动者有下列情形之一的，用人单位可以解除劳动合同的几个条件，看是否有符合。

(一) 在试用期间被证明不符合录用条件的；

(二) 严重违反用人单位的规章制度的；

(三) 严重失职，营私舞弊，给用人单位造成重大损害的；

(四) 劳动者同时与其他用人单位建立劳动关系，对完成本单位的工作任务造成严重影响，或者经用人单位提出，拒不改正的。

还需要结合公司制订的各项制度，例如严重违反用人单位的规章制度。什么才是严重违反？重大损害的定义是什么？这些员工是否都清楚。所以在处理的时候必须提供相关的证据或理由向被解雇的员工摊牌，这样员工才会心服口服，进而避免发生冲突。所以日常收集信息很重要。

对于企业规章及劳动纪律，除应尽量详细地制订条款外，还应以适当方式告知职工，在制订和公布规章制度时，交由员工阅读，并由员工签字确认。如果在劳动合同期间，企业规章制度进行修改的，也应再次交由员工阅读并确认。这样，一旦纠纷发生，就不会出现员工否认有此规定的情况。

通常，证明员工违纪行为的证据主要有：违纪员工的违纪情况说明、有违纪员工本人签字的违纪记录、其他员工及知情者的证明等；有关物证、有关部门的处理意见、处理记录及证明等。处理每一件事都需要留下痕迹，对于'大错不犯，小错不断'的员工的违纪行为，应注意平时记录在案，每次违纪时，都需要作出相应的书面处理材料，要求员工签字。

解雇员工的前期工作是需要利用安抚与缓解冲突技巧化解被解雇员工的抗拒心态，还需要理智处理解雇面谈的突发事件。我们经常强调处罚等都是管理手段，而教育避免下次重犯才是公司的最终目的！但是该处理的还是要处理，重要的是处理得当，比如：员工违纪处理的原则和依据。

还记得情、理、法吗？处理这类员工用面谈的方式，最好当天处理，最晚不超过第二天。一定要在公平、公正的前提条件下进行处理，可以选择恰当的时间、地点、相关人员与被解雇的员工进行面谈。在向员工表述公司的决定时，应刻意显得非常冷静和深沉，并且一再强调解雇员工并非员工本身的能力问题，而是他的能力特长与工作岗位需要的能力特点不相符，如果换一家公司他可能会有更大的发展前途，并且希望员工以主动辞职的方式离开公司。特别注意引导员工谈出他内心的想法和感受，尽量让他把对公司的不满发泄到这次谈话中，必须仔细地体会员工话语中的含义，分析是否可能会出现一些报复性行为，如有应努力延长与其谈话的时间，有时会是三个小时、四个小时，甚至更长，直至让他放弃这种念头为止。

解雇谈话，更像是语言上的较量。你必须清楚地表明公司的观点，并且要对员工激进的提问做出合理的、合乎公司利益的解释。另外，还要从员工的角度出发，帮员工分析下面的路该怎么走，并且帮助他建立起信心。同时，还要千方百计的让员工发泄出自己的怨气，以防止出现更严重的后果。每个人都很难承认自己的错误，同样，员工往往也不会对公司解雇他的理由表示认同，更多的是，他会将这种解雇归结为管理的问题或人际关系的问题，并且会由此产生较为强烈的不满。

如果在解雇面谈中因员工一时冲动，引至一些突发事件，如打人等，在场参与面谈的人员均应理智、冷静、随机的应变，千万不可以冲动行事。乐乐，我讲了这么多，你可以理解吗？这个过程也是一种博弈的过程，你把握好自己的立场原则进行谈判就可以了，处理这种情况还是快刀斩乱麻比较好。"师傅一口气讲了这么多。

乐乐叹了口气说："如果真遇到谈不下来的情况，我们怎么办呢？"

"还是摆事实、讲道理、给关怀，这样的情况亲身经历过就会有体会了。近期可能会有违反公司制度比较严重的人员需要处理，我带着你一起，你就可以好好体会一下了。"师傅满面笑容地说。这个星期还真出现了一个员工严重违反公司制度的情况。之前这个员工也会犯一些小错，这次是出现了大问题，原来在服务客户的过程中，这名员工和客户发生冲突引发严重投诉，并且在指引客户的过程用了虚假销售的方式造成了不良的影响。因为之前已经多次提醒过这名员工，所以公司决定和他解除劳动关系。

"乐乐，今天下午咱们一起去处理这件事吧。"

"太好了，又有东西学了。"

"师傅，那我需要准备这个员工之前曾经签名确认过的公司制度、违反制度后的违纪记录是吧？还需要其他什么资料吗？"乐乐问。

"还需要把这个员工档案调出来，再了解一下他的背景(包括入离职时间、之前的绩效、家庭状况等)。提前把员工的邮件系统锁定，并且和他的上级打声招呼确认面谈的时间。"师傅补充说道。

准备好了所有资料及确定相关的面谈时间、地点后，便进入面谈环节了："王明，你好。今天我叫你过来，主要是和你谈关于昨天发生的客户投诉及虚假销售的事。"

"我知道自己做得不对，但是希望公司可以给我一个改过的机会。"员工有些恳求的语气。

师傅一脸严肃地说："王明，你看一下这次事件的文档。"

王明仔细看了一遍后说："我确实做错了，真的没有补救机会了？"

师傅看着王明，很诚恳地说："虽然我也理解你的感受，但公司的制度规范是必须遵守的，如果违背了，就需要承担责任。你也是老员工了，希望这次事件对你是个教训。"

王明想了一会，说："我还是决定辞职，休息一段时间后重新找到自己的方向。"整个过程挺顺利，乐乐也舒了口气。

"我们日常需要做到：

- 根据业务处通知对违规员工及时下发提醒函；
- 提醒函签收确认(签字、日期)；
- 员工拒签的，则两人送达并做好送达记录；
- 邮寄到员工劳动合同上的通讯地址；
- 提醒函归档。

同时收集证据：

- 员工的业绩数据；
- 每个月的提醒函；
- 培训记录。

另外，在劝退沟通时，需要注意以下事项：

- 明确实际业绩和考核指标；
- 注意沟通用词的委婉，勿全盘否定员工的能力；
- 法律法规的正确应用；
- 送达《员工违规处罚通知书》一般由两个人一起执行。若出现当事人拒绝签收的情形，两名送达人应当在《员工违规处罚通知书》的下方备注送达证明。例如'于2009年11月22日在公司大厦一楼人力资源部办公室送达张三，张三已经阅读本通知书，但拒绝签收。'两名送达人在该文字下方分别签上名字，例如"见证人：张三，2009年11月22日16时25分。见证人：李四，2009年11月22日16时25分"(在法律上，一人见证属于无效证明，证明有效送达应为两人或两人以上)；
- 当事人拒绝签收或无法联系的情形，应通过EMS将《员工违规处罚通知书》快递给当事人(快递地址为当事人劳动合同上的地址)，并保留好快递存根。"师傅怕乐乐不明白，又详细补充了一些内容。

今天一天又学到不少知识，以事实为依据真的很重要。乐乐感慨了一下。

离职前的望闻问切

离职面谈的作用到底是什么呢？可以了解员工的意向，确认其是否是真想离职，看看还有没有可以挽回的余地。师傅给乐乐讲了一个自己的经历。

"记得以前有一个女孩子因为个人感情问题一冲动写了封辞职信，上司没有细致了解到她想离职的原因就批准她可以在相应的时间内办理离职。一次午餐时间，我恰巧碰到她上司无意中聊到这个女孩子，上司说挺可惜，这个女孩儿准备离职了，说是个人原因，具体她也不愿意说。后来我找这个女孩周围的好朋友沟通了一下才知道是怎么回事。我并没有想过会挽留到这个女孩子回心转意，只想和她提前做一个离职面谈。在面谈前我仔细查看了她的个人档案信息，她的绩效确实不错。

在谈的时候，我没有直接问离职的事，只问了她自己的那件事现在处理得怎样了。她说早已经没事了，觉得自己那个时候太冲动了。我笑着问她是不是后悔了，还想继续在这里工作吗？她害羞地说，其实早已经不想离职了，只是辞职信已经提交再拿回来挺不好意思的。觉得之前自己太不理智了，以后不会再这样了。我告诉她，如果考虑清楚了，我们当然愿意她留下来，但以后可别再这样了，如果一冲动就想离职，那这份工作还真是不咋样喔。

后来她留下来了而且工作很努力。所以虽然是离职面谈，并不是确认就是和准备离职的人进行面谈，在面谈的开头是要和员工确认对方的意向，是否真的要离职。离职面谈的目的是真正深入了解对方离职的原因，通过人力资源部门人员的沟通发现问题，让工作有更好的改善和提高。很多时候我们作为第三方的人员，员工更愿意告诉我们一些心里话。那我们在面谈前需要准备些什么呢？准备面谈者的所有信息，入职时间、上司、绩效情况、什么时候获得过奖励或处罚等。至少提前一天和员工约好时间。你可以问对方在公司感觉最好的有哪些？有没有值得回忆的故事？公司在哪些方面再做些改善会更好？当然员工是否想离职是可以提前发现的。"

"怎么发现啊？"乐乐非常好奇。

"还记得我们经常提到的观察吗？其实员工有离职意向前肯定会有一些异常表现。例如上级对下级会更加友善，并加强授权；下级则通常会在面对上司的工作询问时底气更足；工作积极主动性下降；请假参加外部活动较多(如面试)；经常浏览不相关网页，网名留言等更换频率提升；接听电话时格外小心等。"师傅列举了不少现象。

"师傅，还真的不少呢。上次我看到一个员工在休息室很小声地打电话，我碰巧走过去，她很快就挂断了电话。后来没几天，她就申请离职了。要是当时我有这个敏感度或许还有办法挽留。"乐乐感觉有些无奈。

"没关系，平时多观察、多了解就有经验了。话说回来，也不是每一个人的离职都要挽留的呀。"师傅开玩笑地说。

"我明白。那师傅，有哪些方法可以帮助我们提前发现预防呢？"乐乐还是很好学的，也很善于提出问题。

"问题提的不错。我们可以借用中医的望、闻、问、切四个步骤进行。

望：观察行为变化，及时关注员工是否有上述的离职前的表现。

闻：用耳朵听、用心听，通过员工身边的同事、上级了解员工的状况，并且要听出弦外之音。

问：开头发问应表示尊重，用一些语言，如'请进'、'请坐'。然后用'今天感觉您有事跟我说，我们坐下来慢慢聊吧？'进行发问。'能否告诉我……''是否可以……''您目前是怎样想的？您能否谈谈呢？'等句型进行发问。

切：提供解决方案，根据前三步的初步分析得出的结论，给予员工建设性的建议，对症下药，合理的解决(用感性和理性的思考回答员工的问题。是什么？为什么？怎么办？)。可用的句型如'您的这些感受我曾经也有过，您现在所想的，我当时也有类似的想法，所以我很理解您现在的心情。''我给您个建议，您听听看怎么样？'对于员工提出的一些问题，我们可以考虑以缓兵之计的方式先稳住员工情绪，然后考虑能否以调岗、调整激励方式(如业务员工提出更高的待遇，理论上是可以给出更高的激励的，但不会因此影响公司收益)、适当增加费用补贴等方法留住员工。当然很多工作也需要预防在前，也要根据不同的员工情况来进行。"师傅总结的真好，有思路、有方法。乐乐佩服得五体投地。

师傅接着说："其实掌握基本的'望、闻、问、切'的方法，对关注员工心态提供了简捷、有效的问题解决思路。人力资源工作是一个实践性很强的工作，掌握了方法当然还要加以实践运用，在实践中再总结每个环节的方式方法。你会觉得这个工作越来越有意思。"

考勤的故事之一

乐乐收到一张长假单，原来是一名员工得了病，需要很长一段时间的治疗，但是调养的时间超过她可以享受的医疗期，她的上司比较为难。这名员工是部门的骨干，如果因为这个原因而离职很可惜，员工也非常想病好了之后继续留下来工作。员工目前的岗位工作压力很大，如果病情稳定可以回来上班，但这么大的压力也容易使身体再次出现问题。

部门领导很希望帮员工暂时调整到一个工作相对来说比较轻松的岗位上，但听她的部门领导说员工本人不愿意。乐乐说："我估计因为工作相对轻松的岗位薪酬也会有调整，可能员工不想吧。"师傅后来和这名员工进行了沟通，也与她的医生进行了沟通，了解了员工可以从事的工作强度，也了解到员工也知道目前自己的身体不适合在现在的岗位工作，但她确实很喜欢这个岗位，她担心调整以后没机会再回到原岗位。师傅约员工进行面谈，乐乐也参与了。在沟通中师傅强调了目前的调动是暂时性的，主要鉴于她之前的工作表现出色，希望经过短暂的调整后可以更好的工作。后来员工主动写了个人申请调岗说明并签署了岗位变更协议，这件事解决得很圆满。

考勤的故事之二

又快到月底了，乐乐桌子上堆了很多请假单。刚开始做这些时，乐乐还觉得挺有意思的，做多了之后，就觉得很烦。

"师傅，很多公司关于员工考勤方面是行政部门负责管理的，我们怎么还得管这些呢？"乐乐很疑惑。

"其实从考勤中也可以看到很多东西呢。而且有时候员工关系的问题就是从这个简单的考勤开始的。如果你仔细看，还可以发现一些问题呢！"师傅就是不一样。总是善于从新的角度发现问题。

乐乐听了师傅的话，静下心来慢慢继续看起了请假单。一张张翻着，统计着考勤情况。奇怪，有一个员工好像每周总有一两天会请病假，怎么这么规律。乐乐拿起电话向员工的上级了解情况，也没有什么具体答案。

"师傅，您看看这个员工挺奇怪的。最近每周都会请病假，很规律，这是怎么回事？之前还真没注意。"乐乐拿着假单凑到师傅跟前。

"确实有点奇怪，太规律了。你先让员工到我们指定的医院进行确诊，看看还需要多长时间的病假。"师傅立刻做了指示。

"师傅，要是这个员工不肯去我们指定的医院，怎么办？"乐乐继续追问。

"那让员工提供一下目前他的主治医生的联系方式，我们去拜访一下。"师傅回应。

过了一会，乐乐回来了。

"师傅，员工提出离职了。听说他好像还在外面兼职，所以很规律的请假。真没想到啊。"乐乐张大嘴说。

"怪不得，以后我们对考勤更要认真仔细，从细节入手，找出原因，发现问题。"师傅说出了期望。

无固定期限的劳动合同

"乐乐，听说我可以签无固定期限合同了是吧？"行政部的女生问。

"您听谁说的？"乐乐疑惑地看着她。

"我看网上说签了两次固定期限合同就可以签无固定期限合同啦。可别说不能签喔。"行政美女的大眼睛一闪一闪的。

乐乐想：还真有要签无固定期限合同的同事了啊？这么快？赶紧去查一下。"美女，我查好后就告诉您，别着急。"乐乐走到办公室打开电脑，查到女孩儿的名字，她还确实签了两次固定期限的合同。

"师傅，行政部的女生问我是否可以签无固定期限劳动合同。我看到她确实签了两次固定期限的合同了，符合条件吧？"乐乐有点不自信地问。

"你看一下她两次签合同都是在什么时间？"师傅问。

"一次是在 2006 年，一次是在 2008 年。"乐乐快速地回答。

"那你觉得她符合条件吗？"师傅又问。

"符合吧？"乐乐更加不肯定了。

"新的劳动合同法是什么时候颁布的？是 2008 年，那新劳动合同法上的相关内容是 2008 年 1 月 1 日正式执行的，所以从 2008 年以后签订的合同才可以算是第一次。所以两次固定期限合同都是要从 2008 年开始的。我们来看看第十四条 无固定期限劳动合同，是指用人单位与劳动者约定无确定终止时间的劳动合同。

用人单位与劳动者协商一致，可以订立无固定期限劳动合同。有下列情形之一，劳动者提出或者同意续订劳动合同的，应当订立无固定期限劳动合同：

(一) 劳动者已在该用人单位连续工作满十年的；

(二) 用人单位初次实行劳动合同制度或者国有企业改制重新订立劳动合同时，劳动者在该用人单位连续工作满十年且距法定退休年龄不足十年的；

(三) 连续订立二次固定期限劳动合同且劳动者没有本法第三十九条规定的情形续订劳动合同的(见 193 页第三十九条)。

用人单位自用工之日起满一年不与劳动者订立书面劳动合同的，视为用人单位与劳动者已订立无固定期限劳动合同。

无固定期限劳动合同，是指用人单位与劳动者约定无确定终止时间的劳动合同。

由于缺乏对无固定期限劳动合同制度的正确认识，不少人认为无固定期限劳动合同是'铁饭碗'、'终身制'，认为无固定期限劳动合同一经签订就不能解除。因此，很多劳动者把无固定期限劳动合同视为'护身符'，千方百计要与用人单位签订无固定期限劳动合同。另一方面，用人单位则将无固定期限劳动合同看成了'终身包袱'，想方设法逃避签订无固定期限劳动合同的法律义务。

这里所说的无确定终止时间，是指劳动合同没有一个确切的终止时间，劳动合同的期限长短不能确定，但并不是没有终止时间。只要没有出现法律规定的解除劳动合同的条件或者双方约定的条件，双方当事人就要继续履行劳动合同规定的义务。一旦出现了法律规定的情形，无固定期限劳动合同也同样能够解除。"

劳动合同续签的学问

最近关于劳动合同方面的事情还真不少。有几个同事的合同还有一个多月就要到期了。"乐乐，把近两个月合同即将到期的人员名单先整理出来给我看一下。"师傅轻声说了一下。

"好的。我整理出来了。师傅，您看看。"乐乐欢快地回答，"师傅，下一步是要和这些同事的上司确认是否续签对吧？还要和员工沟通一下是否愿意续签吧？"

"是的，你说的没错。续签合同要双方同意，还有就是我们也要看看这些合同快到期的人员近一年的绩效是否满足公司合同续签的条件。这个事比较急，你赶紧去做吧。"师傅交代了一声。

乐乐半小时后就告诉师傅说已经通知了所有相关人员，并且绩效这块大家都符合续签标准。

"你是怎么通知给所有人员的呢？"师傅问。

"我发邮件给他们，而且还打了电话提醒。"乐乐回答。

"有没有发劳动合同到期征求意见表给员工？"师傅随口问了句。

"没有哦，在哪儿有这个啊？"乐乐丈二和尚摸不着头脑。

"在文件系统里有呢，没注意是吧？"师傅继续说。

乐乐赶紧打开这个表看了下，原来是这个文档啊。乐乐特别留意到"如您不希望续签合同，请在收到本意向表后五日内以书面方式提出终止劳动合同申请。"这句话。

"师傅，这句话挺好的。刚才我去问员工是否续签的时候，有一个同事说要考虑，我问他要几天，他说过段时间。有这个就好了，我们也有签收回执，也不怕员工拖延时间。"乐乐说完就赶紧拿去给每个员工进行签收了。

劳动合同到期征求意见表

致　　　　　：

我公司与您签订的劳动合同将于近期到期，请您在员工意见栏中填上您对合同续签的意见并签名。如您不希望续签合同，请在收到本意向表后五日内以书面方式提出终止劳动合同申请。

工号	姓名	业务部门	岗位	级别	是否有意向续签	员工签名及日期
原合同到期日		续签合同开始日期		续签合同结束日期		

××××××××××有限公司

人力资源部(盖章)

年　月　日

签收回执

　　本人确认已收到公司于　　　年　　月　　日发出的《劳动合同到期征求意见表》，并将于五日内在意向表上填写意见并交至人力资源部。

员工签名：

年　　月　　日

打开沟通枷锁的员工沟通会

"我们在和员工续签合同的时候，也可以增加一个环节，让直属上司和员工做一个沟通，了解员工对之前工作的总结和回顾，以及对今后工作的期望。上司在这个时候也可以再次把对这个岗位的目标要求与员工进行沟通，给予员工建议，让员工多聊一些个人的想法及发展方向及目标。

在企业中与员工沟通是一个永远的话题。和员工沟通的渠道不少，不管在什么行业选择什么样的渠道显得非常重要，例如有内部员工沟通会、沟通邮箱、论坛、微信群等等，但内部员工沟通会是一个经典有效的方式。

那员工沟通会如何组织呢？是否就是准备好会议室、让参与者准备好问题、再好一点是准备好茶点创造更好的氛围让员工愿意畅所欲言？

通过多次员工沟通会的开展，发现可以从以下几方面着手。

首先，宣传在前。提前一周发出宣传邮件，例如：'您是否有满腔为公司发展献计献策的热情而不知如何表达；您是否有许多工作和生活中的困扰而不知通过何种途径解惑？不必担心，这一刻起，这些要求都能实现。每周在×××会议室我们相聚在×××。对于一般性问题现场直接回复，若后续需跟进的反馈，则在××个工作日内回复。良好的沟通渠道需要全体同事们的共同维护。您的支持，是我们不断进步的最大动力。我们一直致力于给全体同事提供最高效、最优质的服务，希望在员工沟通渠道完善运行后能获得更多的意见和建议，督促我们进步，共同推进公司事业不断走向辉煌！'

其次，专业的引导和主持。在开展过程中人力资源部专人进行主持、记录提问者及回答的内容，最后需要做好总结。在每一期沟通会结束后，可以把活动中广大同事们的踊跃支持，现场解答了热心同事们所关心的诸多问题中具有代表性的问题都选登在公司内刊中，让更多的员工了解沟通会。

在进行多次内部员工沟通会之后，可以再根据员工非常关注的热点问题进行专题性沟通会。在每次内部员工沟通会前进行当期主题沟通会的宣传，让大家更加积极踊跃地参与这样的活动。同时可以通过这些沟通渠道更加深入了解员工的想法，从而制订出更有效、更具实操性的制度流程。"

沟通渠道的建立

越来越发现事前沟通的重要性，师傅想让乐乐一起做一个公司内部的员工沟通反馈渠道操作指引和实施办法。主要包括目的、沟通渠道、操作方法、回答问题的原则等方面。师徒两人商量了许久，终于出炉了以下的成品。

关于内部员工沟通反馈渠道的操作指引(试行)

一、目的

为提高员工满意度，规范人力资源部门内部操作，更快速地反馈员工的问题，及时根据员工反馈的信息改进业务，特制订本指引。

二、服务对象

主要面向公司所有员工。

三、员工信息来源——沟通渠道

为了统一沟通渠道，更高效地接收并回复员工反馈，建议将现场咨询日、内部邮箱、外部邮箱三种方式作为公司主流沟通渠道。详情参见《内部员工沟通渠道实施细则》。

四、回复员工信息的原则

(一) 回复员工信息采用审慎原则，规范操作，回复员工应简单明了、有理有节，必要时需人力资源主管审核。

(二) 员工信息分类原则

普通类：一般性问题、一般性咨询(有规章制度流程清晰指引的，仅涉及个案，影响面小的)，处理时限为 3～5 个工作日。

关注类：敏感性问题、敏感性咨询(涉及面广、影响大，涉及流程制度改变的，非人力资源部门范畴的)、所有的员工投诉信息，若为特殊案例，处理时限可酌情延长。

(三) 员工咨询或投诉信息涉及多个问题的，由各业务组反馈至人力资源部，由人力资源部统筹反馈给员工。

(四) 涉及公司保密级内容的，不能通过互联网回复。

五、人力资源部各岗位职责及操作指引

(一) 主管

(1) 对于员工沟通渠道管理和沟通的流程制度给予指导。

(2) 审阅每季度员工信息统计分析报告。

(3) 对于较难处理或需要特别关注的员工信息予以指示。

(4) 根据员工意见和建议改进工作。

(5) 每月固定一次员工服务沟通会，直接接收员工当面反馈(轮流制)。

(二) 专员或助理

(1) 每天收集各渠道信息、对信息进行归类整理。

(2) 对于关注类或不确定类信息当天归类整理后将回复内容提交主管审核后发出。

(3) 根据指示把信息反馈各组，并督促落实；同时将各组反馈回来的结果及时反馈员工。

(4) 每季度对于员工邮件予以统计，初步分析，提交分析报告。

(5) 员工服务沟通会前两日接收员工报名，整理完成并筛选后提供名单给员工和相关主管。

附：

内部员工沟通反馈渠道实施细则

目前采取现场咨询日、内部邮箱、外部邮箱三种方式作为公司主流沟通渠道。

具体表现为：

1. 现场咨询日

人力资源部门每月安排在固定时间和工作地点接待前来反馈问题的员工，每月会议至少要有一位主管级以上人员参与，可采取轮流制。

咨询会前一周接受员工报名，每次咨询会可参与员工约为十五人，采取多对多的形式，即每位员工有大约十五分钟的面谈时间。对于会上可直接解答的问题，直接回复，若后续需跟进的反馈，则在三个工作日内由各业务组员工或主管解答后交由人力资源部人员直接反馈给相应员工(个别案例按照情况酌情处理)。一般在五个工作日内反馈员工并最终整理备案。

2. 内部邮箱

确立邮箱反馈机制，员工可通过邮件发送需求至咨询邮箱，整理后提交给对应业务组，对应业务组在接受员工需求后于三个工作日内反馈给员工关系组(个别案例按照情况酌情处理)，由人力资源部于五个工作日内反馈给员工并最终整理备案。

3. 外部邮箱

员工需要在标题中注明"内部员工反馈"字样发送外部邮件，此邮箱一般只用于接收不用于回复，回复通过内部邮箱或者电话直接沟通的方式进行，为保证公司的信息安全，禁止使用外部邮箱传递公司内部或敏感信息。

这些细则终于完成了，以后就按这个模式来做了。

满意度调查

又快到年底了。这一年公司里的员工增加了不少。乐乐想员工对公司感觉怎样呢？有没有什么建议和意见呢？要不要做点什么呢？好像可以做一个满意度调查初步了解一下。

"师傅，我们需要对员工做满意度调查吗？"

"呵呵，咱们真是想到一块儿了。"师傅笑着说。

"正打算让你写一个初稿呢。主要……"突然师傅停了，"这次你自己先做初稿后我们再讲。"

乐乐上网、找同行咨询，忙乎了一阵后开始干活了，终于成品出来了。

各位同事：

大家好！欢迎大家参与××年度满意度调查活动。我们的大家庭从一个 20 多人的小团队发展为今天近 500 人的大团队，这个过程中凝聚了所有人的心血和汗水。

今天在公开透明、客观直接的氛围中，我们诚挚地希望所有参加满意度调查的同事都能够客观、真实地进行选择，并留下您宝贵的意见和建议，您的选择结果将对我们的工作有着非常重要的指导意义，公司的长远发展将依靠大家的参与和努力。

本问卷分内部管理、制度流程、薪酬福利、培训、企业文化以及其他六个方面进行，以便管理层能针对出现的问题或不足之处进行调整与完善。答案没有"对""错"之分，您只需按照自己的看法对以下各题进行选择，本问卷无需填写姓名。

谢谢大家！

公司员工满意度调查表

您的基本情况(仅用于统计目的)

1. 年龄：　A. 18～25 岁(　)　　　　B. 26～30 岁(　)　　　C. 31 岁以上(　)

2. 性别：　A. 男(　)　　　　　　　B. 女(　)

3. 文化程度：A. 中专及以下(　)　　B. 大专(　)　　　　　C. 本科及以上(　)

4. 在公司工作的时间：A. 0～3 个月(　)　B. 3～6 个月(　)　　C. 6～12 个月(　)

　　　　　　　　　　　D. 1～2 年(　)　　E. 2～3 年(　)　　　　F. 3 年以上(　)

5. 部门：　A. 后台支持部(　)　　B. 市场部　　　C. 销售部　　　D. 研发部

一、满意度调查范围包括以下六个方面：内部管理、制度流程、薪酬福利、培训、企业文化及其他。

1. 内部管理

(1) 您对公司××年的整体管理感到满意吗？

非常不满意　　不满意　　一般　　满意　　很满意

(2) 您对所属上级在处理问题的公平公正性方面感到满意吗？

非常不满意　　不满意　　一般　　满意　　很满意

(3) 您对上级对待您的方式感到满意吗？

非常不满意　　不满意　　一般　　满意　　很满意

(4) 当您工作出色时您对上级给您的赞赏感到满意吗？

非常不满意　　不满意　　一般　　满意　　很满意

(5) 您对上级给予的工作方面的指导感到满意吗？

非常不满意　　不满意　　一般　　满意　　很满意

(6) 您对与上级畅谈您的感受和看法方面感到满意吗？

非常不满意　　不满意　　一般　　满意　　很满意

2. 制度流程

(7) 您对职业晋升管理制度感到满意吗？

非常不满意　　不满意　　一般　　满意　　很满意

(8) 您对公司各项管理制度的执行情况满意吗？

非常不满意　　不满意　　一般　　满意　　很满意

(9) 您对公司整个信息沟通状况满意吗？

非常不满意　　不满意　　一般　　满意　　很满意

(10) 您对定期举办沟通会这样的形式感到满意吗？

非常不满意　　不满意　　一般　　满意　　很满意

(11) 您对公司行政后勤服务方面感到满意吗？

非常不满意　　不满意　　一般　　满意　　很满意

3. 薪酬福利

(12) 您对所在岗位的薪酬体系感到满意吗？

非常不满意　　不满意　　一般　　满意　　很满意

(13) 您对现行的薪酬和激励措施感到满意吗？

非常不满意　　不满意　　一般　　满意　　很满意

(14) 您对公司目前的工资发放感到满意吗？

非常不满意　　不满意　　一般　　满意　　很满意

(15) 您对公司目前的福利购买服务感到满意吗？

非常不满意　　不满意　　一般　　满意　　很满意

4. 培训

(16) 您对公司内部培训的时间安排感到满意吗？

非常不满意　　不满意　　一般　　满意　　很满意

(17) 您对培训内容的清晰度感到满意吗？

非常不满意　　不满意　　一般　　满意　　很满意

(18) 您对培训讲师的授课技巧及专业性方面感到满意吗？

非常不满意　　不满意　　一般　　满意　　很满意

(19) 您对培训的效果感到满意吗？

非常不满意　　不满意　　一般　　满意　　很满意

(20) 您对培训课程在实际工作中的帮助感到满意吗？

非常不满意　　不满意　　一般　　满意　　很满意

5. 企业文化

(21) 您对公司在××年组织的各项活动感到满意吗？

非常不满意　　不满意　　一般　　满意　　很满意

(22) 您对公司在××年组织的活动频次感到满意吗？

非常不满意　　不满意　　一般　　满意　　很满意

(23) 您对在公司的归属感感到满意吗？

非常不满意　　不满意　　一般　　满意　　很满意

6. 其他

(24) 您希望公司用什么方式奖励您的出色表现？

晋升　　加薪　　培训机会　　更多的带薪假　　旅游机会　　其他

(25) 您希望公司组织哪些活动？

知识竞赛　　培训学习　　体育竞赛　　书法等竞赛　　节日庆典

生日活动　　旅游活动　　公益活动　　户外休闲活动　　其他

请在您认为的选项上打对号，非常不满意(1 分)；不满意(2 分)；一般(3 分)；满意(4 分)；很满意(5 分)。

二、写下您觉得最需要改善的部分和环节(请简要写下您的理由)，或者对总体或其中一部分提出您的宝贵建议和意见：

_____

_____

初稿完成，乐乐觉得还算比较全面。

"师傅，您觉得这个调查表可以用吗？"乐乐很想知道师傅的想法。

"结构和层次很清楚，接下来的重点是分析方面了。我们让技术部的同事把这个调查表整合到系统里，同事们打分后直接可以在系统中把结果导出。

接下来我们可以用统计分析柱形图、饼图等各种形式把满意度的结果展示出来。我们去找技术部的同事帮忙吧！"师徒两人开心地走向技术部。

新员工指南

总算完成了满意度调查的统计分析工作，乐乐忙得头晕眼花。在分析结果中发现员工对员工发展手册有一些建议，大家希望可以把制度手册写得更有趣一些，最好可以有一些具体故事放在其中。

"乐乐，员工这个建议提得很不错。现在员工越来越趋于年轻化，如果满眼都是固定格式、密密麻麻的条文制度，这样的员工发展手册会让大家没有看下去的欲望。正规的条文制度不能少，但怎样让新员工指南有不同的感觉呢？"师傅抛出了这个问题。

"师傅，我之前曾经想过这一块，看能否像写小说、故事一样描述一个员工从应聘到培训、入职、晋升、发展的全过程。我计划先写销售类员工，不知道是否妥当。大家都喜欢读故事，读起来应该会饶有兴趣。我之前没事的时候，大概写过一些。您有空看看，指点指点我。"乐乐打开电脑，迅速把之前写的文档打开。

"乐乐，看来你早有准备，很棒！机会总是等待有准备的人。我会仔细看看，到时候咱们好好讨论讨论。"师傅夸奖乐乐。

销售员工手册(故事版)

机不可失，闪亮登场

我叫小白，今年24岁，女，大专毕业后从事过一年多的销售文员工作，但我一直想从事营销类的工作。在招聘网站上看到招聘的岗位，立即投了个人简历。很快接到人力资源部的电话预约面试通知。机不可失，我经过精心准备并通过层层筛选，成为一名营销人员。

第一天上班

第一天上班一定要准时。我早早准备好，穿着最喜爱的粉红色衬衣及蓝色的西裙去上班了。我工作的地点在××大厦，坐落在市区繁华的商业街，大厦风格高雅，走在里面一种"我是白领"的感觉油然而生。人力资源的美眉做了详细介绍，原来着装是有严格要求的，女性以衬衣、西裤、西裙为主；男性以衬衣、西裤为主。

舌尖上的美食

大厦的饭堂很不错，会根据春夏秋冬不同季节来搭配合理的营养膳食，大家可以享受丰富的早餐和午餐。此外，大厦周围也有不少选择：简单方便，如便利店、快餐等；如果时间充裕，也可以一路向东，选择稍远一点的美食城等，吃喝玩乐一应俱全。

大城小窝

大厦地处市中心，生活配套设施非常齐全，附近不仅有××花园等成熟型小区，还有各种档次的酒店可以选择。有小资们最爱的经济型酒店，还有高品质的××大酒店、××酒店等星级服务可以享受哦！

BMW(公车、地铁、行走)

地铁四通八达，不仅连接了城市的东南西北，如今更是开到了相邻的城市。不管您在哪里，只要认准×号线的×站出口，大厦近在咫尺，要说地铁便利，他的孪生兄弟公交可不服气了，城市的公交覆盖面比地铁要广很多，大街小巷无处不在，而且还有价格的优势呢。大厦附近的公交站也很多。

工作篇

人生充满了很多意外，一向准时上班的我，上班路上遇到了公车故障。幸亏在第一天人资美眉就告诉我们一定要记住主管的电话，如果真有急事可以及时提前告知主管。我赶紧打电话和主管说公车出了故障，不确定可否准时赶到，但我会尽力准时到岗。还算幸运，很惊险的准时到达了公司，如果迟到了一次，可是有备案的喔！以后我要尽可能更早一点出发。

奇怪，今天好像有同事没来上班喔。昨天就听到有的同事说最近压力好大，似乎浑身不舒服，想请假但又没和主管说呢。难道……后来知道那个同事没提前请假，一大早就打电话给主管，说身体不舒服要请假，主管问其身体具体情况，他也支支吾吾说不出来。其实按公司规定原则上请假是需要提前×天向上级申请的，虽然提前×天是一个标准，当然上级也会根据实际情况进行调整，但无论如何员工一定要提前和上级做好请假申请沟通。

经过了几个月的努力奋斗，从开始的胆怯害怕到第二个月业绩逐步提高，中间也经历过业绩跌宕起伏、大起大落的阶段。经过向主管、资深同事的沟通学习，最终我顺利晋升。在颁奖大会上我分享了自己的体会：多想、多问、多学、多看，乐于分享也善于总结就是我的经验。我自己也写了一本工作小秘笈呢！

在晋升后我对自己的要求也提高了，不仅在工作技巧、业绩上主动帮助新进的同事，还会总结新手上路时最容易出现的问题，告诉同事怎样可以减少差错的发生。晋升之后，薪酬提高了不少，感觉很爽。我赶紧去买了个iPhone5S，换了个很靓的号码。得意忘形的时候，竟然忘记把更换的号码告诉人资部和主管了，下个月发工资的时候收不到短信才想起来。我们的工资信息是以短信的形式发出的，所以更新了电话号码一定要告知人资，这样才可以收到信息。

想要知道梨子的滋味，就要亲口尝一下

经主管和经理推荐、总经理核准，我参加了公司举行的管理培训课，经过两天的学习和考核，我顺利通过考试。碰巧在那个时候，公司内部在做管理者的竞聘，我觉得自己可以去尝试一下，就填写了《内聘人员登记表》，在表中，我首先介绍了我的个人工作及学习经历、为什么参加竞聘主管的职位，然后讲述了在工作中取得的成绩及如何做到的方法，最后描述了我竞聘主管的个人优势、核心竞争力及还需要努力的方向。填写完后递给主管及经理签字。

主管帮我递给了人资。我觉得自己有一定的实力，但还是有一定的差距，虽然平时也协助过主管的工作，但毕竟自己没有单独做过管理工作，但我觉得这是一次非常好的锻炼和学习的机会，勇于尝试、敢于失败。

内部主管竞聘的面试在一周后如期进行了，我们一共有十五名同事一起参加了面试。面试分为三个环节：自我展示、无领导小组面试、互动提问，最终决出胜者。在无领导小组面试中，我暴露了自己的不足，陈述观点的时候逻辑性不好、条理不足，很容易受到其他成员的影响。

职业生涯——两点之间、曲线最短

一周后人资宣布了最终的优胜者，我失败了，但我觉得在整个过程中我了解到了内部竞聘的流程、面试官考察的能力点，丰富了我的人生经历。两点之间本来是直线最短，但我觉得人生经历多了对自己的未来更加有帮助。看似绕行的路，有时恰恰是捷径。

压力山大

工作了一年后，感觉有些累。其实我也有不少减压的方法，例如周末去爬山、看电影，平时晚上去打打球，但我最喜欢的一种方式是将每天开心的、烦恼的记录下来，在写的过程中也顺便把压力疏解了。

有一段时间，我似乎开始有点厌倦现在的工作了。主管看出来我有些疲惫，很关切地问我要不要休息一两天调节一下，正好也有年假，我填好请假单，休息了两天，重新注入活力。

职业生涯——功夫不负有心人

机会总是给有准备的人。我一直调整自己的工作方法，业绩始终排在大业务组前五名。除了业绩突出外，我还负责新进员工的培训辅导工作，也协助主管完成日常的组内事务。在又一次的主管竞聘中我终于成功了。

学习就是竞争力

作为主管，除了对公司的制度熟悉了解，同时需要具备相当的技能。公司每个月会有很多专题的培训课程，例如对办公软件的使用，配套的课程有：Excel 系列培训——关于数据分析及处理的基础知识、商务运用的技巧、图表之道等；PPT 系列培训——展示技巧基础、展示进阶。同时针对日常工作方面的课程有为您的时间增值的时间管理课程、打开沟通之窗的沟通技巧课程。如何面试、如何打造高绩效团队都有相对应的培训。学习是永无止境的！

"乐乐，我看了你写的故事，确实很有新意，可读性挺强的。下一步需要完善的就是把内容更加充实一些，将员工需要掌握的内容分模块进行编写或许会更好。你先想想看怎样调整，可能还需要一些时间。其实上次满意度调查里还有一块我们可以做得更好，我们可以把员工日常咨询的常见问题整理成一个手册，这样方便员工查询。你觉得呢？"

"嗯，确实是这样。师傅，其实这个我早就该做了，之前也有同事说起过。"乐乐很同意师傅的想法。

"好，那这次就一起做吧。让员工感到更加满意。"师傅鼓励乐乐。

因为日常的工作和信息收集比较到位，员工服务手册整理得特别快。这段时间乐乐一直在做文字整理类的工作，觉得非常有意思。坐在电脑前，乐乐想再查看一下有什么疏漏的地方。

人事手续速查手册

目录

五、申请开具各种证明须知

1. 如何办理收入证明

2. 如何开具交税证明

3. 如何申办独生子女光荣证证明

4. 如何办理初婚未育/初婚初育证明

5. 收入证明金额是如何计算的

6. 申请盖章材料中"单位名称"如何填写

三期女员工专栏

1. 怀孕后，《就医确认凭证》如何办理

2. 产妇生产后，营养费用补助如何报销

一、完美假期

1. 事假、病假、婚假、产假、慰唁假的申请方法

员工休(请)假，原则上要提前三个工作日递交请假单及相关证明材料。员工的各类休假中×日以上的假期申请需报渠道总监审批。

(1) 按要求完整填写《员工休(请)假申请表》，在申请表后附上证明、材料。

婚假：结婚证的复印件。

产假：医院证明原件、出生证或独生子女证的复印件。

病假：加盖医院公章的医生证明原件。

陪产假：《出生医学证明》和《准生证》复印件。

慰唁假：提供死亡证明。

(2) 交由直属上司、经理和主管签名审批。

2. 年假是如何计算的？什么时候开始有年假

年假会因工作年限而调整(含其他单位工作经历)，具体请查看年假休假表(见表13-1)。

表 13-1　年假休假表

工作年限/年	每年可享受休假/天
工作年限<5	5
5≤工作年限<10	7
10≤工作年限<20	10
工作年限≥20 年	15

(1) 本年度年假的有效期

有效期至第二年的 3 月 1 日；如 2013 年的年假，有效期到 2014 年 3 月 31 日。如有特殊情况，以另行通知为准。

(2) 如何查询年假结余情况

人资每月会将员工的《年假天数统计表》发给业务组长，员工如需了解年假天数，或对年假天数有疑问，可向人资部门咨询。

二、社会保险

1. 社会保险的个人和单位缴费比例分别是多少

社保缴费基数每年 7 月份会根据员工上一年度的平均工资而调整，具体缴费比例如下(以广州 2012 年为例)(见表 13-2)。

表 13-2　单位、个人缴费比例表

险　　种	单位缴纳比例	个人缴纳比例
养老保险	12%	8%
医疗保险	8%	2%
生育保险	0.85%	—
工伤保险	0.25%	—
失业保险	2%	1%(农村户口不需缴纳)
重大疾病	12.45 元	—

2. 新入职员工如何获得医保卡

(1) 入职本单位前，如前单位已购买过社保，则延用原来的医保卡，公司不再另行发卡。

(2) 如首次在本市参保，一般入职三个月内人资经办会邮件通知领取。

(3) 入职后至领取到医保卡期间，如需就医，请在就医前拨打电话咨询具体注意事项。

3. 如何查询个人社保号码

方法 1：医保卡的包装袋正面有个人电脑号，即为个人社保号码。

方法 2：拨打服务热线即可查询。

4. 如何查询社保个人账户明细

方法 1：登陆"社保网上业务大厅"进行查询。例如输入网址：http://www.gzlss.gov.cn(广州)。登录后输入账号：身份证号码和初始密码(医保卡上的个人社保号码)进行查询。

方法 2：可带上身份证原件和社保卡到"社保局"，直接打印缴费明细即可。

5. 医保卡不慎遗失或想更换，可以向公司申请补办吗

目前我公司员工的社保由第三方公司代缴代办，入职后首次在本市参保，社保局会将医保卡(默认××银行)发放给第三方公司，对于已发放过医保卡的同事不提供补办业务。

医保卡遗失或补办可携带本人身份证原件至医保卡开卡行网点补办即可。员工可到任意一家××银行网点办理补办手续。

6. 医保卡信息与个人信息不符，应如何更改

(1) 提交材料及更改流程

① 请准备身份证复印件三张，每张复印件空白处手写身份证号码并签名确认，交由人资处统一办理资料变更。

② 需提交身份证原件、户口薄原件、医保卡原件及 5.5 元医保卡重制费用。

(2) 处理时长

收取资料后两周内返回所交材料原件给员工，两个月内发放新医保卡。

7. 将外地的社保转移到本地，该如何操作办理

(1) 办理条件

外地社保转移到本地，只能转移个人的养老保险部分，其他部分不能转移。

(2) 办理流程

① 回原社保所在地社保局，开具《养老保险转移函》。

② 将《养老保险转移函》连同身份证原件、户口本原件交社保局，办理养老保险转移。

8. 离职员工养老保险、医疗保险等如何转移或注销

(1) 员工离职后仍在本地工作

员工本人不需办理任何手续，新单位会根据员工身份证号及姓名到社保局办理增员。

(2) 员工离职后离开本地赴外地工作

① 养老保险转移

员工携带社保缴费凭证、身份证、户口本原件到新参保地社保局办理。社保缴费凭证开具：因各地政策不同，建议在办理养老保险转移前先咨询所赴参保城市社保局相关政策。

② 医保注销/转移

注销条件：员工工作地点为非户口所在地且已办理养老保险关系转移手续；如满足上述两个条件，则可携带养老保险转出证明、身份证、医保卡到当地医保中心办理医保卡注销，注销后可将医保卡中的余额取出来。

转移条件：已办理养老保险关系转移手续且当地可以接收医保转移的，根据当地政策办理。一般只需把旧医保卡复印给新参保地医保局即可。

(3) 备注

其他三个险种(工伤保险、失业保险、生育保险)暂不能转移或注销。

(4) 社保相关事宜咨询

电话：××××××

三、商业补充医疗保险

1. 补充医疗保险如何报销

(1) 所需材料：具体报销所需准备材料及填写单据请按照《员工社保补充保险手册》指引进行，准备好材料后自行投入收单箱。

(2) 保险公司收单时间：每月 10 日。

(3) 理赔办理时间：保险公司在收齐资料后，如确定是保险责任，保险公司在十个工作日内把理赔款支付到员工账户(银行转账还需 2～6 个工作日)；如确定为非保险责任，保险公司会发出拒赔通知书，并说明拒赔原因；当资料递交不齐全时，保险公司将通知我公司员工尽快补齐资料，待资料补齐后再重新理赔。

(4) 理赔结果查询

方法 1：保险公司以手机短信、纸质书面向员工通知理赔结果。

方法 2：员工可直接登录保险公司网站进行自助查询。

2. 补充医疗保险报销有时间限制吗

药费报销时限为×年。

3.《医疗保险索赔单》应如何填写

(1) 清楚、完整、正确填写员工姓名、工作岗位、联系方式。请用黑色签字笔填写、签名。

(2) 每次就诊费用请分栏填写；索赔金额和收据金额一致，诊治日期和收据日期一致。

(3) 每次就诊的病历资料与对应的医疗收据放在一起，并钉附在索赔申请单后，勿粘贴。

(4) 费用类别填写：1—门诊；2—住院；3—购药；4—其他。

(5) 索赔时请提供医疗收据原件、门诊病历、各项检查报告、住院小结等原件或复印件。

4. 补充医疗保险索赔所需资料

(1) 原件：医疗发票(收据)。

(2) 复印件：用药清单、病历、理赔申请书。如有做检查或手术，提供相关报告及记录。

详细可参考《员工社保补充保险手册》。

5. 补充医疗保险可以报销哪些牙齿就医的费用

由于蛀牙或疾病原因需作治疗的医疗费用都可报销，如补牙等。镶牙、洗牙等由于不属社保报销范围，所以依照合同规定，不属保险责任。

四、住房公积金

1. 新入职员工如何获得公积金对账本

原则上，每位员工只有一个住房公积金账户，每个账户对应一本公积金对账本。

(1) 如果原单位已为员工购买过公积金，则延用原来的公积金对账本。

(2) 从未在本市购买公积金，公司会统一发放住房公积金对账本。

(3) 入职后如未收到公积金对账本，请提供身份证复印件给人资经办，上面写明"用于查询对账本"，人资经办将协助员工到公积金管理中心查询原因。

2. 公积金对账本不慎遗失，如何补办

补办公积金对账本可携带个人身份证原件，至所对应的银行进行申领。

由于对账本仅有对账功能，此功能现在可以以网站查询替代。具体操作：

(1) 登陆"××市住房公积金管理中心"网站。

(2) 点击个人住房公积金查询栏。

(3) 输入姓名、账号(个人的身份证号码＋00)。

3. 如何提取住房公积金

(1) 职工有下列情形之一的，可申请提取住房公积金

① 购买、建造、翻建或大修具有所有权的自住住房的。

② 偿还购房贷款本息的。

③ 租房自住的。

④ 离休、退休(或达到法定退休年龄)的。

⑤ 完全丧失劳动能力，并与所在单位终止劳动关系的。

⑥ 出境定居的。

⑦ 非本市户口职工与单位终止劳动关系的。

⑧ 户口迁出本市，并与所在单位终止劳动关系的。

⑨ 下岗、失业人员，男性 45 岁(含 45 岁)以上、女性 40 岁(含 40 岁)以上，且连续下岗、失业 12 个月以上的。

⑩ 职工死亡或被宣告死亡，其继承人、受遗赠人申请提取职工住房公积金账户内缴存余额的。

⑪ 管委会依据相关法规规定的其他情形。

(2) 办理流程

单位或职工提供所需材料，到××银行公积金柜台或本市住房公积金管理中心办理。中心经办网点审核并办理提取转账业务(转账需提供工、建、中等任一间银行的账号)，一般受理时长为三个工作日内。提取申请人对管理中心审核意见有异议的，可申请复核。复核申请在五个工作日内给予答复。

(3) 所需材料及注意事项

所需材料中需提供加盖单位公章的《住房公积金提取申请表》，员工可提前向人资经办申请。

4. 员工购买公积金的比例是多少？什么时候可以调整

以广州为例，个人购买公积金的比例目前可选择 8%或 12%，届时会提前发通知给员工确认。

根据政策的规定，每年 7～8 月进行调整，公司为员工购买的比例为 8%。

5. 离职员工公积金如何转出或注销账户

以广州为例，根据广州公积金管理中心规定，办理账户注销需在公积金账户封存后方可操作。我公司每月 12 号将上月离职员工的公积金账户封存并转入"广州住房公积金管理中心封存部"，员工可在离职次月 12 号以后参考以下指引办理相应手续。

(1) 公积金账户注销提取

注销条件：非本市户口且已与公司终止劳动关系。

所需资料：①离职证明原件、复印件；②身份证原件、复印件；③《住房公积金提取申请表》，办理提取手续时在公积金中心领取；④本人名下的建、工、中等银行存折/卡。

办理地点：本市任何一家公积金中心。

(2) 公积金转移至新单位

办理条件：已找到新单位且有缴纳公积金的福利。

新单位仍在本市：员工只需要告知新单位到本市住房公积金管理中心封存部办理账户转移即可。

新单位非本市：新单位在本市以外的地区缴纳公积金，则需重新开户。开户后，如需将原公积金账户转至新的缴交地进行账户合并，建议联系两地公积金中心咨询办理。

注：如暂时无法办理以上手续，个人公积金账户将会一直处于封存状态，待有需要时办理即可。

五、申请开具各种证明须知

1. 如何办理收入证明

开具收入证明、缴纳社保证明，请按以下示例填写模板(表 13-3)，并邮件发送至人资经办。

表 13-3　申请证明模板

姓名	身份证号码	入职时间	开具证明类别	开具用途	开具备注
张三	450502198107050000	2006-1-6	收入证明	办理房屋贷款业务	无

2. 如何开具交税证明

公司编制的员工：需带本人身份证原件及复印件一份到指定地点打印。

派遣编制员工：需要联系派遣公司相关人员咨询。

3. 如何申办独生子女光荣证证明

(1) 请到街道计生办领取《独生子女光荣证申请表》，自行填写完整。

(2) 按《婚育情况说明(模板)》，手写说明并签名。

(3) 准备结婚证复印件、孩子出生证明复印件，连同以上材料交至人资经办。每周二前接受申请，五个工作日内可完成盖章。

4. 如何办理初婚未育/初婚初育证明

(1) 按《婚育情况说明(模板)》，手写说明并签名。

(2) 初婚未育准备结婚证复印件，初婚初育准备结婚证复印件和孩子出生医学证明复印件，连同以上材料交至人资经办。

(3) 每周二前接受申请，五个工作日内可完成盖章。

5. 收入证明金额是如何计算的

收入证明统一按照员工年度"税前总收入"或"税后总收入"计算，可开具"全年总计"收入证明或"每月平均"收入证明。

6. 申请盖章材料中"单位名称"如何填写

请写明公司全称。

三期女员工专栏

办理就医凭证的好处：生育保险就医确认凭证，也就是我们平常所说的绿本，办理以后产检时带上，交费时与医保卡一起出示给收费人员。

1. 怀孕后，《就医确认凭证》如何办理

(1) 所需材料(需怀孕满16周以后才可办理，每周一人资与第三方公司经办交接资料)

① 围产卡(非本市户口，需由医院开诊断证明，证明已经怀孕，注明末次月经时间、怀孕周数及预产期)。

② 计生证原件(需盖章)和复印件(现居委会计生办盖章需要提供相关证明，建议办理之前请先向居委会作电话咨询)。

③ 两张个人小一寸照片。

④ 身份证复印件一份。

⑤ 非本市户口，请提供本市居住证复印件，并在计生证上加盖现居住地居委会计生办印章。

非本市户口的员工到现居住地居委会加盖计生办印章，计生办一般会要求提供以下材料，请各位提前准备(建议去办理之前，先电话咨询当地居委会计生办工作人员)：

夫妻双方居住证原件及复印件；

夫妻双方户口本地址页以及本人页的原件和复印件；

夫妻双方结婚证原件及复印件；

计生证原件以及复印件(要复印证件首页，第一页以及第二页)；

夫妻双方身份证的原件及复印件(要复印身份证正反两面)；

公司开具初婚未育证明；

流动人口婚育证明(非本省户口才需要)。

⑥ 异地分娩者需要填写《生育保险选择定点医院申报表》。

(2) 注意事项

① 异地分娩者需提供《生育保险选择定点医院申报表》(一式三份，盖医院章)及情况说明(说明异地分娩原因)。

异地产检者备案后，在异地产检产生的费用，请保留各种原始发票、收据和医院证明，生育后再进行报销。

② 不属于异地分娩者，用便签纸写明产检及分娩的医院的准确名称。

③ 军人需提供军官证或士兵证原件和复印件。

(3) 所需时间

资料提交后由负责办理的经办发放《就医确认凭证》并退还办理时所提交的证件原件。

2. 产妇生产后，营养费用补助如何报销

请在分娩后五个月内提交资料，办理生育待遇——申请营养补助费所需资料，逾期社保局不予以办理。

(1) 办理营养费用补助报销请准备以下资料(每周一人资与第三方公司经办交接资料)：

① 计生证原件和复印件；

② 独生子女证原件和复印件或《不能提供独生子女证通知书》原件；

③ 出生证明原件和复印件；

④ 出院小结原件和复印件(需盖医院公章)；

⑤ 身份证复印件两份；

⑥ 公司银行账号(请提供卡片复印件，并在空白处手写号码并签名确认)。

(2) 注意事项：办理了异地分娩的员工还需提交医院费用清单(需盖章)、发票原件(如当地医院提供的是收据，请让医院出具证明，说明无法提供发票的原因，并确认该收据可按税务要求正常报销)及《生育保险选择定点医院申请表》、病历。

(3) 所需时间：提交材料三周后返回证件原件，预计办理成功后×个月内由公司划款至员工提供的账号内。

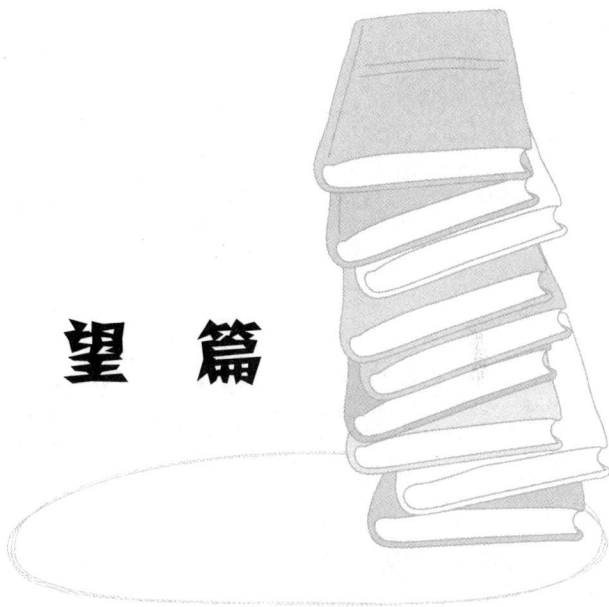

展望篇

第十四章　一辈子的修炼

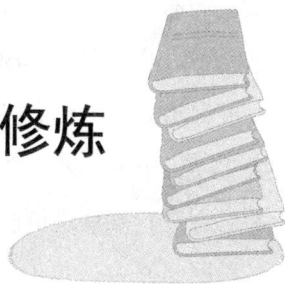

　　做人力资源工作的这段时间，乐乐发现要做好这份工作，确实需要有真功夫。在不断的实践中乐乐体会到很多，但又觉得自己了解得还是不够透彻，如果真要具体讲起来，还是觉得不知道从哪说起。心中自然有些苦闷。师傅到底是师傅，总结了一套基本功系列，还取了个名字叫"听、说、读、写是一辈子的修炼"。

　　"师傅，可不可以传授四大基本功给我啊？我想好好学习学习。"乐乐诚恳地对师傅说。

　　"当然可以，但是一定要结合实际进行，千万别死搬硬套。我一个一个详细地告诉你。"师傅真好，什么都愿意教我。乐乐心想，以后我学会了一定要多帮师傅分忧，想到这，乐乐嘴角向上翘了一下。

一辈子的修炼之听篇

　　师傅总结着说："听的过程实际上是各种信息资源的收集及思考转化的过程。你每天都会听到很多信息，很多种方式都会让你接收到信息，各种正式或非正式场合，例如开会、电话、坐电梯、微博、微信、QQ，甚至在洗手间，员工可能会有意无意地让你听到他想向你表达的内容。"

　　"是啊，有一次我在洗手间洗手，有个员工顺便就问我年假的事。有时候在饭堂吃饭，也有员工走过来咨询薪酬的事。"乐乐很开心地说起这些事。

　　"呵呵，这说明你群众基础不错，员工才愿意主动找你咨询。之前我们还举行过员工沟通会，你可以通过沟通会的形式主动走近员工，倾听他们的心声。我初步统计了一下，我们每天70%以上的时间都是在进行收听，听这个动作是一个重要的收集信息的渠道。在电话、开会的传统渠道方式中，或许你是被动接收者，例如同事、上级会主动告诉你信息、资讯，你可以通过大脑或笔记录下来，然后通过自己的思考后再和对方进行确认理解的信息是否正确。而在非传统方式，如微博、QQ、论坛、微信等各种网络平台，员工会自由表达自己的情感。我们需要更加主动了解员工的动态，将信息进行分类找出共同点、风险点，尽量做到提前预防，发现问题尽早进行处理和规范。"师傅一下子严肃起来。

"我也觉得仔细聆听很重要，但有时候自己把握不了重点。怎样听到有用、有效、对工作有指导意义的内容呢？"乐乐困惑地问。

"在听的过程中，首先要提前做好准备，思想集中，没有杂念；不要有任何预期的回答；要听出弦外之音；要知道听到什么话语的时候需要警惕、需要提前干预。倾听更重要的是用心去听，去设身处地的感受，听的时候需要着重关注对方使用的形容词、带有感情色彩的词。关键要听出来访员工在交谈中所省略的和没有表达的内容。还有一点很重要，听的时候不是一味地点头回应，不是随意的应付，请记住，你的一言一行员工都记在心里。"师傅一口气说了一大串。

"记得有一次，有一个员工气冲冲闯进人资办公室，大声质问为什么要她延期转正。当时我觉得很奇怪，因为确定延期转正之前已经和员工本人做了充分的沟通，而且本人也同意，怎么还会出现这样的情况呢？让她坐下来后慢慢聊的过程中了解到其实她生气的并不是没有转正而是让她很没面子，因为她的上司在办公室当着所有同事，宣布了转正和还未转正的人员名单。她说自己虽然在公司干的时间不长，但还是有感情。后来经过慢慢的沟通和疏解，鼓励她努力工作并且也和她上司进行了充分沟通，最终圆满解决了这次事件。所以不管沟通的对方是什么状态，我们人力资源人员都要以平静的心态去倾听了解对方真正希望你关注的关键点在哪个方面，然后对症下药。如果在了解的过程中，发现员工提出的问题是暂时无法现场给予解决和回答的，需要明确和对方说明我们可以在多长时间内给予答复，当然一定要准时把后续跟进的内容及时告诉员工，充分建立信任。

最后需要注意，要听员工的诉求点而不只是发泄情绪的语言。有时候员工在说事情的时候带有很大的情绪，这个时候如果你只听到了员工的情绪，而忽略了真正需要解决的问题，反而得不偿失。"师傅喝了口水准备继续说。

"这个我有体会。有一次有个员工大怒来找我。其实是因为她在办理一个证件的时候出现了一些意外情况导致办理延误。员工对我说你怎么搞的，连办个证件都办不好。说的话很难听，我当时很尴尬，也被吓着了。其实我也知道员工是在发泄情绪，但实际上需要解决的是怎样可以办好她需要的证件。后来还是师傅你解救了我，安抚了员工，也说明了这些意外情况都不是办理的同事可以控制的，让员工理解了具体原因，也帮员工想了办法，最终共同把事情处理好。我觉得不管对方的脾气有多大，自己不能慌乱，需要把事情处理好。"乐乐回忆。

"说得好。听不仅是用耳朵去收听，更重要的是用心去体会。乐乐，好好去体会一下听的魔力。"师傅兴致勃勃地说。

"嗯。我要好好锻炼自己。"

一辈子的修炼之说篇

"乐乐，我想开收入证明。很急很急，两天内能不能帮我搞定？"刚上班就有一个同事跑过来。

"这么急啊。公司有规定啊，只有周二、周五才可以申请，今天周四，办不了喔，明天才可以。"乐乐硬邦邦地回复了一句。

"能不能帮一下忙嘛，真的很着急，昨天才定下来可以买那套房子，很不容易的。"同事用祈求的声音说。

"真帮不了你，实在不好意思。"

"你又没想办法，就来这么一句话，办不了，有你这样的吗？"同事急了。

"不是我不想帮你啊，是真的有规定啊。"乐乐也很难做。

师傅赶紧来解围："这样好不好，因为你的情况特殊，我们尽量看能否特殊处理，毕竟盖公章也需要领导审批，但我们会尽量申请，今天之内给你答复好吗？但公司确实也是有规定，这个你也清楚。所以以后要提前才行。好不好？"

"好的，麻烦您了。我也确实不好意思，知道你们难做，我这也是没办法。"员工满怀感激地离开了。

"师傅，刚才我……做得太不好了，差点和员工吵起来了，可是公司有规定，我也没办法。我觉得自己太不会说话了。哎，看来说话的学问还真不小。"

"是啊。有这么一句话：我不在乎你说了什么，却在乎你怎么说。其实刚才我只是把你说的换了一种表达方式而已，效果就不一样了，是吧？"

"是啊，我说完员工都要投诉我了。"乐乐尴尬的红着脸。

"可能很多人都觉得，说话有什么难的，不就是你问我答或者我问你说嘛。感觉很简单。但在日常工作和生活中却经常遇到不会说话的人或者好话在他嘴里说出来就让人特别不舒服。今天你说出来的话就让人觉得不舒服了，所以在我们看来简简单单的日常说话还是有不少学问的，特别对于我们从事人力资源工作的人员，日常说话的技巧显得更加重要。今天我和你好好聊聊如何练习说的工夫吧。

怎样做到有话好好说呢？其实有个同理心的运用。在和员工沟通的过程中，运用好以下三个步骤就成功了一大半了，哪三个步骤呢？就是倾听、感受、反馈。

倾听：不要想当然。每天都会遇到员工咨询的情况，虽然很多时候咨询的问题类似，但对每个员工的情况还是需要仔细去听，真正了解员工想表达的真实意思。

感受：与员工的感受同步。员工很急的找你，你却不紧不慢或者忙着处理其他事情，只是'嗯、嗯'的应付式回答会让对方感觉你一点都不重视他，就会对你不满。员工有不满情绪了，你解决他的问题时也就容易出现状况，所以需要和员工的感受同步显得很重要。

反馈：主动反馈进展。员工找你就是希望得到解决办法。当然在某些情况下你在解决问题的过程中或许只是个经手人，但积极反馈事情的进展和情况是很有必要的，即使最后事情没有完全解决，但员工会表示理解和感激。

在日常沟通中，你可能会经常听到这样的话吧？例如：

我不知道啊，你去问××吧！

不是这样吗？

难道不是这样吗？

你听到这样的话时，是什么感受？有不太开心、不太愉快的感觉吗？是不是因为用语中都有负面的词呢？其实很多时候，我们在工作中也不由自主地用了以上的话语。例如员工在咨询薪酬问题的时候，正好她有疑问的地方是社保那一块内容，而你只负责薪酬的计算。你或许顺口就说：'我不知道啊，你去问负责社保的同事吧。'直接把皮球踢给了其他同事。你可能会觉得自己每天的工作很忙，而且确实这块是其他同事负责的，让员工去咨询没错啊，但你是否考虑过员工会怎么想？员工心里估计在嘀咕了，不都是人力资源部的人嘛，怎么还推给其他同事了，不能帮我问一下嘛，我平时工作也这么忙，哪有这么多时间咨询这个，人力资源的人真讨厌。

估计这么一来，员工对我们的满意度肯定下降。乐乐，你觉得怎样回答才是好的回答呢？"师傅讲了这么多开始考验乐乐了。

"如果遇到的问题不是我负责的，我可以说我查询到你的问题是和社保缴费有关，而社保的购买是我们另一个同事负责，她回答会更专业。我可以帮忙把你想咨询的问题转达给她，她会主动回复你，这样你可以更清楚地了解到具体原因。"乐乐满怀信心地回答。

"这个回答还是比较圆满的。当然如果平时更有心一点可以多了解一些其他模块的信息，当员工咨询的时候，你可以将了解的常规情况和员工大致说一下，然后再让专业负责的同事解释会让员工感觉更好，同时对你的专业度及信任度也大大提升。当然更好的做法，是可以把员工日常提问制作成问题指南，这样会更方便。我说了这么多，考你一下。如果员工因购房等紧急情况需要公司按其提供的格式开具收入证明，你会怎么对员工说呢？"

"师傅，那我按照您刚才说的那三步方法尝试说给您听听，看看这样行不行？"

"好的，我听你说。"

"步骤一：倾听，例如员工说我要买房啊，中介说必须按照这个格式开具证明。可否赶紧帮我开啊？很急很急啊，如果两天内不开好，就办不了手续了。我接收到的信息是员工希望两天内开好收入证明才可以购房，而且员工提供的收入证明的格式和公司可以开具的格式完全不同。

步骤二：感受，我可以说我理解你现在的心情，确实买房是个大事。但是公司这边也有流程，开具收入证明常规是需要一周的时间。你看这样行不行，我去协调一下，看这样的特殊情况可否有可能加快流程进行。但也麻烦你和房屋中介那边协调一下，看可否帮你把时间延长一下。

步骤三：反馈，我看到你需要开具收入证明的格式确实和公司可以开具的有很大不同，我把公司可以开具的格式打印出来给你，你拿给房屋中介看一下。如果可以，我就按公司格式帮你开，如果需要增加什么内容，你及时反馈给我。我看是否是公司允许增加的范围。你看怎样？在等待开具证明的时间内，最好每隔两天抽空和员工反馈一下进度，让员工感受到你在帮他积极跟进。师傅，你觉得我的回答是否OK呢？"

"运用得不错，掌握得很快。有没有感觉把倾听—感受—反馈三步骤完整运用后，话肯定可以说好，有话也知道怎样好好说了。还有就是在日常工作中说话音量的控制也显得很重要。刚才员工咨询你的时候，刚开始还好，后来你们的声音越来越大，你有没有发现当你的声音变大的时候，你的情绪会跟着激动起来？"师傅问。

"是啊，我觉得自己情绪很激动，有点控制不了，都有点辩论的感觉了。"乐乐傻傻地笑了。

"对啊，当你情绪比较激动的时候，自己的音量会自然而然的高而尖起来，声音大了情绪就更激动，一激动感觉脑袋发热，就不知道怎样好好说话了。

记得曾经有一段时间在办公室里，因为工作非常忙、工作压力大，大家非常容易发脾气、情绪特别容易激动。经过一段时间的观察发现原来是办公室的电话铃声很大有点刺耳，在紧张的气氛中更容易让大家烦躁。后来统一将铃声调整至小声后，整个氛围改变了，大家的情绪也开始慢慢好起来，处理问题更加有序了。

我们再聊一下会不会说话这个话题，有话好好说确实是门学问。有的人说话让人听着顺耳；有的人说话就无意中得罪了人。有的人说出话来叫人听着高兴；有的人说出话来叫人听着别扭。例如有的人是越是忌讳的事情，越是顺嘴就说出来了。有一次公司搬迁，有一个同事说师傅辛苦您了，但还有很长的一段路程要开，您可千万别翻车啊！说完后师傅差点气晕过去。

还有一个人力资源的同事，新员工来咨询确认可以休哪些假期，她解释的倒是非常全面，对员工说可以休婚假、产假、年假等，最后她加了一句雷死人的话，丧假也可以的。虽然这也没啥，但员工听到后感觉不太舒服。其实，不方便说的内容可以让员工查询相关制度文档。

还有如果谈话的对象在某方面可能有点欠缺，例如比较胖，如果直接说胖，对方心里可能有点不舒服，如果说魁梧是不是会更好一点。又例如赞美一个不漂亮的女孩儿，可以用有气质、可爱等词进行表达。如果有人说最讨厌什么样的人，最好别搭腔，或许那种人就在你旁边，心里会'恨死'你。所以要注意如何说话，在什么场合说什么话。"

"师傅，你说得太对了。上次我有个同学找我玩，她确实是比以前胖了不少。我老爸就直接问我同学怎么长这么胖了，当时我同学的脸一下就红了。老妈赶紧过来解围，反正当时我那同学特尴尬。"乐乐抢过话题。

"所以我们人力资源人员更要注意说话的分寸。不知道以前你有没有听过这么一个相声，有位大哥就特别不会说话。有一次在饭馆儿里请朋友吃饭，本来请客是一件好事，就因为他不会说话，把朋友给得罪了！那天，他请的是四位，来了三位，有一位没来。等着等着他急了：'你看，该来的不来！'

三位里头有一位多心了：'嗯，该来的不来，合着我是不该来的？'这位当时就站起来了：'我跟诸位告个别了。'这位出去告诉茶房的伙计：'麻烦您告诉他们甭等我了。'"

茶房伙计着急了追出门：'哎！您别走啊！'

这位很不开心道：'不走？您没听说嘛，该来的不来，合着我是不该来的？不该来，还不该走吗？'

伙计来问上不上菜。

'别忙！我们这儿还等人呢。那位哪儿去啦？'这大哥大声对茶房伙计说。

茶房伙计回答：'刚才不知道哪位说的，该来的不来，那位兄弟心里感觉不舒服了，因为这句话走了。'这大哥一听，又说：'瞧！不该走的走了！'

在座的还有二位，其中一位也多心了：'嗯！不该走的走了？合着我是该走的呀？该走还不走，走！'这位一声儿没言语就走了。

还剩下一位。这大哥还直纳闷儿：'怎么二位都走了？'那位说：'是得走！因为你太不会说话了，你说该来的不来，那么来的一定是不该来的呀，不该来，还不该走吗？等那位走了嘛，您说不该走的走啦，那么没走的一定是该走的呀！该走，还不走吗？人家心里都不舒服了，以后你千万别这么说话了。'

大哥一着急，脱口而出：'瞧！我说的不是他们！'

剩下的最后一位郁闷地说：'噢！说的是我呀！'这位也走了！

我们做人力资源工作说话可千万别像这位大哥一样喔。

之前的员工培训我们也是通过说这个功夫来和员工进行薪酬、公司制度的宣导和解析。针对不同类型的学员，重点需要突出新制度对员工最大的益处，同时清楚明晰的表达员工需要做什么、需要遵守什么，需要在表达的过程中抓住员工的关注点。简单来说，如果讲解薪酬制度，例如销售类员工会重点关注薪酬是否有挑战、有吸引、计算方法是否简单；职能类员工更关注薪酬是否稳定、是否稳中有一定的升幅。所以我们在做类似的沟通时，需要有不同的侧重。

还有最后一个方面，就是对于方言地区，我们也需要了解当地的方言和用语，会用当地的语言对处理一些员工问题也会有一定的帮助。例如在珠三角地区，如果你会说粤语，和当地员工沟通起来会顺畅不少。用当地方言可以在沟通时拉近彼此的距离，员工因为表达起来很自如，所以更愿意说出自己的想法，所以了解当地的方言、融入当地也是我们人力资源人员在说方面必须修炼的一课。我前段时间在网上看到这么一首诗，我们共勉吧。

说话的温度

急事，慢慢地说；

大事，清楚地说；

小事，幽默地说；

没把握的事，谨慎地说；

没发生的事，不要胡说；

做不到的事，别乱说；

伤害人的事，不能说；

讨厌的事，对事不对人地说；

开心的事，看场合说；

伤心的事，不要见人就说；

别人的事，小心地说；

自己的事，听听自己的心怎么说；

现在的事，做了再说；

未来的事，未来再说。

如果对我有不满意的地方，请一定要对我说！"

"师傅，我记住了，有想法、有心事一定要和您说。哈哈。"乐乐又顽皮地笑起来。

一辈子的修炼之读篇

"乐乐，在看什么呢？这么认真。"师傅好奇地问着。

"师傅，我在仔细读刚发布的制度呢。内容还挺多的，我脑袋都发胀了。"乐乐伸伸舌头。

"原来是仔细研读制度啊，要沉下心来好好学习学习，读你千遍也不厌倦，读你的感觉像春天，喜悦的经典，美丽的句点……你的一切移动，左右我的视线，你是我的诗篇，读你千遍也不厌倦。"师傅唱起了浪漫的歌曲。

"师傅，真好听。可是这制度可不像歌里唱得那么好，读一遍就让我厌倦，别说千遍了。"乐乐皱皱眉头。

"呵呵，可要耐着性子，静下心来慢慢读。我们这个岗位需要去读信息的机会很多，制度流程多、法律法规不少，如何去读懂，每天各类的简历如何一眼看出关键，我们需要不断学习，也需要读各类书籍。很多东西都需要我们去读、去思考。

我们先来谈谈如何读懂制度、法律法规。先来解决你脑袋发胀的问题。其实不论在什么类型的公司，规章制度流程都会比较多，特别在快速发展的公司，制度可能会更多。中国的文字博大精深，是否你理解的就是制度真正想表达的呢？怎样才算读懂制度呢？你可以尝试这样的方法：第一步，将新旧两个版本的制度进行对照，将重点文字勾画出来；第二步，将更新的地方进行举例，列出操作细节；第三步，可以将你理解的情况用举例的方式和制度编写的人员进行确认，看看自己的理解是否有偏差；最后，做出新制度的实际操作版本细则给所有同事进行讲解。

特别对于模糊地带，更需要清楚解析不至于造成错误。例如我们公司对于病假期间的工资，在公司的制度中分为几个区间，但只规定了基本工资需要保证在什么范围，但对于奖金等方面需要参考其他制度。所以这些细节点都需要个人去找相关制度确认，而不能忽略。

又例如制度中对于旷工人员的处理，只规定了如果达到旷工多长时间就需要给予什么样的处理。但处理过程是怎样？怎样处理更合理？如果遇到情况，又应该怎么办？这些细节及处理细则都需要我们分析确认找到最合情合理的方法。你用这个方法试一下，不要着急，慢慢来。乐乐，你做人力资源的时间也不短了，有发现这是个非常需要与时俱进的职业吧？永远都需要学习，永远在路上。"

"师傅，我越做就越觉得自己缺的东西多，确实很需要学习，但很多时候又很茫然，我们需要读些什么呢？"乐乐若有所思。

"首先需要一个广泛的知识面，例如对当今社会热门的、流行的元素都需要有一定的了解。你有空时可以多上上网站，看看微博等。有了这些基础你可以更好地与员工沟通、更好的了解员工、更好的根据当下的情况制订出更合适的规章制度。其次需要去读人力资源工具及知识类的书籍。其实知识固然重要，但修炼心态、除去浮躁、读懂自己的心才会在职业发展前进的道路上起到更重要的作用，静下心来，一切皆有可能。其实很多人力资源人员在职业发展的过程中会受到各种各样的诱惑，有的人会因此有些迷惑，怀疑自己选择做这行是否正确。读懂自己的心、了解自己最想要的是什么，只有这样才能对自己的选择不后悔。"乐乐觉得师傅说得真好，希望自己可以慢慢做到。

一辈子的修炼之写篇

"乐乐，你过来一下。"感觉师傅语气很严肃。乐乐心想是不是自己做错了什么事。"你看看你这封邮件写的，没有主题，口语化严重，什么都不清楚，看不明白想要表达什么。坐下来，我得好好和你聊聊邮件。全面的沟通不仅需要口头，很多时候也需要书面的文字表达，文字功底很重要。在日常工作中，邮件就是一个重要工具，但电子邮件沟通也要遵循一些原则，以使沟通达到迅速、高效的目的，这些原则包括信息简短、观点直接简明、语言需具有建设性以及考虑读者对象。

信息简短。电子邮件的信息越短，人们越有可能去读和理解它。如果发现电子邮件超过了一页的长度并且不能再缩短了，就将这些信息作为一个单独的文件，把它作为电子邮件的附件，可在电子邮件正文简要介绍一下附件信息。通常情况下，应保持整篇电子邮件简短精练。

观点直接简明。直奔主题并尽可能简洁地讲述我们需要说的内容。强调重点，而不是细节，让我们的观点相对简单，而不是冗长。书面表达冗长的信息会让人困惑，从而使人失去阅读的兴趣。

语言需具有建设性。用最佳的方式表达你的意思，措辞应该保持谦逊，不要使用苛刻的词汇和具有责备或威胁的语气，还应避免使用导致负面效应的词汇。通常要在一封简短的电子邮件中把你想说的表达清楚，一般可以分为六个步骤来考虑：清晰简明的主题栏、使用正确的称谓、确定邮件的意图、邮件中必须包含的信息、适当使用表情和缩写以及正确的附件。

步骤一，清晰简明的主题栏。当我们阅读或回复一封电子邮件时，肯定会比较注意它的主题。主题是读者了解邮件内容的唯一线索，如果主题不鲜明和引人注意，收件人恐怕就不会阅读这封邮件了。

步骤二，使用正确的称谓。根据电子邮件的接收者不同，是写给上司还是下属，是写给朋友还是客户，是写给认识的人还是不认识的人，我们都应该选择不同的称谓，从而确定我们整封邮件的基本文风和格调。有时还可考虑对象的个人喜好，进行更有效的沟通。

步骤三，确定邮件的意图。不要发内容雷同而目的不清的电子邮件，那样只会让人没有耐心读下去。应该考虑我们是希望获得理解、支持还是搜罗建议；是想说服我们的读者还是仅想与他进行交流和讨论；想从我们的读者那里获得什么；我们想树立怎样的形象等等，这些都需要在书写前考虑清楚。

步骤四，邮件中必须包含的信息。虽然书写电子邮件一般用的是口头语言，但也不能像聊天那样天马行空。首先讲出主要观点，接下来若需要再给出相关的支持信息。

步骤五，适当使用表情和缩写。适当使用表情和缩写可增加邮件的亲切感，但在以下几种情况下不宜使用：不确定收件人的具体情况；书写正式、专业的电子邮件时；若使用表情和缩写会减弱邮件的可信度。

步骤六，正确的附件。不要遗漏或附上错误的文件，虽然添加附件是发送电子邮件前最后一道程序，但仍需仔细确认。当然在邮件中如果你需要强调某些重要的事情，可以用颜色、字体来强调。

尽量不要在邮件的标题里写感叹号、问号。邮件正文最好不用反问的语句，会让人有不舒服的感觉，火药味十足。如果遇到邮件中的问题解释不清楚，请立即电话或面对面解决，如果邮件继续飞来飞去结果有可能是升级为吵架。当然邮件还有一个重要的作用是可以作为一些证据。对于某些特定情况和特殊重要事件，需要把相关的邮件保存好，关键时刻或许会起到重要作用。你的邮件风格也很重要，如果经常是处于严肃、批评的语气中，会让人不愿意仔细读你的邮件，造成一些负面的影响。

除了电子邮件，工作汇报也是日常工作经常遇到的情况。

首先需要言简意赅概括主旨，让领导知晓'是什么'，结合实际拟订方案，让领导知晓'为什么'，因事而异灵活处理，让领导知晓'怎么样'。汇报工作，不仅要让人听懂，还应当力求给人留下深刻印象，尽量用一些工作中遇到的、了解到的直观生动的具体事例来说明自己的观点，让听者明白无误地理解汇报者的意思。

让领导在最短的时间内知晓前因后果和轻重缓急，对汇报事宜有一个大致了解，简明扼要地向领导汇报完主要内容后，要向领导进一步汇报需要注意的关键环节和具体细节，如完成时限、具体标准等，让领导有进一步的认识和理解。工作汇报需要把握重点、展现亮点、当然也要控制好时间点。

关于写，还有一个就是对于个人。写博客、写日记是一个很好的习惯，你可以定期把自己工作的经验、体会、想法写下来，就像记录一样，写出自己的故事。其实把自己日常的经历故事记录下来，不仅可以分享给同行，而且你自己的故事就是你独一无二的经历和素材。

听说读写四大基本功是人力资源人员一辈子的修炼，我们一起努力加油吧。"

第十五章　职场感悟

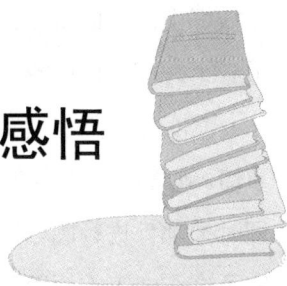

苦干实干加巧干，工作才会没白干

"师傅，有时候我觉得自己很努力，却没有更好的达到自己的心里期望；有时候看一些部门的同事每天忙得像蜜蜂似的一刻也不停，但工作成效似乎和努力程度不成正比。但有的人看上去有张有弛，自在、滋润，工作却很有成效，我也很想像这些人一样，怎么才能做到呢？"乐乐很不解。

"给你讲个故事吧。以前我有一个朋友每天的工作都很忙碌。每天 9 点上班，她 8 点 55 分一到单位后就开始忙碌地看简历、安排预约、面试、和候选人联系、做报表，忙得不亦乐乎。其实她是有助理帮忙进行预约面试等辅助性工作的，但她总是不放心，还是喜欢自己亲自上阵，在这个忙碌的过程中还经常遇到被打断或要等待的时候，她从上班开始除了吃饭就没停下来过。她自己感到身体非常累，还经常容易忘掉一些重要事件；而且工作虽然很辛苦，但成效也一般。她很苦恼，觉得自己那么努力工作，但几年下来似乎每天都在做同样的流程、工作，也没什么突出的优势，觉得自己一事无成。

而与她在同一间办公室里的另一位同事工作的内容和她比较相近，却做得游刃有余，让人感觉没那么累但效果很好。原来她的同事很善于做时间管理和总结并且善于把工作分配给相关的同事，具体是怎么做的呢？首先她每天会提前半小时到公司，充分做好上班前的准备。其实提前半小时上班的好处很多，避免了塞车的痛苦，实际是节省了时间。同时这个时段相当安静，无人打扰，工作效率最高。

其实你每天也会提前来公司，但需要把这段时间好好分配一下，抓紧做好关键的事情。就像她一样会在这个时段把今天需要完成的工作进行分类并列出来排上优先级，同时把邮件进行阅读回复，然后她会上网浏览简历，进行重点简历的筛选和下载。做完了这么多工作后可能很多同事才刚刚进入工作状态，而她已经高效的完成一部分工作了。

简历看完后正好到了预约候选人的黄金时间，把相关预约工作交给助手完成，她正好可以进行前期候选人的跟进工作，一切都安排得井井有条。每周她会计划出这周重点需要招聘的岗位，进行有条不紊的重点突破。听我那朋友说有一次遇到数据处理工作，数据量巨大，其他同事想也没想就埋头苦干起来，做了几个小时还没完成十分之一的工作量，而她看到后思考了一下，预计会有快速处理的方法，便立即决定找到技术部门的同事协助，一个小时就完成了所有工作。

每周她都会进行阶段性工作总结，对于各类型广告该如何发布、应该注意些什么、做的过程中曾经出现过什么问题等等都整理成笔记，以后遇到同样情况的时候，解决起来非常得心应手。"

"师傅，我觉得这个人很有头脑，知道怎样合理安排工作，也分得清轻重缓急，我现在最需要学习的就是这些。"乐乐若有所思。

"确实是。她已经找到了工作的方法。工作的确需要努力，也需要聪明的努力；需要苦干实干，也需要巧干。如果一味吃苦干却没有获得好的效果那就是白干。苦干是尽力地干、不避艰辛、尽力工作；实干是实实在在地去做。

还有一个故事，曾经有一个同事支援外地的项目，当时办公地点、设备所有都没有准备好，任何方面都非常不方便，但她想到一切可以克服困难的方法，每天工作十多个小时，终于完成任务。那是不是苦干实干就一定可以有好的结果呢？这名支援外地项目的同事需要完成一个200人的招聘计划，用了一周的常规方法后发现成效不如意，她想到接下来如果还是没有突破该怎么办。乐乐，如果是你，你会怎么办？遇到这种情况你还会继续按这个方式进行吗？"

"我可能会去想有没有其他方法。但有可能一时想不到，还会继续用老方法。"乐乐想了想回答。

"这个人立刻去找原因和方法了，看是方法出了问题还是努力不够。经过找方法发现确实是之前的渠道不能满足当地的招聘需求，后来立即寻找新的方法并在自己的人际圈中找到当地的人力资源朋友取经，最终胜利完成工作。这里其实就包含了巧干，巧干的含义是办事有独创性、有办法和想法、作法上灵巧，但巧干可不是投机取巧的巧之含义。

听一个同行说她一直要求下属每周进行招聘数据的统计并进行汇报，前段时间她出差了一个多月，回来后马上让下属进行数据总结汇报。下属一直支支吾吾提供不了这个数据，后来才得知他投机取巧没进行统计。当然他这样的做法只是害了自己，归结起来巧干是需要在苦干实干的基础上总结才得出巧干的思路和方法。如果你只是一味苦干实干，但没去思考，没有在遇到问题时换一种思路和方法，总是一种不撞南墙不回头的劲头，或许你的工作就白干了。

善于思考、善于总结、善于找方法，工作当然做得有滋有味，成就感十足。不要说自己很努力、不要抱怨自己很辛苦、不要说领导总是没表扬、不要抱怨总是没回报。有空多思考一下是否自己苦干实干加巧干了呢？苦干实干加巧干，工作才会没白干。"师傅的话意味深长，乐乐琢磨了很久。是啊，要努力的工作但也要聪明的工作，做出自己的特色来。

HR 是做好人还是做坏人

同事们对乐乐的工作赞赏有加，大家的一致评价是亲和力好、服务意识强。师傅觉得乐乐也确实在不断成长，但有时候和部门人员打起交道来会立场不坚定，容易被人左右。保持人力资源人员的原则和底线也是非常重要的一点，师傅觉得要和乐乐好好聊聊这个方面。正好关于内荐这个事就涉及这方面。

在很多企业都有内部推荐制度，如果成功推荐会有一定的推荐费奖励给推荐人。在企业扩张大批量需要人才的时候，最容易出现业务部门为了赶快完成招聘指标任务推荐个别不太合适的人选，而对于推荐人来说，有时候也会出现为了内荐费而滥推荐的情况。

前不久有一个客户服务部门的同事推荐了一个员工应聘客服工作。乍一看简历，这名员工确实是匹配度很高，但经过一些细节追问，发现被推荐的员工曾经有过几次客户投诉的情况，而且是属于重大投诉，后来和候选人沟通这件事的时候，候选人仍然不认为自己当时的行为不恰当，觉得自己有理，客户无理。乐乐当时也是判定该员工不能通过面试并把情况反馈给了用人部门，用人部门的主管反复找乐乐沟通，主管认为当时的投诉是有一些特定原因的，可以调教，不能因为一次两次的错误就把人看扁等等，说了很多好话。乐乐也摆出了合理的建议和理由，但用人部门最终还是录用了此人，乐乐本应把自己的评估意见写在评估表中。但乐乐没有把这个特殊情况写在表中。当然最终这个候选人还是因为严重投诉而被辞退了。

"乐乐，你觉得这个事自己处理的怎么样？"师傅问。

"我觉得自己没有坚持己见，而且解决不了的时候也没有向您反馈，最终出现这样不好的情况。我觉得自己很容易被用人部门左右，本来刚开始还是很坚持自己的想法。"乐乐很后悔地说。

"你是不是很怕得罪用人部门呀？平时关系都处得不错，不想因为一个候选人把关系破坏了？"师傅看出了乐乐的担忧。

"嗯。是挺担心的。"乐乐点点头。

"但明明不可以用的人，你却没有阻止，还录用了。出现了后来严重的问题，追究起责任来，你怎么办呢？想做老好人，想让所有人都满意，最后反而更不满意。你说是不是？"乐乐羞愧地低下了头。"你看人力资源的英文缩写是 HR，如果按汉语拼音来说，可以说是'好人'拼音的缩写，也可以说是"坏人"拼音的缩写。所以 HR可以说是好人也可以说是坏人。

不管什么样的人，把握原则、把握底线、公平公正就是一个称职的人力资源人员。所以遇到类似这样的情况，咱们应该拿出自己的专业知识和专业的判断与用人部门进行沟通，同时将曾经发生过的血淋淋的案例告诉业务部门的同事。大家都是一个目的，把人招到、完成工作任务。抓住这一点，把握好了处事的底线和原则，用人部门也会相信你的专业，以后处理类似的问题就会省去不少麻烦。

像做人一样，有一个基本的做人原则，有一个底线，这个底线是需要坚守的。做人力资源工作也一样。确实做人力资源工作虽然有标准、规范，但处理起问题却需要根据不同的情况、不同的环境进行，似乎又没有唯一的标准。这就是做人力资源工作有趣的地方，或许这是一种朦胧模糊的感觉，它不是一就是一、二就是二，既有标准，又可以说没有完全的标准，这或许也是人力资源工作的美妙之处吧。有时候你会发现有的人力资源人员做事有理有据，领导总是赞赏不断；而有的人却像个小媳妇、受气包，从不敢说不，领导却总是不满意。这是怎么回事呢？

还有一则故事或许会对你有一些启发。之前有一个销售部门的怀孕员工突然身体不适而未能向上级请假，紧接着就在家待产了。当时考勤统计的时候记录为病假(其实员工是有年假的)，部门主管进行考勤核对的时候和员工没有联系上也还是报了病假，直到发放工资的时候，员工气汹汹地打电话来询问为什么扣了病假期间的工资，一定要公司给她重新计算工资。

部门主管有点慌了。当然这件事部门主管和员工都有做得不够圆满的地方，员工未按公司请假制度进行请假，部门主管没有再次确认导致发生了矛盾。部门主管担心员工不满，请求人资进行工资的重新核算，你觉得应该怎么办？"

"我觉得薪酬不能重新核算，我们和双方说清楚情况应该就可以了。"乐乐很自信地回答。

"确实是这样。后来人力资源人员打电话和员工进行了沟通，说明了情况，也同时指出员工没有按正常流程请假是不对的做法，明确说明工资不能重新核算的理由，最终员工理解了我们的处理办法。同时我们也和部门主管进行了沟通，加强考勤管理的执行流程。部门主管非常感激，不断地说以后一定注意，再也不会出现这样的情况了。你说如果看到员工发怒，主管求情就真的去进行薪酬调整，以后出现不按制度流程进行的事情就可能会越来越多，到最后都无法收场。所以不论遇到什么样的事情，有理有据的处理问题，才会最终让大家信服。"

做人力资源，你幸福吗

"师傅，您觉得做人力资源工作幸福吗？"乐乐一大早很深沉地问了这么一句。

"感觉还是很不错的。"师傅笑眯眯的。

"每天工作又多又琐碎，有时候很重复，为啥你会觉得幸福呢？"乐乐不解。

"怎么了，乐乐，今天讨论起幸福的话题了？"师傅拍拍乐乐的小脑袋瓜。

"因为有时候我觉得工作有点闷，但看到您一直都可以保持活力和热情，工作起来总是很开心幸福的感觉，所以想问问怎样才可以做到。"乐乐很认真，一本正经地问着。

"小乐乐，今天讨论起深层话题了。其实现在很多人都在讨论幸福的话题，幸福是什么？拥有物质上的一切就是幸福吗？每天工作、生活，公司和家两点一线的生活幸福吗？不管什么样的工作做久了都会觉得重复，或许觉得没意思。我曾经看到过微博上有这么一句话：幸福其实就是有人爱、有事做、有期待。想想也是，有期待这一点是所有人非常想拥有的。如果你有期待，内心就永远会有目标和想法，就会像永远停不下来的永动机，有使不完的劲儿。

那如何打造幸福的人力资源工作呢？我们可以把工作分为日常必做工作、应急工作、亮点工作。把日常必做工作分成单元，将可授权的部分教会给下属做，自己的工作是指导和检查，充分的信任和授权很必要；应急工作可能偶尔才会发生，但一般发生就需要迅速处理解决，所以日常做好准备和应急措施就好；亮点工作是需要重点关注的，虽然人力资源工作都是那几大模块，但如果每年你都有自己的工作重心和亮点，同时抓住公司发展的重点方向及领导的意图，会觉得做起事来得心应手。

在公司有公司的工作，回到家中有自己个人事业的目标。在每年的计划中找到每年个人可以努力的方向，例如有的人会考证书、读 MBA；有的人是以每年至少读 50 本书为目标等等。在业余生活中找到自己的另一片天地会让你的工作锦上添花。

现在很多人会觉得在职场很累、人际关系复杂让人很疲惫，但不管怎样，个人内心有不断的追求和期待就是幸福的源泉。"师傅望着窗外的景色，舒心地笑了。

和员工若即若离还是如胶似漆

成长需要经历短暂疼痛，最近乐乐很苦恼，事情是这样的，做人力资源工作这么久，大家对她的评价都很好，说她有亲和力、对人很友善，同事们都很喜欢她。乐乐自己觉得做这行也非常需要了解员工的心声，所以经常会参与一些员工们的聚餐活动等。而且觉得日常和员工关系密切一些也挺好的。问题是前两天师傅让乐乐处理一个员工的问题，原来这个员工出现了重大违规事件，需要立即处理。

乐乐一听到名字就愣住了，这个员工平时和她的关系特别好，这怎么开口啊？还是和师傅说一下这个事吧。

"师傅，我有点不好意思处理这个员工。"乐乐的脸红红的。

"怎么呢？为什么会有这个感觉呢？"师傅觉得很奇怪。

"我平时和她关系太近了，实在开不了口。"乐乐好尴尬。

"做员工的工作需要和他们保持良好的关系是很重要，这样才有可能更好的了解到员工。和员工保持一定的私交确实在某些时候很有用，例如可以较早地了解到员工动向，做好预防沟通工作；可以避免一些群体事件的发生。但如果和员工有太密切的关系，可能就会遇到你目前这样的尴尬境遇。毕竟做人力资源工作是需要将公司的制度、理念传达灌输给员工的，是一个中立的角色，如果和员工关系太密切，可能会导致正常可以沟通的内容碍于情面无法表达出来，影响了工作的正常进行。

那需要保持什么样的关系呢？若即若离还是如胶似漆呢？首先需要分清工作和生活上的关系，不该说的话不能说，不该谈论的事情不能谈。即使私人关系再密切都需要保持人力资源人员的独立性。如果总是和其他部门的人员密切接触，例如经常一起吃饭、聊天，在聊天的内容越来越深入之后，可能会开始讨论对某些领导的评价、东家长西家短的海阔天空的海聊。这样一直沟通下去，或许站在人力资源角度不该说出的话、不该讨论的问题都说出来了。但在关键时刻，在部门的利益可能出现矛盾冲突的时候，可能就为难了。

所以虽然需要和其他部门建立伙伴的关系，但怎样做，这是个度的问题，需要好好拿捏。这次这个沟通就先由我来帮你完成，下次就交给你了，迈出这步就好了。"师傅很善解人意，乐乐打心底感激。

"师傅，我也想让自己的工作更体现出一些价值。以前也听到过人力资源有一个角色是要成为业务部门的伙伴，怎样才可以做到这点呢？做了这么久的人力资源工作，也一直想朝这个方向努力。"乐乐感觉有点力不从心。

"有这个想法挺好。作为人力资源人员确实首先要具备一切为了支持业务部门发展的思想。我们的所有工作都需要紧紧围绕提升业务部门的业绩来开展，这个时候我们需要对所支持的业务有一定的了解，最少需要达到能够描述业务的基本流程及了解基本专业术语。这样在谈到具体问题的时候才可能会针对性的提出专业的解决方案及办法。

如果更深入一步的话就要学习了解公司的技术、产品、服务情况，甚至要了解研究竞争对手的情况、同行业的情况。你应该会发现，有时候自己对业务部门的决策没有任何影响力，是不是觉得自己有劲使不出？而业务部门却认为人力资源的人员说的东西非常外行，提出的建议没有任何可行的参考价值。所以我们要深入业务部门，可通过了解绩效考核结果、培训反馈、与员工沟通、旁听业务部门会议等方式，深入了解业务部门在管理过程中存在什么问题，遇到哪些障碍。在深度掌握业务部门对人力资源管理的"需求"后，就可以运用自己的专业知识，对症下药，提出自己的解决方案。

之前你也参加过一些业务部门的会议，应该也了解到不少业务知识吧？"师傅念叨了一下。

"是的。有时候我会和部门的主管、员工聊天，了解目前的业务等。"乐乐点点头。

"这样的方式很好，既可以拉近关系，又可以了解业务的现状。还有就是要精通人力资源专业知识和技能，只有通过自己的专业知识，为业务部门提供专业服务，才能赢得业务部门的信任，才能为成为合作伙伴打下坚实的基础。例如在招聘工作中，我们首先要搞清楚所需招聘职位的关键要求，有些要求是显性的，比如学历、年龄、工作经验等；而有些就很隐性，比如知识结构是否和岗位匹配、与企业的适配性等。隐性的要求是候选人能否胜任最重要的条件，比显性要求更难判断，这也要求我们对业务有更深的理解。HR 都想成为业务部门的伙伴，想为业务部门出谋划策，实现 HR 的价值。当然所有的一切都需要我们努力，让业务部门认识、了解、熟悉、理解我们的工作，最终成为伙伴，一起努力。"师傅伸出手紧紧握住了乐乐的手，乐乐心里觉得一阵温暖。

"乐乐，我们接下来的工作也比较多，你也需要开始更多地做一些计划、统筹工作，日常的工作会有另外的同事帮忙。"师傅简单交代了一下。

"还有新同事加入啊，太好了！"乐乐窃喜。

第二天一早，师傅开心地带着新同事给乐乐介绍。

"乐乐，今天给你介绍一个实习生小彬。他明年毕业，主要想通过实习可以把所学用于实践操作演练。正好最近我们的工作也比较多，又要准备明年的招聘计划、年终总结，还有很多文档性的工作要做，估计忙不过来。正好你可以带带小彬，到时候他也可以帮帮你。"

　　"好啊，师傅，我会努力带他的。"乐乐列好了计划，安排好每个阶段需要教小彬的知识和技能。因为之前自己接受师傅培训的时候，笔记做得也非常详细，乐乐就按照师傅之前教她的方法，从人力资源工作的概况、招聘、员工关系等一点一点指导小彬。

　　师傅感到很欣慰，似乎两年多前师徒二人面对面的交流学习场景又重现了。一切都在计划中进行着。

第十六章 走向成功

耐得住寂寞，职场之路才能长远

新的一年开始了。师傅还是一如既往的生机勃勃，但乐乐似乎有些心事。"乐乐，怎么了？最近情绪好像不高。有啥事吗？"师傅关切地问。

"师傅，我觉得自己进步很慢。这次过年参加了同学聚会，我好几个同学发展得很不错了，我觉得自己好差，不知道是自己笨还是不适合。可能最近提出离职的人员也很多，在做离职面谈的时候不少同事都说感觉到工作内容重复、没新鲜感、没刺激、觉得没意思、觉得职业晋升慢，可能把我的情绪也影响了一些。我就觉得自己的工作挺没价值的。"乐乐闷闷地说。

"很多工作你都可以独立操作了，而且做得很不错。你可能还没意识到，没发现吧？是不是还没达到自己的预期，所以着急了？"师傅关心地问。

"嗯。我觉得自己进步好慢，很多事情还是处理不好。"

"你这样的心理我理解，希望自己可以快速进步，快速成长，但你有没有想过自己的积累是否足够？就说那些离职的员工，据我了解不少员工离职后也没找到理想的工作，后来就随便找了一份，做了不久又换。还有的员工开始是找到一份职位高一点的工作，可没多久没做好又离开。曾经看到过一个人的简历是一年跳了五家公司。就这样永远跳槽下去吗？这样跳下去，就会实现自己的目标吗？恰恰相反，这样做会离目标越来越远，因为总在不断的跳槽，反而没有积累到经验和实力，到最后还是一事无成。这样的例子也不少。"师傅感叹。

"师傅，你说的是啊。有的人确实是这山望着那山高，还没对自己做好分析和准备，就跳槽，最后越来越糟糕。"乐乐赞同地说。

"就像很多人说做人力资源工作好，工作压力不大，每天和人聊聊天就是工作了。你现在应该有深深的体会吧？这个工作其实也没有外人想象的那样光鲜，工作压力、人际压力、自我情绪等都需要好好调节，对个人的体力、脑力、心力也是很大的考验。做人力资源工作还有很多琐碎、细节的事情要处理好，而且晋升也没那么容易，需要在职场上不断积累、耐住寂寞，因为我们往往是幕后英雄。所以不管任何工作，总会有感到重复、没新鲜感的时候。但是如果在这个过程中善于发现其中的规律、找到规则、抓住其中的奥妙，你就会发现工作中的美。

我记得你有个特长是会拉小提琴，你肯定记得以前学拉小提琴的时候，以为很快就可以练习熟悉的乐曲吧？"师傅关切地问。

"师傅，您的记性真好。是啊，记得当时一开始上课就是练习用肩膀夹琴，这么一夹就夹了一个星期，每天的固定动作就是用两个小时的时间站着用下巴和肩膀夹住小提琴，最后做到别人抽不走。后来才开始练习拉空弦，开始的声音就像杀鸡一样，超级难听，就这样又练习了几个星期，就四个音拉了几千几万次，想想那种枯燥是多么难受。看到很多琴友已经可以拉出好听美妙的乐曲非常羡慕。"

"对啊，但谁没有经历这些枯燥的过程呢？如果没能耐住那段枯燥的时光，哪来的美妙音乐时刻呢？在人力资源工作方面，虽然你掌握了一些工具方法，也知道如何操作，但有没有想过怎样改进会做得更好呢？在职场之路中有很多精彩的时刻，也有很多平淡的日子。你可能会很羡慕别人的精彩，也很期待自己出彩，但罗马不是一天就建成的，一步一个脚印、稳扎稳打、努力积淀、坚持不懈才是我们每个职场人应该有的心态。"师傅对职场的理解确实透彻。

乐乐默默对自己说："我还得好好修行。"

耐得住寂寞，职场之路才能长远。就像日子一样，平平淡淡才最真。

职场的关键时刻

　　"乐乐，收到邮件了没？和你差不多时间入职的小林晋升为主管了。"前台的美女还专门打电话过来告诉乐乐。

　　"我还没看邮件呢，真心恭喜他。挺棒的！"乐乐放下电话，望了望天花板，心里在想，同时间入职的同事晋升得挺快，一直在公司干得风生水起，挺佩服的。看来自己还需要更加努力，找到最适合自己的道路。乐乐坐在那里慢慢思考着。

　　师傅走到她旁边，站了好一会儿乐乐都没察觉到。

　　"乐乐，想什么呢，那么入神？"

　　"师傅，我觉得自己努力还不够，刚刚看到小林晋升了，我觉得他确实做得挺棒的，很佩服他。我在想之前您教过我需要苦干、实干，也需要巧干。我也在慢慢体会和实践，可能还需要一些时间才可以体会到真谛。"

　　"嗯，晋升确实是挺让人羡慕的，可是你肯定也知道这背后需要付出比常人更大的努力。当然职场如战场，把握了职场关键时刻则一切皆有可能，职场的关键时刻就像销售成交的那个时刻一样重要。

　　小林的故事不知道你是否了解，他刚入职不到一周就遇到前任离职，正好有一个新项目要筹建，其他人犹豫不决是否前去支援，而当时事情紧急。你想想那个时候他对公司还一点都不了解，本来部门主管是想让他有个缓冲期的，但实在有困难抽不出多余的人手。他非常有勇气主动请战让上司放心，积极要求参加前期筹备工作。上司很开心但又担心他因不熟悉导致工作开展遇到较多问题，也担心给他的压力太大，没想到他很快就和各方面的同事建立了良好的关系，各项工作开展顺利，上司非常满意。再后来又遇到各种突发危机状况他都一一顺利解决，新中心筹建好了，也步入了平稳的时期。

　　一段时间以后，公司又遇到业务调整，需要把建立好的中心搬迁到其他城市，他主动和公司领导一起做好了所有员工的迁移和遣散工作，上司对他的工作能力非常放心、认可。在年终总结 PPT 汇报的时候，他把自己的经验总结分享给上司及同事，当然又给大家留下了深刻的印象。接下来你都知道了，他好事不断、一路顺风顺水。

　　在职场上可能经常会有同事说，你看那谁谁谁，啥好事都沾上，怎么那么好的运气啊。是啊，为什么唯独这个人运气这么好呢？其实就是因为他抓住了职场的关键时刻。

关键时刻(Moments of Truth，MOT)这一理论以前是特指客户与企业的各种资源发生接触的那一刻，这个时刻决定了企业未来的成败。同样的道理，员工在职场的关键时刻也是员工与公司的各种事件发生接触的时刻，这些时刻决定着员工在公司未来的发展。小林在刚入职时的主动请缨，工作过程中不断帮上司解决问题和困难、为上司分忧、让上司放心，年终总结展示的精心准备给大家留下深刻印象。每一个关键时刻，他都主动积极的把握住了，当然，上级和同事们也都记住了关于他的那些关键时刻。"

"关键时刻也代表着机会。不知道我的关键时刻是否正在进行着呢？"乐乐随口一说。

"呵呵，看来你懂的。每个人都有出彩的机会。"师傅莞尔一笑。

低调做人，修炼内功

"师傅，您今儿买的蛋糕是极好的，芝士配上浓郁的慕斯，我愿多品几口，虽会体态渐腴，倒也不负恩泽。"乐乐扑哧一声，自己都笑出声来。

"这甄嬛体用的不错，多吃点，小主。"师傅也配合着开起了玩笑。

"哈哈，对啊。好多同事都迷这个电视剧，连饭都不愿意吃。"

"那你觉得这部片子让你感触最大的一点是什么呢？"师傅让乐乐讲讲观后感。

"我觉得这部电视剧中的很多情节和职场里某些方面有些像，虽然职场没那么可怕。我看完整部剧后对甄嬛低调做人尤为有感触，甄嬛在刚被选入宫时就给皇帝留下了深刻印象，但因为她很早了解到后宫生存的种种险恶，而且当时她觉得自己还不具备很强的生存能力，所以她一直很聪明的以身体不适的借口休养生息。在那段时间虽然日子平淡但是安安稳稳，当然她也不是甘于平庸的人，她补充了很多知识、储备了很多能量，她清楚了解后宫的各种关系，为将来的厚积薄发做了很多储备，在关键时刻她的美丽绽放了。

低调做人的好处多多，首先群众关系良好，其次不会引起他人的妒忌，这就会减少障碍，周围同事的防备系数降低，给个人留出很多空间，可以让自己有更充分的时间充电学习成长，最后厚积薄发，让人刮目相看。就像剧中皇帝对甄嬛说了一句话：

耐得住寂寞，才能享得住长远。在职场上耐得住寂寞，才能够好好生存。"

"体会的很深，看来这部剧真的打动你了。"师傅笑着说。

"师傅，我好像突然开始有点明白职场了。我想起公司以前的一些同事。之前销售部助理外貌不错，而且学历背景各方面都很好，一入职就有很多人羡慕她，当然妒忌、恨也都跟着来了。我记得当时她非常高调，对老前辈也呼来喝去的，那个时候还有不少人投诉她呢，但是由于她各方面能力确实很突出，很快就被委以重任，当然这让其他老员工心里有些不舒服。她似乎也没感觉到，依然对其他同事不够尊重，也不去维护一下相互的关系，依然事事高调，觉得自己就是最行的。群众关系还没建立好就开始对项目组的其他同事指手画脚，其实很多方面她还没有了解清楚实际情况。再后来同事都远远避开她，没人愿意配合她，最终自己讨个没趣，离职了。那个时候我还觉得她挺可怜的，当时和她离职面谈的时候，她还是没意识到这些，还是认为其他人不理解她，觉得冤枉。或许做事低调是一种修养和态度，谦卑谨慎的做事也是对自己的一种保护，在根基都不牢的时候，就树大招风容易被连根拔起。"乐乐似乎一下子成熟了。

"这个比喻很贴切。乐乐，我发现你又成长了不少，懂得了道理后要开始学会如何做了，从知道到会做也需要一个过程。当然低调做人不意味着不表现，要善于抓住关键机会。简单说来，如果经常表现，你内在的能量可能会不断分散减少，在关键时候反而不容易出彩。善于抓住机会也是靠日常修炼内功获得的，低调做人、修炼内功值得我们每一个职场人去思考，希望你可以做到。"

心无旁骛，波澜不惊

"我们部门的小明真惨，之前领导喜欢，他就变得那么拽。后来时间长了，领导似乎没那么喜欢他了，他竟然变得谨小慎微。"中午吃饭的时候碰到市场部的小青，说到部门一个同事，感触很深。

原来市场部的这个同事特别受部门领导的喜欢，不管做什么都让他陪同，任何事第一时间都想到他。当然在这个过程中他也开始变化了，开始飘飘忽忽、洋洋得意、自我感觉良好，做事开始摆架子，和同事说话有时都不看着对方，心不在焉，任何事都是第一时间找领导沟通。这样一来，他离同事的距离越来越远了，但他对领导的评价越来越在意了，有时候领导对他稍微疏忽一点，他就开始怀疑自己是不是哪里没做好，哪里怎样了，到最后弄得自己不知所措，如履薄冰，似乎自己工作的每一天都是为了让领导满意。如果领导偶尔有点不满意或发小脾气就直接影响到他的心情，他就很恐慌。长此以往，他对自己的工作没有了判断的标准，完全是为了讨好领导，最终导致无法再工作下去。

"这样啊，真的很可惜。"乐乐发出一声感慨。

回到办公室，乐乐把这个事和师傅分享了一下。师傅望着乐乐："其实很多人都觉得在云端的感觉很美好，但如果一味的迷恋，自己没有把握住，总有掉下来的那天。例如这个小明后来不被领导看重了，同事关系也处的不好，他一下子从云端掉到了人间，什么都做不好。为什么呢？因为在云端的时候他觉得自己在峰顶，一切顺利，也就对一切不以为然。但他没想过无论是个人还是组织要想长时间的保持成功高峰的状态就应该不要被外在的赞誉迷惑，要把注意力放在真正需要关注的问题上，需要保持谦虚的工作风格。在高峰的时候不要妄自菲薄，在低谷的时候不要自暴自弃，坚持努力走向成功。而且不管工作也好生活也好，不只是为了讨好别人、取悦别人，更多的时候更需要就事论事。我们从事任何工作，自己要对工作有一套标准。什么样的事情应该怎样处理、怎样处理才是最恰当最合适的、在什么情况下怎样处理最合适，不要为了一味的讨好而忘记了处理事情的原则。其实心无旁骛，波澜不惊这才是最好的处世态度。"乐乐点点头，其实在技能上学到东西很重要，但心态上的修炼会使自己更上一层楼。乐乐心里暗暗思忖着。

面对批评要有平静的内心

乐乐在洗手间里听到低声的抽泣，好像是有人在哭。走过去看到一个同事的眼圈红红的，一问才知道她被领导批评了，心里又委屈又悔恨所以忍不住哭了。事情的经过很简单，领导交代的任务她没完成，其实中间是有补救机会的，但担心被批评就硬撑着到最后，本来想着或许还是有机会完成的，但最后还是失败了。

"领导骂得好厉害，心里……觉得好难受。"同事哽咽着，"我们到休息室坐一下吧，擦擦眼泪。"乐乐递上纸巾后就拉着同事到休息室坐下。

"乐乐，领导说我完全不胜任工作，一句话把我全否定了。"同事又接着抽泣起来。

"喝点水，你看都哭成大花脸了，不好看了喔。"安慰了一下同事，同事的心情也好些了，大家又各自忙着工作了。乐乐回想着今天发生的事情，想想如果自己遇到这样的情况会怎样做呢？

其实在职场中谁都遇到过被上司批评的情况，面对上司的批评，先要处理事情，再整理心情。如果被上司批评后脑袋一片空白，都不知道该干什么好了，这样可不行。

在被上司批评之后，最佳的方式是先第一时间把上司提出的问题点和需要赶紧处理的地方列出来，一一整理处理好后和上司达成共识。回到家后再整理一下自己的心情，当然或许在你处理事情的时候心情已经变好了，整理心情的过程也是你回顾整个事情的经过，进行总结反思的过程。试想一下情景，假如我是上司遇到这样的情况，会怎么做，如果再遇到类似的事情，作为下属又会注意哪几点。

乐乐把自己的想法写了下来——

每天都是新起点，你不要迷恋过去的辉煌，因为那只是个传说。

职场就是职场，职场每天都在变化。上司也是人，也在不断变化。所以不管过去曾经取得过多少成绩和辉煌，都是过去，每天都是新起点，都需要以崭新的心态去迎接，不以物喜，不以己悲确实很有道理。

记得有一句很经典的话：只要心情平静，一切皆有可能。其实强大的内心，我的理解是有更平静的内心。对于上司的批评，要敢于面对它、接受它、处理它、放下它。只有内心的平静才会理智的处理问题；只有内心的平静才会避免错误的再犯。有的同事很迷恋领导的赞扬，因为听上去很舒服、很温暖，像吹春风一样；而批评更像是西北风，感觉很冷，但吹过之后会觉得春天其实不远了，会更有期待。

职场中的忍

"乐乐。赶紧帮我办离职吧，我受不了了。"一大早一名员工跑到人力资源部。

"怎么了？你之前也没提离职申请啊？这也办不了手续啊！"乐乐回应。

"忍不下去了！太郁闷了！你说工作压力大也就算了，还总是安排很多工作，让我没办法，总得回家加班，关键加班做了后还骂我做得不好，做的有什么意思。刚才还和主管吵了一架，不想做了。"同事发了一顿牢骚。

师傅去和部门主管沟通了解情况，乐乐开始给员工做心理疏导，看看到底是怎么回事。主管确实是说了这个同事几句，语气是重了些，但确实也是因为同事工作没有达到要求，其他人都完成了。主管那边也希望人力资源部可以调解一下，不要把事情激化。

在与员工慢慢沟通的过程中，这个同事也说出了自己的想法，他也觉得自己太冲动，没有忍一忍，毕竟自己做的也不对，不能完全怪上司。乐乐觉得归根结底还是个沟通的问题，了解到虽然平时每个季度也有做绩效面谈，但有时候就是走了个过场，没有落到实处。员工没敢把自己的心里话说出来。最后员工和上司也坐下来进行了沟通，最终员工很开心地留下来了。

处理完这个事情后，乐乐和师傅坐下来，深入讨论了一下这个话题。

"乐乐，你怎么看今天这个事。"师傅很严肃的表情。

"两方面都有不足之处。我觉得自己还得更加深入到员工中，制度的落实也需要努力。"乐乐分析问题开始有一定的深度了。

"确实如此。很简单的事如果长期不沟通，最终是会出大事的，那个主管也很后悔。你准备一个小分享会吧，谈谈职场中的'忍'怎么样？"师傅提出了这个主题。

"好啊，正好我觉得挺有感触的。"乐乐很快回应。

下班坐在车上，乐乐一直在想，这职场的忍确实包含的含义很多。我就以今天这个故事作为开头吧——

看"忍"这个字，是心上有一把刀，想想是多么痛的一件事，能真正做到忍非常的不容易。记得有一次一个电视节目采访了一位老者，他说现在的年轻人就是不能忍，领导批评几句就不干了，遇到事情就冲动，一不开心就辞职。这样下去怎么能成大事呢？

现在不少职场新人遇到不开心就离职，遇到领导批评几句不高兴就要走。但离职就可以解决所有问题吗？如果下一家公司还是让自己不开心呢？再选择离职吗？有人说人生不如意事十之八九，唯有快乐在心头。这两句话表现在不同的心态上，世事本无常，如果无法去改变事实，我们最需要改变的就是自己的心境。心静人自凉，心平人自清，开不开心都是自己的心态。遇到不开心的事，就把其当作一次考验。经过了很多考验后也会慢慢成长，职场的前景也会越来越明朗。

冲动是魔鬼。记得以前有个同事，因为工作出现失误，上司严厉地批评了他。当时批评的方式确实也不太好，是当着所有人的面进行了批评，而这个同事正好刚刚失恋，心情很差，就和上司大吵了一顿，还说了很多难听的话，冲动的把自己以前的不满一股脑地说出来。当时确实是爽了，但后来他冷静下来就后悔了，领导批评的没错，是自己有不对的地方，自己太冲动了，说了很多不该说的话。虽然上司没有因为这件事追究他，但他心里始终有个疙瘩，对自己冲动的行为后悔不已。

其实对于领导的批评，始终抱着有则改之，无则加勉的态度，相信你总有收获。如果太在意领导的语气、态度，觉得不痛快，忍不住非要和领导理论，最后吃亏的还是自己。

最近公司有个新项目在开展，领导派了一位同事在协调所有的人力资源工作。这个任务做起来确实很不容易，有各种烦恼，也需要面对各种质疑、指责或其他种种，同事一直在忍，一直想保持平和的心态，终于有一天他忍无可忍的爆发了，对各部门工作的配合、跟进不到位等等大发了一顿脾气，要求各方配合工作，但结果并没有达到期望，似乎还更糟。为什么呢？因为在自身工作还没有奠定好坚实基础的时候，还没有做出成绩的情况下，没可能要求别人来配合。所以只有自身强大，才可以去要求别人。而在强大之前，只能忍，直到你足够强大。

当然忍不是一味的委曲求全。在职场上也看到不少同事为了讨好别人，一味的忍让，对任何要求从不说 NO，遇到问题从不据理力争，最后成了忍气吞声的"小媳妇"。例如业务部门说给到的候选人数量少，根本不能满足要求，那是否因业务部门的不满就一味道歉，然后无条件满足其要求呢？遇到这种情况，需要把招聘中的数据列举出来，分析出到底是哪个环节出了问题，然后再对症下药，解决问题。对具体问题做到有理有据，更加体现了自己的职业和专业。忍是一种心境、一种态度，在忍的过程中，你磨练了心态、平和了心境、修炼了思想，最终成就了自己。

人力资源工作的微创新

"乐乐，这个星期五有一个招聘网站开年会，我们一起去参加吧。这个是邀请函。"师傅递给乐乐一个信封。

"太好了。谢谢师傅。"

"那周五你也好好打扮一下，咱们一起过去参加年会。"乐乐有点欣喜若狂，以前从来没有这样的机会。

一周过得真快。周五到了，乐乐和师傅一起参加了在一个五星级酒店举行的人力资源年会。第一次参加这样的年会，乐乐觉得很新鲜，东看看西瞧瞧，参加的人员真的不少，到处人头攒动。乐乐记得最清楚的是一个公司的副总裁分享了人力资源工作的三个思考，其中就提到人力资源工作者需要如何想办法做到微创新。

乐乐觉得这个概念提的很不错，回家后将这位总裁的演讲结合自己的实践经验写了一篇文章——

现代社会竞争激烈，作为企业再也不是酒香不怕巷子深了。作为企业招聘的形象使者——人力资源招聘人员，该如何做好招聘的微创新是一项挑战。

首先是否是发出招聘信息后坐等收到求职简历呢？其实可以主动进行简历的搜索、可以运用人脉，还可以运用博客、微博等网络沟通工具进行不同方式的招聘宣传。有没有想过招聘广告的设计和用语更贴近80、90后的思维和想法呢？以前的招聘广告大篇幅都是文字，有没有思考过"文不如表、表不如图"的道理呢？

面试的方法有很多种，对基础类的岗位大部分人会选择无领导面试作为初次面试的工具。那是否只按照传统无领导面试的环节进行就足够了呢？是否在面试过程中可以加入其他的元素呢？例如压力面试、情景模拟的环节等这些方面都值得思考。

其次人力资源人员需要有上知天文、下知地理、与时俱进的精神，这里的知可以是了解和主动愿意去了解。人力资源管理的对象是人，作为人力资源从业者必须要清楚了解人所包含的知识、技能、个性及各种变化的可能，甚至其履历背景。能够做到与人沟通时为对方定制、独一无二。

很多人说，人是最难琢磨的，因为人是不断变化的，而不管任何测评工具始终不可能包括所有。招聘到底是靠直觉、靠测评工具还是靠其他神奇的方法呢？我们没必要去深入探讨，但无论如何我们必须时刻具备创新的能力，根据不同的情况去进行判断。作为人力资源人员，我们更应懂得何时、因事、因处境，审时度势，招聘方法和标准需要根据实际情况进行调整和微创新。以客户为中心是人力资源管理价值创新的基础。

对我们来说，企业的所有人员都是客户，当客户的要求与反馈收集上来以后，我们能否想客户之所想，做出相应的调整，是企业能否实现以客户为中心的一个关键。在招聘过程中，不仅仅是人力资源部使劲，和用人部门的沟通、深入了解用人部门的需求也是招聘过程中的重要部分。如果你准备去一家公司任职，需要花一定的时间去了解企业的职能设置、人员结构、部门文化、存在问题等。对企业有了一定了解后，就有了微创新的基础，我想这个时候就一定能够发现在人力资源的工作中哪些方面需要微创新，该如何去微创新。

乐乐发现自己越来越喜欢深入思考问题了，处理问题的时候也开始学着冷静。成长的节奏也慢慢加快了，或许量变到质变就是这样的一个过程吧。

左手工作，右手生活

对人力资源几个模块的基础知识及深入的内容都掌握不少了，但了解得越多越觉得自己懂得的越少。即将进入年底，各种事情堆积而来，年度汇报、总结，还有招聘计划需要完成，员工关系的事情也经常需要处理。乐乐觉得压力很大。实习生虽然也可以帮上一些忙，但有时候也偶尔会出现一点错误，也会让乐乐心烦，这个时候乐乐开始理解师傅的不容易了，想想自己也是从一点都不懂到现在可以独立工作，而且还带了小新人。但出现问题的时候乐乐又会怀疑自己是否适合做人力资源这份工作。

人力资源工作有时候真的需要平心静气，如果心里烦躁，事情还会更加不顺。这个月的人事报表还出现了错误，员工工资账号也报错了一个号码，从来没出现过的问题竟然发生了，不知道自己怎么了。各种压力让乐乐晚上都睡不着觉。是不是自己的工作方法有问题呢？还是其他什么呢？自己也很努力，每天都会做完当天的工作，没做完都会加班，晚上回到家也会思考一天的工作情况。乐乐越想越烦，上 QQ 聊会儿天吧。

一上 QQ，乐乐就把个人签名改为："压力山大伤不起，晚上做梦都着急，是否方法有问题，谁能将我点清醒？"

"乐乐，最近是不是感到压力很大？"师傅竟然出现在 QQ 上。

"嗯，师傅。我觉得自己最近状态不好。这次报表做错了，我很内疚。我一直在想是不是自己工作方法有问题，晚上回到家、周末也会想着工作。有时候突然觉得自己有的事没做完，就很着急担心。其实我不想这样，但不由自主的会想到这些。"乐乐感觉很无助。

"这说明你责任心强啊！这是好事。"师傅鼓励着。

"但是我觉得自己想太多了，自己给自己压力，弄的很惆怅。"乐乐觉得好难过。

"我理解你的感受。现在也提倡工作和生活平衡，看来你要学着调整一下。大家都知道在时间管理理论发展进程中，从第一代的在忙碌的各项事务中努力调配时间与精力，到第二代关注规划未来，再到第三代将有限时间关注到最重要的事，到现在职场人更关注个人的管理达到工作与生活的平衡。大家开始慢慢理解'努力工作是为了让生活更美好。'

我觉得你首先需要想清楚自己到底想要什么。其实在理想和现实有矛盾的时候，容易迷茫，这种情况很正常。我也会有迷茫的时候，特别是发展不太顺利的时候，很容易胡思乱想。你也会发现很多人是从众心理，例如做什么最赚钱就去做，然后行业不太景气的时候又换行业，最后一无所有；有的人是考很多证书，觉得反正别人有的我也要有，但也不知道有这个到底有什么用；有的人是鱼和熊掌都想要，又想做专业人士又觉得做管理者有前途，最后两样都没做成。

我觉得你需要对自己有一个正确的认识，这很重要，可以做一个 SWOT 分析。如果简单点来做，你可以问问自己的内心到底想要什么？选择一个安静的地方，静静的冥想你最喜欢的生活是什么样的？只能给自己一种选择项。这个时候其实你是有答案了。

在大的职业目标确认后，可以每年都做一个自己的年度计划。年年岁岁花相似、岁岁年年人不同对吧？"师傅一连串讲了很多。

"师傅，我是该好好静静地想一想。工作忙的时候，只想着努力向前冲，都迷失方向了。"乐乐迅速打出了这些。

"好。我个人通常会在每一年 12 月 31 日的晚上写出个人的计划。自己新的一年重点需要发展的三个方面，所有的工作、生活都会围绕这三个方面进行，当然都是自己最想在本年度做的事儿。有了这个个人发展计划，自己就有了新一年的奋斗基调，当看到这个的时候，心中会不自主的憧憬新一年的到来。 你也可以试一下，找到适合自己的方法。还有就是有空可以到外面活动活动，你好像是比较宅的对吧？"只见师傅的 QQ 头像在闪。

"哈哈，是啊。我最喜欢待在家里了。现在网络媒体发达，网上有很多新鲜好玩的东西，什么电影啊、搞笑的视频、游戏等，周末两天除了想想工作，我最愿意宅在家里打打游戏、看看电影度过。但周一上班感到特别没精神。"乐乐回答。

"是啊，在家呆久了，会觉得有点发霉吧？户外的活动可以让我们更近距离接触大自然，身心得到真正的放松。你有没有觉得前段时间天气一直不好，总是下雨。很多同事都有点抑郁的倾向，天气不好是客观因素，而个人也没主动去释放。所以我们要学会多用有氧运动的方式去调节自己内心的能量，激发更多的正能量，学会放下。"师傅的话真贴心。

"师傅，您说得太对了。我发现自己没有去找调节方式，遇到问题只会责怪自己，让自己更加烦躁。" 师傅确实很懂我，乐乐想。

"呵呵，从今天开始也不晚，以前的就让它过去吧。我个人的经验是在合上电脑的那一刻，忘记一切工作。每周至少安排一次体育运动，体育运动的形式可以多样化，例如羽毛球、乒乓球、键球、爬山、跳舞都是较好的运动方式。我还会主动和父母、朋友交流最近工作的思路、想法或者遇到的问题，在这个过程中未必每次都可以找到解决的答案，但至少会有一些启发，还是个很好的倾诉缓解的过程。每月一次的同学或朋友的聚会可以结识更多的朋友、放松心情，了解更多外面的世界。每年至少参加两次同行交流活动，受到一些新理念的冲击和思想碰撞。这样好不好？给你三天假，你好好放松一下，希望你回来的时候焕然一新，怎么样？"

"师傅，不用的。现在这么忙，我休假您会忙不过来的。"乐乐很懂事。

"没关系，调整好了状态，工作才会更有效。你好好休息调整一下。等你回来。"师傅还是很坚持。

"谢谢师傅。我会努力的。"乐乐还发了个笑脸。

"好。左手工作，右手生活；快乐工作，简单生活，我们一起加油！"师傅给乐乐鼓励。

休假期间乐乐读了《鱼》这本书，之前师傅就推荐过，但自己一直没空。其实书的内容并不多，但乐乐感到自己被重新注入了活力。书的大意是主人公玛丽·简是一位从幸福的天堂跌落到人间的平凡人，而她还在极度困难的时候接管了被称为"有害精神垃圾场"的部门。幸运的是，玛丽·简无意中进入了鱼市后心理的改变。她看到卖鱼的商贩在卖鱼的过程中竟然可以找到非常多的乐趣，他们把简单、重复、枯燥，在外人看来又脏又累的工作干得有声有色。

乐乐回顾了自己日常的工作，做久了似乎也是简单、重复、枯燥的。为什么上次工作会出现失误？应该也是自己疲惫、麻木后的结果。"态度、玩、让别人快乐、投入"四个中心词将工作中的快乐场景展现出来。

　　其实工作中的乐趣真的不在于外部，而在于我们自己对工作的态度、方式，对别人的自我展示和投入的程度。我们有时候忽略了快乐工作的最核心的东西其实就是以玩的心态投入到让自己和别人快乐的认真工作中。

　　其实任何工作做的时间长了都会觉得重复，或许都会有一点厌倦，但只要善于发现、不断挖掘，主动去丰富自己的工作内容，每项工作内容都主动多做一小步，就会乐在其中。就拿例行的报表来说，现在自己确实能非常熟练的操作了，但其实仔细一想，关于 Excel 的技巧方法自己掌握的还很不够，也没想过优化制作流程去缩短每次做报表的时间而提高准确性。这次账号输错，就是格式的问题，为什么自己不设置好格式避免问题出现呢？而且做完报表工作后也没进一步做一些分析工作。工作和体育运动一样，可以给自己定目标，在达到一个小目标的时候给自己一个鼓励，会觉得心里很快乐、很充实。

　　乐乐觉得快乐工作其实很简单，只要找到不断激发自己内心的活力源泉。确实不能因为平淡的生活、平凡的工作而使人生变的乏味，每一个人都有自己的精彩，只要用心坚持。乐乐把 QQ 签名改为："快乐工作、简单生活、用心坚持都会有！"

结尾——梦想起航

"师傅，我回来了。"乐乐一大早兴奋地对师傅说。

"精神焕发，不错。但怎么这么快就回来了？你应该休假的呀？"

师傅疑惑地看着乐乐。"师傅，我想明白了。工作这么多，我得赶紧回来帮你呀！所以就回来了。"

"小鬼，真会说话。看你状态不错，好吧，事情确实不少，那辛苦你了。以后有什么问题可以第一时间找我，别闷在心里憋坏了。"师傅逗趣地说。

"师傅，肯定会的。只是您平时对我关照就非常多，我总是给您添麻烦，挺不好意思的。"乐乐摸了下鼻子。

"还说这些，关心照顾你是应该的。你状态好了，工作好了，我也轻松了嘛。"师傅爽朗地笑着。

"师傅，我去干活啦。"乐乐想赶快把几份人员审批表拿去给业务部门领导签字。

"乐乐，别急，咱们先聊一下。"师傅叫住了乐乐。

"师傅，我这就过来。"乐乐心想师傅突然有什么事要找我呢？

"想和你说个事。关于你自己的。"师傅似乎很神秘的样子。

"啥事？关于我的？"乐乐觉得很诧异，心想，我最近没做错什么事吧？师傅为什么找我呢？

"那天开会你也知道公司要开展新的项目，有新的项目就会有新的职位产生。这个项目需要一个高级人力资源专员，全面负责这一块的人力资源工作，以后有机会晋升人力资源主管职位，我推荐了你，不知道你自己是否愿意？"

"师傅，很谢谢您给我这个机会，但我觉得自己还不够格，一直跟着您，很多方面都需要您指导才知道怎样处理，完全独立操作我觉得心里还是没什么底。"乐乐心里想了很多。

"但独立做之后才会有更多的锻炼机会，况且我们还在一起工作呀，有什么事还是可以找我呀。对不对？"师傅对乐乐很有信心。

"谢谢师傅，总是鼓励我。"乐乐一阵激动和感动。

"努力就会有收获，坚持下去。实习生小彬你可要好好带喔，到时候他就是我们的储备人才呢。"师傅语重心长并充满了期许。

"好的，一定！"乐乐心存感激和欣喜。

晚上回到家，乐乐把这个好消息告诉了爸妈，一家人都很开心。今天是除夕夜的前一天，乐乐吃完晚饭，在微博上写下："我成长了，我要起航了。乐乐，加油！"